院徽 About the logo

院徽由红绿蓝三原色构成，象征太阳、陆地和海洋，寓意自然万物和谐共生。

1. 绿色图案代表陆地，形如树叶，亦似海豚，寓意地球之生命；
2. 蓝色图案代表海洋，环抱左侧之绿色图案，寓意海洋孕育生命；
3. 红色圆心代表太阳，寓意阳光普照万物。

厦门大学海洋与地球学院网址 http://coe.xmu.edu.cn

1921-2021
厦门大学
XIAMEN UNIVERSITY

厦门大学百年校庆系列出版物

百年院系史系列

厦门大学
海洋与地球学院院史

主　编　王克坚　陈东军

厦门大学出版社
XIAMEN UNIVERSITY PRESS
国家一级出版社
全国百佳图书出版单位

图书在版编目(CIP)数据

厦门大学海洋与地球学院院史/王克坚，陈东军主编.—厦门：厦门大学出版社，2021.9

（百年院系史系列）

ISBN 978-7-5615-8324-1

Ⅰ.①厦… Ⅱ.①王… ②陈… Ⅲ.①厦门大学海洋与地球学院—校史 Ⅳ.①G649.285.73

中国版本图书馆 CIP 数据核字(2021)第 151817 号

出 版 人 郑文礼
责任编辑 陈进才
封面设计 李嘉彬
技术编辑 许克华

出版发行 厦门大学出版社
社　　址 厦门市软件园二期望海路 39 号
邮政编码 361008
总　　机 0592-2181111　0592-2181406(传真)
营销中心 0592-2184458　0592-2181365
网　　址 http://www.xmupress.com
邮　　箱 xmup@xmupress.com
印　　刷 厦门集大印刷有限公司

开本 720 mm×1 020 mm　1/16
印张 16
插页 2
字数 278 千字
版次 2021 年 9 月第 1 版
印次 2021 年 9 月第 1 次印刷
定价 58.00 元

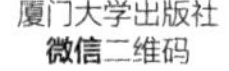
厦门大学出版社
微信二维码

厦门大学出版社
微博二维码

本书编委会

总　序

厦门大学　党委书记　张　彦
　　　　　校　　长　张　荣

2021年4月6日，厦门大学百年华诞。百载风雨，十秩辉煌，这是厦门大学发展的里程碑，继往开来的新起点。全校师生员工和海内外校友满怀深情地期盼这一荣耀时刻的到来。

为迎接百年校庆，学校在三年前就启动了“百年校庆系列出版工程”的筹备工作，专门成立“厦门大学百年校庆系列出版物编委会”，加强领导，统一部署。各院系、部门通力合作，众多专家学者和相关单位的工作人员全身心地参与到这项工作之中。同志们满怀高度的责任感和紧迫感，以“提升质量，确保进度，打造精品”为目标，争分夺秒，全力以赴，使这项出版工程得以快速顺利地进行。在这个重要的历史时刻，总结厦大百年奋斗历史，阐扬百年厦大“四种精神”，抒写厦大为伟大祖国所做出的突出贡献，激发厦大人的自豪感和使命感，无疑是献给百岁厦大最好的生日礼物。

“百年校庆系列出版工程”包括组织编撰百年校史、百年组织机构史、百年院系史、百年精神文化、百年学术论著选刊、校史资料与学生名录……有多个系列近150种图书将与广大读者见面。从图书规模、涉及领域、参编人员等角度看，此项出版工程极为浩大。这些出版物的问世，将为学校留下大量珍贵的历史资料，为学校深入开展校史教育提供丰富生动的素材，也将为弘扬厦门大学“自强不息，止于至善”校训精神注入时代的新鲜血液，帮助人们透过“中国最美大学校园”

的山海空间和历史回响，更加清晰地理解厦门大学在中国发展进程中发挥的独特作用、扮演的重要角色，领略“南方之强”的文化与精神魅力。

百年校庆系列出版物将多方呈现百年厦大的精彩历史画卷。这些凝聚全校师生员工心血的出版物，让我们感受到厦大人弦歌不辍的精神风貌。图文并茂的《厦门大学百年校史》，穿越历史长廊，带领我们聆听厦大不平凡百年岁月的历史足音。《为吾国放一异彩——厦门大学与伟大祖国》浓墨重彩地记述厦门大学与全国34个省级行政区以及福建省九市一区一县血浓于水的校地情缘，从中可以读出厦门大学在中华民族伟大复兴征程中留下的深深烙印。参与面最广的“厦门大学百年院系史系列”、《厦门大学百年组织机构史》，共有30多个学院和直属单位参与编写，通过对厦门大学各学院和组织机构发展脉络、演变轨迹的细致梳理，深入介绍厦门大学的党建工作、学科建设、人才培养、组织管理、社会服务等方面的发展历程，展示办学成就，彰显办学特色。《厦门大学校史资料选编（1992—2017）》和《南强之星——厦门大学学生名录（2010—2019）》，连同已经出版的同类史料，将较完整、翔实地展现学校发展轨迹，记录下每位厦大学子的荣耀。“厦门大学百年精神文化系列”涵盖人物传记和校园风采两大主题，其中《陈嘉庚传》在搜集大量史料的基础上，以时代精神和崭新视角，生动展现了校主陈嘉庚先生的丰功伟绩。此次推出《林文庆传》《萨本栋传》《汪德耀传》《王亚南传》四部厦门大学老校长传记，是对他们为厦大发展所做出的突出贡献的深切缅怀。厦大校友、红军会计制度创始人、中国共产党金融事业奠基人之一高捷成的传记《我的祖父高捷成》，则是首次全面地介绍这位为中国人民解放事业做出杰出贡献的烈士的事迹。新版《陈景润传》，把这位“最美奋斗者”、“感动中国人物”、令厦大人骄傲的杰出校友、世界著名数学家不平凡的人生再次展现在我们眼前。抒写校园风采的《厦门大学百年建筑》、《厦门大学餐饮百年》、《建南大舞台》、《芙蓉园里尽芳菲》、《我的厦大老师》（百年华诞纪念专辑）、《创新创业厦大人2》、

《志愿之光》、《让建南钟声传响大山深处》、《我的厦大范儿》以及潘维廉的《我在厦大三十年》等，都从不同的角度，引领我们去品读厦门大学的真正内涵，感受厦门大学浓郁的人文精神和科学精神。

此次出版的“厦门大学百年学术论著选刊”，由专家学者精选，重刊一批厦大已故著名学者在校工作期间完成的、具有重要价值的学术论著（包括讲义、未刊印的论著稿本等），目的在于反映和宣传厦门大学百年来的学术成就和贡献，挖掘百年来厦门大学丰厚的历史积淀和传统资源，展示厦门大学的学术底蕴，重建“厦大学派”，为学校“双一流”建设提供学术传统的支撑。学校将把这项工作列入长期规划，在百年校庆时出版第一辑共40种，今后还将陆续出版。

“自强！自强！学海何洋洋！”100年前，陈嘉庚先生于民族危难之际，抱着“教育为立国之本，兴学乃国民天职”的信念，创办了厦门大学这所中国历史上第一所由华侨独资建设的大学。100年来，厦大人秉承“研究高深学术，养成专门人才，阐扬世界文化”的办学宗旨，在实现中华民族伟大复兴的征程上书写自己的精彩篇章。我们相信，当百年校庆的欢庆浪潮归于平静时，这些出版物将会是一串串熠熠生辉的耀眼珍珠，成为记录厦门大学百年奋斗之旅的永恒坐标，成为流淌在人们心中的美好记忆，并将不断激励我们不忘初心继承传统，牢记使命乘风破浪，向着中国特色世界一流大学目标奋勇前行！

张彦　张荣

2020年12月

厦门大学百年院系发展概述

朱水涌

100年在历史长河中只是短暂的一瞬,但对于一所中国现代大学以及这所大学的学院科系来说,则意味着经历过极不平凡的历程。百年学府沧桑、十秩院系辉煌,为迎接厦门大学建校百年华诞,学校决定编撰出版"厦门大学百年院系史"系列,梳理淬炼院系的建设发展历程,以史为鉴,彰往考来,将院系的昨天、今天与明天联系在一起,发扬踔厉,这是一件极富建设意义与厦大特色的历史性工程。

一

20世纪初的中国,正如校主陈嘉庚所言:"吾国今处在列强肘腋之下,成败存亡千钧一发。"就在这千钧一发之际,为救国而创办大学成为一道时代的特别风景。马相伯因"慨自清廷外交凌智"而创办震旦学院(复旦前身)[①],南开大学的创办者因国家的"贫弱"是因为"教育未能发展"而创立南开[②],唐文治执掌交通大学砥砺第一等人才,目的就是"宏济艰难,救我中国"[③]。厦门大学校主陈嘉庚则在《筹办厦门大学演讲词》中直截了当地指出:"今日国势危如累卵,所赖以维持者,惟此方兴之教育与未死之民心耳。"出自民族救亡而诞生的中国现代大学,在她向欧美学习现代大学的办学时,一开始便融入了民族救

① 《复旦大学百年志》编纂委员会:《复旦大学百年志(1905—2005)》,复旦大学出版社2005年版,第9页。

② 《南开大学校史资料选》,南开大学出版社1989年版,第12页。

③ 唐文治:《上海交通大学第三十届毕业典礼训词》,载《茹经堂文集》三编卷一。

亡图存的历史内涵和办学志向，民族振兴的需求与国家最需要的人才，成了中国现代大学初创时学科与专业设置的重要出发点，呈现出中国现代大学鲜明的中国特色。这里，当年的创办者与一校之长的救国思想与办学理念产生了重要作用。

厦门大学创校时期选择的教学体制沿用了近代英国大学学制，但在科系组成与学科设置上却没有完全按英国大学的体制与模式，与民国时期的各大学一样，当时并没有很强的专业观念，而依照时代与国家的急需人才设立科系。厦大建校初期，科系成型时的学科最初形态是文科设 8 个系，理科设 6 个系，工科归理科，其中的教育、工、商、新闻，都是那个危机时代国家急需人才的学科。

1930 年 2 月，在通过国民政府大学院立案后两年，厦门大学遵照国民政府教育部令，将“科”改为学院，设 5 个学院 21 个学系。至此，经过近 10 年的建设，厦门大学具备了较为完备的院系体制，开始以院系这样一种与世界接轨的基本单元建构教学科研体制，开展“研究高深学术，培养专门人才，阐扬世界文化”，厦大的多学科性业已形成。

1929 年，世界经济危机爆发，陈嘉庚公司每况愈下，1934 年 1 月公司被迫收盘。这期间虽然有厦大教职员的半年捐薪活动，有陈嘉庚的“出卖大厦办厦大”惊世壮举，厦门大学的办学经费还是难以为继。在此情况下，厦大及时调整院系结构，以系科合并的方式突围经济上的窘迫，推进学科的艰辛运转。至私立时期的最后几年，全校 5 个学院压缩成文学、理学、法商 3 个学院，21 个系经合并与撤销浓缩为 9 个学系。尽管这种合并是无奈之举，从数字上看办学规模是缩小了，但这次的学科浓缩却无意中为学科的整合、为打破欧美当年系科划分过细的弊端打下了基础。

建校时期厦门大学的院系建设与学科发展，按国民政府大学院调查专家的看法，在全国高校中有“方之他处，有过无不及”[①]的优势。这一时期，林文庆主持制定的《厦门大学校旨》(以下简称《校旨》)明确指出：“本大学之主要目的，在博集东西各国之学术及其精神，以研究一切现象之底蕴与功用，同时并阐发中国固有学艺之美质，使之融会贯通，成为一种最新最完善之文化。”《校旨》从大学文化的建构出发，鲜明地提出厦门大学办学的理念与目标。与这个理念和目标相联系，厦大初期的院系与学科、专业的建设，有如下几个特点：

---

① 《厦门大学十周年纪念刊》(1931 年 4 月)，载《厦门大学校史》第 1 卷，厦门大学出版社 1987 年版，第 94 页。

其一是注重“功用”，“切于实用”，培养国家、民族稀缺人才。《校旨》提出教学“以切于实用，造就应用科学人才为前提”。建校初期，教育学占有举足轻重的位置，原因如《校旨》所言：“我国目下师资及教育专门人才甚为缺乏，故对于教育系特加注意，以期养成良好师资及教育界领袖，因以提高一般教育之程度。”[①]陈嘉庚的信念是“国家之富强，全在乎国民，国民之发展，全在乎教育”[②]，他办厦门大学一个重要的担当就是要纠正当年教育的“偏估”与“颓风”，解决中国教育缺乏新知识新思想师资的问题，以免“国粹日稀，精神日减，必至无救药之惨痛”。厦大商学与工学的较早创设与运行，也都体现了这样一种办学理念。这个特点，奠定了厦门大学从国家需要建设专业发展学科的厚重底色。

其二是博集东西精神、阐发中国学艺之美质、“研究高深学术”的学科特色。厦大成立时，《厦门大学组织大纲》明确表明厦大的三大任务之一是研究高深学术。林文庆在《校旨》中具体指出要建设科学研究机关，厦大要“成为我国南部之科学中心点”[③]；院系体制形成后，厦大各学院在其“学院学则”的第一条“宗旨”中都一致性地提出“以培养专门人才，研究高深学术为宗旨”[④]，这表明厦大建校初期就具备浓厚的学科建设意识。而且，在西学东渐、中西文化激烈论争与冲突的情势下，厦大独到地提出“阐发中国固有学艺之美质”和“首重国文”的主张，这也就形成了厦门大学学科建设中注重本土资源与文化精神的中国特色。文科的国学研究与理科的生物学研究是这方面的范例。1926年创建的国学研究院被认为是“大有北大南移之势”，是当年全国国学研究的中心之一。其影响不仅在于大师云集、研究规划与实际成果，更重要的是厦大国学研究体现了五四时期“重估价值”的精神，它的学科新范畴，研究问题的新方法、新史料和新观点，代表了五四之后国学研究的新趋势。植物系与动物系同样引起全国乃至世界的关注，尤其是结合本土地理优势的海洋生物研究更是锋芒毕露。1923年厦大美籍教授莱德的论文《厦门大学附近之文昌鱼渔业》在国际顶尖科学期刊 *Science* 上发表，成为中国高校最早在 *Science* 上发表的研究成果之一，引起国际学术界瞩目。鉴于海洋生物学科的成果，中央研究院及太平洋科学学会，特别委托厦门大学建立海洋生物研究室。与此同时，

---

① 《厦门大学校史》第1卷，第26页。

② 陈嘉庚：《筹办厦门大学演讲词》，载《新国民日报》1920年11月30日。

③ 《林文庆校长报告》，载《厦门大学民国十年度报告书》，1922年。

④ 《厦门大学一览》（1935—1938年度），载《厦大校史资料》第1辑，厦门大学出版社1987年版，第66页。

厦大的动植物标本的数量与丰富多样在全国领先。

其三是开放性的院系学科构成与人才培养学制。在中国高等教育滥觞时期，中国的大学虽然学的是西方体制，但中国文化原本就缺乏精确细致的分类，对事物不那么条分缕析，而且大学刚刚兴起，很多学科、专业更是因国家需要而设置而存在，大学的一切都在尝试与践行当中，这也就带来了中国现代大学院系学科设置上的开放性。厦大私立时期四次较大的院系变动与学科设置，就可以清楚地看到这个现象。院系设置与专业、学科结构的不断变动，实际上对打破学科体制的僵化是有驱动力的，它为以后厦大百年发展中院系所面临的不断调整、不断改革奠定基础。

在人才培养上，厦门大学“虽为厦门大学，实为世界之大学”①，一开始就招收大量的东南亚华侨子女和朝鲜国学生，颇具开放性。这所地处东南沿海一隅的大学却坚持要“使本校之学生虽足不出国外，而其所受之教育，能与世界各大学相颉颃”②，除不惜重金聘任国内外特别是世界名牌大学经历的名师学者外，在教学体制上，厦门大学沿用英国近代大学学制，本科修业4年，以修满150学分（绩点）并通过毕业论文及有关实验为毕业，各院各系实行课程交叉的修课计划，注重了知识结构的多元化。打破课程的专业界限，这样一种强调博集东西学术，打通院系界限学科界限的修学制度，实际上更吻合现代大学的人才培养规律。

厦门大学建校初期16年间，其“切于实用”的人才培养方针，“研究高深学术”的学科特色，院系学科结构与教学体制的开放性，不仅是时代的产物，也是百年厦门大学的宝贵珍藏，在百年厦大的院系建设发展中体现了一所名校的潜在发展实力，不仅为厦大创建“世界之大学”目标打下了坚实的基础，而且在学科的发展上为一流学科的发展奠定了先天优势。

二

1937年7月1日，私立厦门大学正式改为国立厦门大学。7月6日，国民政府行政院任命清华大学萨本栋教授出任厦门大学校长。7月7日，抗战全面爆发。12月，日寇兵临厦门，厦门大学内迁山城长汀，坚持在烽火硝烟中办

① 《林文庆先生在中华俱乐部之演说词》，载《南洋商报》1925年2月2日。

② 《林文庆校长报告》，载《厦门大学民国十年度报告书》，1922年。

学,“单独担负铁路线(粤汉铁路)以东国立最高学府的全付责任”[①],成为加尔各答以东最逼近战场的学府,肩起中国高等教育的东南半壁江山。由此开始到1949年新中国成立,这是厦门大学的国立时期。

抗战时期,在极其艰难困苦的条件下,萨本栋校长抱着“在艰危中”“不负嘉庚先生毁家兴学及政府将厦大收归国立之至意”的意志[②],以自己的未雨绸缪和身体力行,推进拓展厦门大学的院系与学科建设,赢得了战争中“国魂所托的事业”[③]的重大发展。

作为坚守在战区的最高国立学府,在战争中自觉担负起为战后的祖国建设培养与储备人才的使命,这成了厦大院系与学科建设的出发点与目的地。萨本栋说:“吾人应知此次战争,关系数千年固有文化之持续,将来永固国基之奠定者至巨。”[④]置身残酷的战争中,厦大想的是战后建设所需的大量“永固国基”的人才。据当年的新闻媒体报道,厦大筹备设立水产研究室,是为了“战后东南沿海水产研究之总枢”[⑤];增设外国文学系与法律系司法组,“以应目前全面反攻及将来建国之需要”[⑥]。

这种穿透硝烟的未雨绸缪,更体现在厦门大学工科院系的创设与发展上。厦大工科开始于1922年,在1930年科改系后,工科已悄然消失。萨本栋来自清华大学,自己又是著名的电机专家,他对工科建设既熟悉又有主见,从战后建国的急需出发,工科人才显然要比其他学科人才需求更迫切、需求量更大,萨本栋决定补齐厦大学科上的工科短板。

1938年7月,厦大创设土木工程系,到1941年秋季,萨本栋校长就很自豪地说:“现在土木系设备,固尚未达到我们理想的境地,但教师则已充实到可以与国内任何大学相颉颃。”[⑦]这个科系,为战后中国大规模的基础设施建设培养了大批人才。1940年秋季,在土木工程大力扩展的同时,萨本栋又创设机电工程系。机电工程系创立后,理学院扩充为理工学院。1944年4月,创建航空工程系,厦大成为全国最早开办航空专业本科教育的少数高校之一,培

---

① 《萨本栋开学词》,载《厦大通讯》第3卷第10期,1941年10月25日。

② 萨本栋:《勖勉同学词》,载《唯力》旬刊第3期,1938年4月3日。

③ 萨本栋:《勖勉同学词》,载《唯力》旬刊第3期,1938年4月3日。

④ 萨本栋:《“七七”二周年纪念与节约运动》,载《唯力》第2卷第7/8期合刊,1938年7月7日。

⑤ 《母校设立水产研究室》,载《厦大通讯》第6卷第1期,1944年3月31日,

⑥ 《厦大增设外语、司法等系组》,载南平《东南日报》1945年8月4日。

⑦ 《萨本栋开学词》,载《厦大通讯》第3卷第10期,1941年10月5日。

养出像中国工程院院士张启先这样一批优秀的中国早期航天航空专家。

1945年12月厦大复员厦门，汪德耀已接掌厦大。这期间院系与科建设的最大事件是1946年夏季海洋学系与中国海洋研究所的创办。海洋学科创立于天时地利人和之中：抗战胜利后海洋与海权重要性凸显，复员厦门后的东南沿海地理环境优势，校主陈嘉庚"力挽海权，培育专才"的誓言与著名海洋学家唐世凤博士的加盟，共同促成了中国第一个海洋学系诞生，同时，厦大与中英文教育基金会合办的中国第一个海洋研究所也在厦大成立，厦大的海洋观测站也获准设立。由此，厦门大学在全国率先开始了"谋中国海洋科学事业之发展""研究与教育并重"的造就培养海洋人才的行动。

国立时期文科的发展以复办法学为主要标志。厦大的法学，最早创立于1926年6月，1937年改归国立后，法律系奉命撤销，法学学科停办。到1940年，由于国民政府教育部不同意建立福建大学，并将已经开学的福建大学法学院并入厦门大学，这样，战火中的厦大法学学科就在接收福建大学法学院的契机中复办起来。

在人才培养理念与培养模式上，萨本栋取的是美国芝加哥大学的通识教育思想和从清华带过来的通识教育理念，遵循梅贻琦的"通识为本，专识为末"[1]教育思想制定校制、设置课程，实行强化通识基础与打通学科界限的修学制度，实施教授全力上课制度。他要求即使在战争中，也要坚持"未到'最后一课'的时候，应加紧研究学术与培养技能"[2]，他提出，"现在不是个推诿责任的时代"，"需一身肩负二人之重任，一日急二日之操作"[3]，以不辜负陈嘉庚先生的期待，不辜负国家事业所托。比如新成立的机电工程系系主任朱家炘教授，据统计最高一学期每周上课达81课时，每周最高达1725人时。这时期的厦大学生则"把战区当课堂，把笔杆当枪杆"，越是艰难越是坚韧学习。在1940年与1941年国民政府教育部举行的两次专科以上学生学业竞赛中，获奖总数与获奖系数的比例评定，均名列全国第一。

从抗战全面爆发到复员厦门，在极其艰危的战争环境与艰苦的复员中，厦门大学的院系建设不仅没有停顿，而且还得以有力扩充，院系规模与学科发展都有历史性的突破，多科性大学已然向综合性大学迈进，也因此开始确立厦门

---

① 梅贻琦：《大学一解》，载《清华学报》第13卷第1期，1941年4月。

② 萨本栋：《勖勉同学词》，载《唯力》旬刊第3期，1938年4月3日。

③ 萨本栋：《"七七"二周年纪念与节约运动》，载《唯力》第2卷第7/8期合刊，1939年7月7日。

大学位居全国高等教育前列的位置。更重要的是这一时期积淀下来的办学精神，那种由战争烽火淬炼出来的自强、坚韧与艰危中担当重负的使命感，为厦门大学的发展积累了一份极宝贵的精神财富。

三

1949年10月1日，中华人民共和国成立，人民当家做主的时代开始。10月17日，厦门解放，厦门大学迎来了办学史上的新纪元。1949年10月21日，中共厦门市委在厦大建立中共厦门大学支部。不久，在原有基础上设立中共厦门大学党组。1950年5月，中华人民共和国政务院任命著名经济学家、曾任厦门大学法学院院长的王亚南为厦门大学校长。

1952年6月，中共福建省委派15名党的干部到厦大，7月，中共福建省委决定程璐任中共厦大临时党委书记，党在学校的领导得以体现与加强；1953年1月，厦门大学成立校务委员会，标志着学校由“校长负责制”开始向“党委领导下的校长负责制”过渡。这一年，符合条件的科系先后成立党支部。1955年1月召开中共厦门大学第一次代表大会，成立中共厦门大学党委会，之后，各系先后建立系党总支，直到1999年校院二级管理体制改革时，党总支、党支部为厦门大学各科系的最直接领导，保证科系建设与学科发展的正确方向和健康发展。

新中国成立后，在东西方意识形态冷战的背景下，中国大学放弃对西方欧美的学习，而强调向“苏联老大哥”学习。1952年，中央提出高等教育“发展专门学院和专科学校，整顿和加强综合大学”的方针，并学习苏联高校模式，进行大规模的院系调整。从1952年到1955年底，厦门大学在调整中从多学科大学向文理科综合大学转变，被确定为华东四所综合性大学之一。

1952年8月，一年前刚刚由省立并入厦大并改名的厦大农学院奉命与福州大学农学院合并为福建农学院；9月，厦大海洋系一分为三，厦大航海专修科与集美水产商船专科合并成立福建航海专科学校，之后再分别归入大连海运学院与上海海运学院；海洋系理化组并入山东大学，与山东大学海洋学科建立海洋系，发展为山东海洋学院，即后来的青岛海洋大学；为保存厦大发展海洋学科的力量，厦大成立海洋生物研究室，将海洋生物组的骨干教师与标本留在厦大，聘郑重教授为研究室主任。1953年7月，厦大又奉命将工学院的土木、电机、机械3个系及土木专修科调整到浙江大学、南京工学院和华东水利学院，将企业管理并入上海财经学院，法学院归入华东政法学院。1954年7

月，厦大教育系调整到福建师范学院；8月俄语专修科部分师生并入南京大学。

在此调整中，厦门大学文理科也有所壮大。1951年私立福建学院的政治、法律、经济归并到厦大。1952年福州大学财经学院的会计、贸易、财金、统计、企业管理5个系并入厦大财经学院，并增加贸易专修科。1953年，福州大学文理两院的中文、外文、历史、数学、物理化学、生物学6个系也奉命并入厦门大学。1955年，厦大奉命停办统计、会计、财金、贸易4个系，改在经济系之下设政治经济学、统计学、会计学、货币与信贷、贸易5个专业。

从历史现场上看，大规模院系调整是新中国改造旧教育制度、建立新教育体制的战略措施，这是中华人民共和国教育史上一个重要事件。这场调整既为厦大文理科综合大学模式打下基础，也一定程度上削弱了厦大综合性大学的实力，厦大一些经营多年而形成厦大特色的院系、学科被调整出去，充实其他高校乃至成为新学校成立的基础。厦大在为国家做出贡献的同时，也造成基础学科与应用学科的相互分离，综合性大学学科交叉渗透的优势也受到一定的损失。

院系调整后，苏联高等教育的专业制度也随之取代了中国大学的院系体制。新中国成立之前的大学一般只设学科不设专业，学科业务范围要比专业宽阔，但专业有利于针对性培养专门人才，培养目标十分专一。为贯彻专业人才培养目的，厦门大学院级建制最后被正式撤销，实行以系为教学单位，系内设若干专业，形成按专业培养人才的办学模式。到1958年，全校设8个系16个专业，并设16个专门化科目。

这一时期，教育部确定厦门大学发展方向为“面向东南亚华侨，面向海洋”，要求各专业各教研组加强与南洋、台湾、海洋及本地特点有关的各种问题研究。王亚南校长对厦大的综合性大学也提出新的目标定位，他说：“今天我们所在的学校是个综合性大学，不是工业大学、农业大学，而是综合性大学，不同地方是培养目标不同。工农科培养工农业所需技术人才，师范培养教师，综合性大学主要是培养研究人员，科学研究人员。”他对学生说：“你们将来就是要培养成为科学家。”[①]这样的办学方向与文理综合性大学的形成，明确指明科学研究是厦大办学的重要任务，学科建设水平成为办学水平的重要表现。

由此，在那个以专业为主的发展时期，厦门大学依然将研究机构建设与学科建设发展当成院系建设的重要内容。

---

① 王亚南：《怎样做一个大学生》，录自厦门大学校办档案56-11。

王亚南校长抵达厦大后，首先恢复和建立研究机构，成立了经济研究所、化学研究所和南洋研究馆（1963 年升格为教育部部属研究所）、人类博物馆，文科理科各学院普遍成立研究室。这时福建研究院社会科学研究所也奉命归并厦大，充实了厦大文科主要是经济学科的研究实力。

这一时期，经济学科开始成为全国的翘楚学科。从 1946 年王亚南的《中国经济原论》研究被誉为“中国式的《资本论》”开始，厦门大学“以中国人的资格研究政治经济学”的独特学派开始形成。1950 年王亚南执掌厦大后，建立厦大财经学院，创办全国第一个经济研究所，这是当年全国高校最新经济学教学科研建制。院系调整中财经学院被撤销。1958 年 9 月，中国经济问题研究所成立，并创办中国第一家全国性经济学刊物《中国经济问题》。这个时期，经济学各学科研究全面展开，在《资本论》研究、社会主义所有制研究、会计、统计、财政学方面的研究，成绩斐然，为全国瞩目，奠定了经济学迈向一流学科的坚实基础。

化学为厦大理科中最早的学科之一，展示着一流学科的形象。1939 年，傅鹰博士受聘厦门大学并任教务长兼理学院院长，他给厦门大学带来了化学正在从经典的统计热力学深化为理论化学、结构化学的最新发展信息与理论，从而让厦大化学学科及时捕捉到量子化学、量子力学的发展，跟上世界潮流。自此，化学学科的发展呈现云帆济海之势。新中国成立后，催化的研究与应用、海洋化学分析成果显著，电化学研究、物质结构研究、有机物电极、电分析和有机物点解制备也都在学术界崭露头角。1972 年，蔡启瑞教授与唐敖庆、卢嘉锡两教授联袂承担国家重大基础理论研究课题化学模拟生物固氮研究，与国际同步攻关世界理论难题，成果受到国际同行的赞赏。这个时期的厦大化学，已具备国内一流、国际具有重要影响的学科声望。

除此，海洋生物研究，生物系在金定鸭研究及北京鸭与金定鸭的杂交研究，半导体物理、半导体化学、植物生物学以及数学等方面的基础理论研究，都有全国性影响。理科各系与福建省其他单位联办建立的 8 个新的研究所，有效地促进了厦门大学科学研究与地方建设的紧密结合，拓宽了厦门大学科学研究的思路与途径，这也说明了成为文理综合性大学的厦门大学在学科建设上的明显进展。

从 1949 年新中国成立到 1966 年“文化大革命”爆发，厦门大学与全国高校一样，经历过“整风运动”、“教育大革命”和“大跃进”高潮，作为面对两岸对峙炮火中海防前线大学，社会主义的办学方向和党在学校中的领导地位更加明确与坚定，在人才培养与科学研究上探索前进，书写出新中国高等教育的新篇章。1963 年 9 月 12 日，教育部以〔63〕教厅秘字第 178 号文件，将厦门大学定位全国重点大学，“这是国家对厦门大学几十年来办学成就的充分肯定，从教育体制上明确地确立了厦门大学在全国教育事业中的重要地位”[①]。

1966 年到 1976 年“文化大革命”运动期间，厦门大学与全国高校一样，遭受空前的洗劫。这是中国高等教育发展史上一次挫折和重大教训，经历过这样的风雨，拨乱反正之后，厦门大学的院系与学科建设自有空前的发展。

四

1976 年 10 月 6 日，党中央一举粉碎“四人帮”；1977 年 9 月，全国恢复高考制度，1978 年 2 月，教育部恢复厦门大学为全国重点大学。1981 年 10 月，厦门被国务院确立为中国四个经济特区之一，身处中国经济特区的国家重点大学，厦门大学被历史推向了改革开放的前沿，学校逐渐顺利走向“党委领导下的校长负责制”的领导体制中，院系建设发展进入一个崭新的历史新时期。2000 年之后，按照校院二级管理体制改革，各学院建立学院党委，建立并逐步完善学院党政联席会议制度，厦门大学院系建设得到空前发展。

至 2020 年，改革开放中的厦门大学全校已建有 30 个学院 16 个研究院，展现出门类齐全、学科强劲、专业特色明显、布局合理的整体风貌。依据院系建设与发展的历史，以 1995 年启动“211 工程”为界，整个 42 年的改革开放可分为两个时期：1978 年至 1995 年为恢复与快速发展时期；1995 年之后伴随着国家“211 工程”、“985 工程”、创建“双一流”建设，厦门大学院系建设进入跨越式发展时期。

1978 年春天，当恢复高考制度后的第一届大学生走进厦大时，厦大共设有 10 个系 29 个专业，这些系与专业还只是集中于自然科学与人文社会科学的基础理论学科，基础雄厚，但面对世界新技术革命浪潮的兴起和新时期党与国家工作中心转移到社会主义现代化建设和改革开放上，尤其是经济特区和沿海开放城市、经济开发区的设立，原本的科系已经不能很好地适应新形势的需要，于是，学校大胆突破文理结构框架，调整学科与专业设置，大力充实、改造、复办老专业，增设一批新学科，优先创办一批涉外专业、应用科学和应用技术专业，开展边缘新兴学科研究，迈步向文理渗透、多学科组成的综合性大学

① 厦门大学档案馆、厦门大学校史研究室编：《厦门大学校史》第 2 卷（1949—1991），厦门大学出版社 2006 年版，第 142 页。

方向发展。

其一，以“起点要高，起点要新”的要求，创办一批新专业，集中在涉外、经济管理、新兴交叉学科与新技术专业。到1995年，全校已发展到26个系61个专业，突破长期以来保持的文理财经综合性大学格局，形成了包括智能科学、技术科学、人文科学、社会科学、管理科学、教育科学在内的多学科、结构比较合理、内容比较先进的学科体系。

其二，开始恢复学院建制。专业增多后，科、系不断发展，从管理与学科建设出发，开始逐步恢复学院建制。在20世纪80年代初期，先后成立经济学院、政法学院、全国综合性大学的第一个艺术教育学院、技术科学学院，其中技术科学学院的成立既带有复办工科的动机，更是以为国家培养急需的大量科技人才为目标，着重造就工科与理科相结合、交叉的学科的开创性人才。学院作为学校派出机构，具有一定自主权。

其三，以长远的战略眼光，充实、更新老专业。如20世纪70年代复办海洋系。在1952年的院系调整中，厦大将海洋系一分为三，用建立海洋生物研究室的名义战略性留住了海洋生物学科的骨干师资与教学标本，这使得厦大在1962年前后依然成为我国海洋科学的重要基地之一。海洋系虽然不再存在，厦大理科其他系却增设了海洋物理、海洋化学和海洋生物等新的专业、专门化，各系与华东海洋研究所密切配合，共同进行了26项海洋科学研究，成果引起国外学术界注意，《美国科学界对中国科学的看法》一书也提到厦大海洋科学研究的情况。复办后的海洋系，采取少招本科生、多招研究生、重拳科研、提高质量的策略，开展学科建设，并增设海洋水文气象和海洋地质地貌两个专业，为海洋系成为全国一流学科打下了坚实良好的基础。

1995年，厦门大学进入国家“211工程”行列；2001年，被列入国家“985工程”重点建设高校；2017年，入选国家A类“双 流”建设高校。在中国教育从教育大国走向教育强国的历史进程中，厦门大学的院系发展与学科建设，实现了跨越式发展。

1999年3月，全校深化校内管理体制改革，开始实行校院二级管理，学院建制全面铺开，各学院按照学院办大学的发展趋势，遵循“优化结构、强化内涵、扶优促新、鼓励交叉”的原则推动学科与专业建设，从1995年到2020年，全校共设置30个学院16个研究院，新增52个专业，撤销4个专业，调整18个本科专业，最终设置本科专业99个，涵盖文学、哲学、历史学、法学、经济学、管理学、理学、工学、建筑学、医学、艺术学等11个学科门类，以学科为支撑，打造一批定位明确、管理规范、改单成效突出，师资力量雄厚、培养质量一流的院系与专业群；全校有17个国家级特色专业，2个国家级人才培养模式试验区，2个国家级专业综合改革试点，3个专业入选教育部基础学科拔尖学生培养计划，24个专业13个项目入选教育部卓越人才培养计划。

这个时期，也是厦大研究生教育的大发展时期。1986年9月，国务院批准厦大试办研究生院；1996年3月，厦大正式获准设立研究生院；2018年，厦大成为全国首批20所学位授权自主审核单位之一。至2020年，全校共设有32个博士后流动站，36个一级学科博士学位授权点，45个一级学科硕士授权点。研究生院的建设与发展，推动了厦大研究生教育的空前发展，也更紧密地将厦门大学的学科建设与学院建设融为一体。

学科作为高校实施科研、教学活动和集聚人才的最基本的单元，是学校根本性的基础建设，也是院系建设发展的基础与支撑。这个时期，凭借国家“211工程”、“985工程”建设和创建“双一流”的支持，院系以学科为支撑，以学科建设为重心，凸显了学科建设的基础性与关键性。

其一，以学科建设为支撑为龙头，整合组建符合学科发展和拓展创新学科建设的学院，优化学科布局。如整合厦大早期传播和研究马克思主义与当代马克主义教学研究的资源，成立马克思主义学院，设立“985工程”重点学科“马克思主义理论”、“211工程”三期国家重点学科“中国特色社会主义理论与实践”建设项目，与中共福建省委宣传部合作共建“厦门大学中国特色社会主义理论体系研究与培训基地”，加强学科建设，建设国内高水平的马克思主义理论学术创新基地。如整合全校电子工程、电子科学、微电子与集成电路、电磁声等相关学科，组成电子科学与技术学院，入选国家示范性微电子学院；整合软件学院、物理科学与技术学院、计算机与信息工程学院相关资源成立信息学院；将公共事务管理学院的社会学系与人文学院的人类学系组合成社会与人类学院，更准确对应国际学科范式；而像数学科学学院、国际关系学院、台湾研究院、教育研究院、萨本栋微米纳米科学技术学院，则是应对历史与国家的需求，在学校原本的优势或特色学科基础上建立起来的学院。其中数学与应用数学为国家级一流专业、国家一类特色专业、国家理科数学与应用数学基础科学研究和教学人才培养基地，入选国家基础学科拔尖学生培养试验计划；台湾研究院入选国家高端智库试点建设、培育单位。以教育部人文社科重点研究基地会计发展研究中心和国家重点学科工商管理为依托，整合MBA和EMBA、会计系、工商管理系、管理科学系与旅游管理专业组成管理学院，很快使管理学院成为中国最具竞争力的十大商学院之一。工商管理、会计学、财务管理和电子商务4个专业入选国家一流本科专业建设点，在2017年教育部公布的全国第四轮学科评估中，工商管理一级学科获评A类学科，经济学与商学进入ESI全球前1%行列。

其二，以大学科理念、通过国家人才培养基地和重点学科的依托带动，推进院系与学科的建设发展。1999年校院二级管理体制改革伊始，学校就开始推行大学科的学院建制理念，文、史、哲3个系6个一级学科，以国家文科历史学基础科学研究和教学人才培养基地与国家重点学科中国经济史为带动，组建人文学院，力图打通文史哲，"研究高深学问"和培养人文学科精英人才。以大医科理念，整合生命科学学院、医学院、药学院、公共卫生学院等力量，推进学科交叉融合，构建医、教、研有机融合的医科教育体系。2018年和中国卫生信息与健康医疗大数据学会共同建立医疗健康大数据国家研究院，汇聚理、工、医及社会科学十几个学院的教师与研究团队，通过自主创新和跨学科合作，产生一批国内外领先的具有良好产业转化价值的一流研究成果，凸显大学科整体的优势。

在大学科建设与学科协同创新中，由厦门大学牵头，与复旦大学、中国社会科学院台湾研究所、福建师范大学共同建设的国家协同创新中心"两岸关系和平发展协同创新中心"，由厦门大学、复旦大学、中国科学技术大学和中科院大连化物所为核心层，组建的国家级协同创新中心"能源材料化学协同创新中心"，都体现出大学科、跨学科与跨越部门、学校的创新优势。2018年12月，国家自然科学基金委依托厦门大学建设"国家天元数学东南中心"，该中心由数学科学学院牵头，联合5个省14所高校为共建单位，更是以大学科、大组合、大跨越的组织形态呈现出构建一流核心竞争力的重要举措。

其三，发挥优势，打造国内领先、国际一流的高峰学科，是这一时期厦大院系建设与发展水平最基本也是最重要的成果之一。目前厦门大学有理论经济学、应用经济学、工商管理、化学、海洋科学5个国家一级重点学科，另有25个国家二级重点学科，分布在经济、管理、化学化工、数理、海洋与地球、生态与环境、法学、高等教育、生命科学、人文等学院。另有化学、工程学、农学、社会科学、计算机科学、分子生物学与遗传学、微生物学、药物理与毒理学、地学、物理学、经济学与商学等18个学科在ESI全球排名前1%；17个学科在QS世界大学学科排行榜上有名，上榜数居中国大陆高校第12位；37个学科登上软科世界一流学科排行榜，上榜数居中国大陆高校第8位。2017年，化学、海洋科学、生物学、生态学、统计学入选国家"双一流"建设行列。

当我们对厦大100年的院系发展做出梳理后，我们会发现，厦大百年院系的历史脚步，实际上是伴随着100年来中华民族伟大复兴的风云变幻与中国高等教育的命运嬗变而砥砺行走的，它走的是一条从小到大、从少到多、从大到强的历史发展脉络，一条是院系建设与学科发展紧密融合的道路，一条是国际竞争力和整体实力不断提升的道路。百年院系不断调整不断演化的进程，也就是百年学科不断变革不断创新的历程，这里有成功的喜悦，也有挫折的教训，有起伏的艰辛，也有前进的欢笑，但无论在什么时候、在什么样的空间里，都向着校主陈嘉庚先生提出的“世界之大学”目标前行，都沿着“与世界各大学相颉颃”的意志行进，都朝着“中国特色，世界一流”的憧憬踔厉奋进。

五

“厦门大学百年院系史”系列的编撰出版，是各院系向厦门大学百年华诞献上的一份礼物，她以100年来各个学院、研究院的学科发展、专业建设、院系在时代中变动的脚步为主要内容，呈现不同历史时期南方之强的个性与风采。目的在于总结经验，传承命脉，弘扬自强不息、止于至善精神，激励“双一流”建设，为厦门大学与中国高等教育留下一份珍贵的历史叙述。全校共有35个院系、研究院及厦大出版社参加了这个规模空前的编写工程。每部院系史主要包含以下内容：

一、历史的脚步。这是全书最主要的叙述，它通过对院系的历史梳理，描述出在各个历史时期的发展脉络与特征，客观呈现各学院发展进程中的主要事件，重点叙述以学科建设、人才培养为重心的发展变化、主要特点和成就，以及行政管理、社会服务上的变更发展。

二、党政管理。叙述院系党的建设情况，行政机构的变更，历任党、政领导等。

三、学科发展。叙述院系学科建设发展的轨迹与特色、地位与成绩，包括博士授权点、硕士授权点介绍及其人才培养特色，研究基地、研究所、中心介绍及其工作特色，重点实验室介绍及其工作成就，对外交流成果等。

四、教学成果。阐述院系在人才培养与教学教育中的发展嬗变，包括专业设置、课程体系、精品课程与教改项目、教学成果奖、特色专业与创新试验区、教学团队、教材建设、人才培养基地、创新创业教育等内容。

五、学术成就。配合学科建设的发展，叙述学术上的做法与成就，包括获奖学术成果、主要著作与论文、主要研究课题。

六、附录：院系大事记。

这是一项具有长远意义且严肃的工作，学校要求各院系在编撰中坚持正确的政治导向，突出与中国共产党同龄的厦门大学教育救国、教育兴国、教育强国的历史步点；重点叙述与提炼各学科、各专业及人才培养的发展与成就，彰显学术大师和著名校友的贡献；历史须客观叙述，要求准确无误有根有据，尽可能追根溯源，填补漏缺，还原历史，强调学术传承。但历史的写作须经千锤百炼，百年院系历史的叙述需要长期的淬炼，今天打开的这个脚步，难免深浅不一，难免有疏漏之处，还有许多需要打磨甚至勘正的地方，还请各位读者批评指正。

全校的百年院系史系列编撰工作在2019年的春天启动，历时两年的时间，在厦门大学百年华诞到来之际，终于与厦大人、与各方读者见面了。当各院系的撰写者在各自的历史隧道中搜寻攫微、考辨记载而写出自己的院系历史的时候，实际上是在对一个学科、一个院系的过去与今天的研究梳理，也是与明天的一个重要联系与启示。相信经过这次院系史的研究编写，各学院各学科将会以史为鉴，以更宏伟的规划更准确的定位更实在的工作，在党的坚强领导下，向着“中国特色，世界一流”的建设方向，奋力推进厦门大学院系建设与学科发展。

2021年3月12日

前 言

厦门大学因海而生，伴海而长，是我国距离大海最近的一所大学，拥有开展海洋科学研究的独特优势。早在陈嘉庚创立厦门大学之初，学校即着手在全球延揽海洋学研究人才，拉开了海洋科学研究的序幕。1922 年美籍学者莱德教授受聘厦门大学从事海洋动物分类学研究，他于 1923 年发表在美国《科学》杂志上有关厦门附近海域文昌鱼的研究论文影响至今。1946 年，中国第一个海洋学系在厦门大学正式成立，唐世凤先生担任系主任，开辟了我国培养海洋学专门人才的先河，厦门大学由此被誉为我国海洋科学人才培养的“蓝色摇篮”。

百年厦大，历经几代海洋学人的不懈奋斗和执着追求，建立在第一个海洋学系基础上的今日海洋与地球学院，拥有海洋科学国家一级重点学科，海洋科学一级学科博士学位授权点和博士后流动站；已建成了涵盖海洋生物学、海洋化学、物理海洋学、海洋物理、地质海洋学等专业在内的门类齐全、层次完整的学科体系，厦门大学海洋学科已成为我国海洋科学研究与人才培养的重要基地，在国内外享有广泛的嘉誉。百年来，海洋学科名家荟萃、贤达辈出，涌现了秉志、伍献文、陈子英、曾呈奎、唐世凤、郑重、全德祥、李法西、陈国珍、何恩典、丘书院、吴瑜端、许天增、李少菁、黄奕普、胡明辉、陈宜瑜、洪华生、焦念志、戴民汉等一大批著名学者和杰出科学家，为社会输送了数以千计具有“海洋”视野和胸怀的优秀人才。

2021 年 4 月，厦门大学迎来了百年庆典，海洋学科伴随着厦门大学这所“南方之强”高等学府走过了百载峥嵘岁月，刻下了可圈可点的发展轨迹。为反映厦门大学海洋学科创建百年来的发展历史，总结各个历史时期办学治学的基本经验，回溯源头，传承命脉，弘扬“自强不息、止于至善”精神，在厦门大学百年院系史编纂组的指导下，学院院史编委会以史料为基础，本着尊重历史的严谨态度，深入细致地开展了院史的编撰工作，作为庆祝厦门大学百年盛典的献礼。院史的编写工作也得到学校档案馆、图书馆等学校有关部门的协助，以及学院广大教职工和校友们的关注和大力支持，特别是很多老领导、老教师提供了许多珍贵的回忆资料和照片，提出了很多宝贵的意见和建议，在此表示衷心的感谢！

时不我待、唯有奋进。习近平总书记在党的十九大报告提出“坚持陆海统筹，加快建设海洋强国”的战略部署，凸显了海洋在新时代中国特色社会主义事业发展全局中的突出地位和作用。借以此书的编撰出版勉励全院师生，以史为鉴，新一辈海洋学人永远要记得，今天海洋学科令人瞩目的成绩是站在老一辈海洋人的基础上取得的。在厦门大学海洋学科百年的发展历程中，有一大批令人尊敬的老前辈，他们将自己的人生底色绘以深蓝，刻苦钻研，勇于开拓，用全身心书写了探索海洋的壮丽诗篇。在新形势下，我们应积极响应国家海洋强国战略，聚焦世界一流目标，以一流标准推进人才培养、师资队伍、科研平台、合作交流等建设与发展；主动对接本领域国际前沿研究和国家的重大需求，做出引领性和重大应用价值的创造性成果，更加积极地服务于国家的海洋强国战略，为海洋科学的发展和国家需求做出应有的贡献。

《厦门大学海洋与地球学院院史》编委会

2021年3月

目录

c o n t e n t

第一章 历史的脚步

第二章 党政管理

第三章 学科发展

第四章
教学成果

第五章
学术成就

第一章
历史的脚步

厦门大学海洋学科历史积淀深厚，1921 年厦门大学建校初期即开始海洋学研究。1946 年成立中国高校第一个海洋学系。1996 年成立厦门大学海洋与环境学院。2011 年成立海洋与地球学院。1981 年即获批我国首批博士学位授权点。1993 年获批建立博士后科研流动站。2017 年入选国家“双一流”建设学科，同年，在全国第四轮学科评估中获评 A⁺。经过近百年的跨越式发展，厦门大学海洋学科已成为我国海洋科学研究与人才培养的重要基地。百年征程，名家荟萃，人才辈出，涌现了包括伍献文、曾呈奎、陈宜瑜、焦念志、戴民汉等中国科学院院士在内的一大批杰出科学家，为我国海洋事业发展做出了重要贡献。

如今的海洋与地球学院既有传统海洋学科历史悠久、扎实雄厚的基础，又有瞄准新兴学科前沿的开拓创新，更有与人文科学、社会学、工程学等多学科的交叉融合。截至 2020 年 11 月，学院有专任教师 99 人，其中中国科学院院士 2 人、双聘院士 2 人、国家特聘专家 6 人、长江学者特聘教授 2 人、闽江学者特聘教授 3 人、厦门大学特聘教授 5 人、国家杰出青年科学基金获得者 4 人、国家优秀青年科学基金获得者 5 人、教育部跨(新)世纪优秀人才支持计划 10 人、国家基金委创新群体 2 个、教育部创新团队 1 个、科技部重点领域创新团队 1 个。依托学院，建有国家“海洋科学理科基础科学研究和教学人才培养基地”、国家“海洋环境科学实验教学示范中心”、海洋科学特色专业点及“福建省海洋科学研究生教育创新基地”等人才培养基地，“近海海洋环境科学国家重点实验室”、“海洋生物制备技术国家地方联合工程实验室”等国家级科研平台及“水声通信与海洋信息技术教育部重点实验室”等多个省部级科研平台。

依托厦门大学马来西亚分校建立的中国-东盟海洋学院，立足马来、面向东盟各国，以传承嘉庚精神、回馈东南亚、促进中国与东盟各国的伙伴关系为己任；

坚持以国际化标准办学，以培养高素质、国际化视野的海洋拔尖创新人才为目标，为厦门大学海洋学科的发展提供了新的思路和契机，也为海洋学科积极融入国家“一带一路”战略、扩大国际影响力做出积极贡献。

第一节 海洋学研究起步到建系前(1921—1945年)

陈嘉庚先生是我国当代杰出的爱国华侨领袖，也是倾资兴学的楷模。早年他目睹旧中国“门户洞开，强邻环伺”，抱定“开拓海洋、力挽海权，培育专才”的决心，1920年2月，他在家乡集美开办集美学校水产科(渔航兼学)，是为我国最早培养水产航海技术人才的摇篮之一。1921年，他创建厦门大学，考虑到厦门是个外轮进出的港口，所以特别选择面朝大海建设厦门大学，学校选址五老峰下，主校舍一字排开、面朝大海。

1921年厦门大学创建初期，时任校长林文庆先生就着手在全球延揽海洋学研究人才，海洋科学的研究逐渐拉开序幕。1922年，受聘为厦门大学动物学教授的美籍专家莱德(Sol Felty Light)，在厦门刘五店海区发现文昌鱼并开展研究，相关研究论文“Amphioxus Fisheries near the University of Amoy, China”发表于1923年Science(Vol.58, No.1491, pp.57-60)期刊。作为无脊椎到脊椎动物过渡的代表，文昌鱼堪称“生物进化史上的活化石”，在世界各地十分罕见，莱德在厦门刘五店的调查发现发表后，引起了国际生物学界的震动，厦门海区遂以盛产文昌鱼而著名，厦门大学也以研究文昌鱼而闻名于国内外学术界。1924年，莱德在陈嘉庚的故乡集美附近海域发现一水母新种，命名为陈嘉庚水母(*Acromitus tankahkeei* Light)。1925年，著名动物学家秉志受聘来厦，后任动物学系主任。20世纪20年代至30年代初期，秉志对中国沿海和长江流域的动物区系进行了大量调查及分类与分布的研究，收集了大批标本。1927年，秉志在鼓浪屿附近海域中发现一海星新种，经英国伦敦博物院George A. Smith鉴定并定名为林文庆海星，以示对时任校长林文庆的纪念。至20世纪30年代，厦门大学已汇聚了诸多从事海洋学研究的著名学者，也为国家培养了不少出色的人才，比如伍献文(1927届，中国科学院学部委员(院士)，著名鱼类学家，曾任中国科学院武汉水生生物研究所所长)、曾呈奎(1931届，中国科学院学部委员(院士)，著名海藻学家，曾任中国科学院海洋研究所所长)。

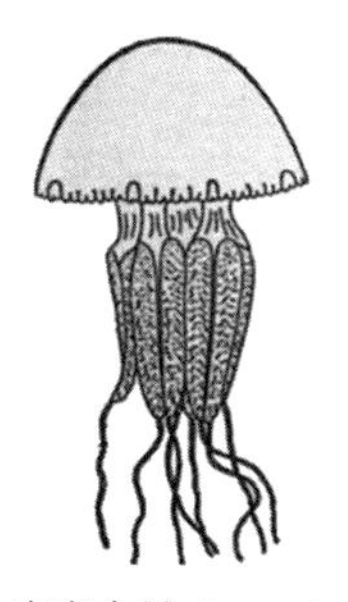

嘉庚水母 *Acromitus tankahkeei* Light

Sol Felty Light

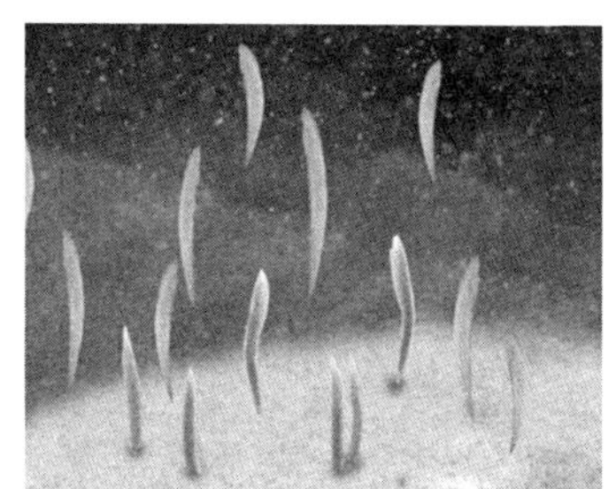

Light关于厦门文昌鱼
[*Branchiostoma belcheri*（Gray）]
的研究1923年发表在*Science*期刊（58: 57-60）

莱德及嘉庚水母、厦门文昌鱼图片

1930 年 7 月，在中华教育文化基金会的资助下，厦门大学与该基金会联合举办"暑期生物研究会"，邀请国内外学者来厦进行科研考察。首届暑期生物研究会成果显著，多项研究成果先后在中外著名杂志发表。当时到会的研究员认为"厦门气候优良，地处海岛，均适宜研究海产生物"，因此在厦门大学成立"中华海洋生物学会"（又称"中华海产生物学会"）（M.B.A.C；Marine Biological Association of China）。1931 年，该学会向中华教育文化基金会及洛氏基金会申请经费资助，并于夏季与厦门大学合办第二期"暑期生物研究会"。每年"暑期生物研究会"活动结束后，学会均出版年报《中华海产生物学会志（*Marine Biological Association of China*）》专刊（英文版）（*Annual Report of Marine Biological Association of China*），向国内外发行。

在中华教育文化基金会资助下，1932 年，厦门大学动物学系组织开展福建省渔业基本调查工作，对福建沿海各县的鱼类、渔区、渔场、产量等进行调查，并详细记录，1934 年完成《福建省渔业调查报告》（《厦门大学理学院生物学系刊物》第 2 卷）。1933 年至 1934 年，生物学系组织开展东沙岛海产调查计划，调查以海产为主，但岛上陆地、草木、昆虫、禽兽以及土质、水分、气象等，都为调查研究对象。

1935 年 4 月，太平洋科学协会海洋学组中国分会在南京成立，倡议在厦门、定海、青岛、威海卫或烟台共四处设立海洋生物研究站。1935 年 5 月，福建国民政府提供补助经费，委托厦门大学生物学系负责筹备设立海洋生物研究室，同年 6 月，海洋生物研究室成立，聘请陈子英为研究室主任。1935 年 8 月，中央研究院及太平洋科学协会在厦门大学成立厦门海产生物研究场（The Marine Biological Station),目的在于研究中国南部海产及海洋学。研究场成立半年即取得丰硕成果,出版了《福建沿海海洋生物采集调查报告》和《海产生物学集刊》(*The Amoy Marine Biological Bulletin*),并发表大量研究成果。此为厦门大学盛行海洋生物学研究之标志。1933 年,太平洋科学协会在其年会报告中指出:"厦门大学……其近海的生物院与那便于进行分类学、生物学、生态学等研究用的实验室和图书室,使该所大学可以与欧美诸优等海洋研究所媲美。"

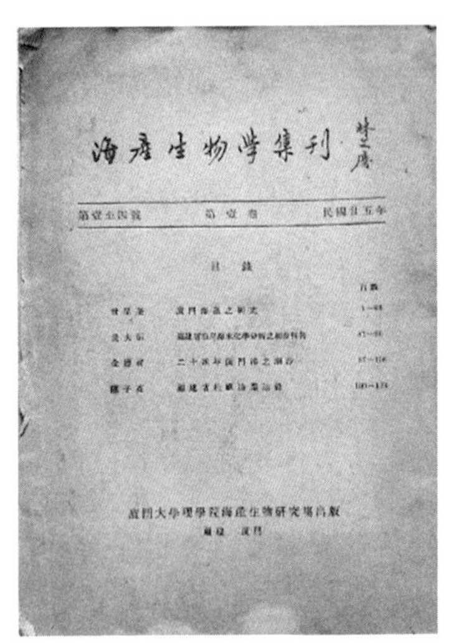

《海产生物学集刊》封面

1935—1936 年间,厦门大学生物学系黄大烜率陈国珍等学生在厦门湾采集水样,进行海水常量元素和营养盐的分析。1936 年,黄大烜在《海产生物学集刊》(英文版)的第一卷第一至四号上发表了《福建省沿岸海水化学分析之初步报告》,为中国较早见诸报道的海水化学研究。

1937 年下半年至 20 世纪 40 年代初,中国的海洋科学研究绝大部分陷于停顿。1941 年 4—10 月,由中国地理研究所海洋组唐世凤等人组成福建东山海洋考察团,此次海洋考察是抗战期间国内唯一的一次海洋考察。

1943 年,为谋战后复兴渔业起见,厦门大学筹备设立水产研究室,汪德耀任筹备主任。研究室筹备委员会拟定组织规程及工作进展计划,"将来拟按步实施,将研究室扩充为研究所,招收研究生,并设分所于台湾及海南等水产富源之地①"。1946 年,水产研究室正式成立。

1945 年 8 月,唐世凤受聘为厦门大学生物系教授,并向国民政府教育部申请在厦门大学设立海洋学系。1945 年 11 月,国民政府教育部正式批复同意厦门大学理学院设立海洋学系,并拨给开办费五十万元。厦门大学即于 1945 年 12 月聘请唐世凤负责筹建海洋学系。1946 年,中英文教基金董事会与厦门大学合作筹办中国海洋研究所。

---

① 厦门大学校史编委会.厦大校史资料(第二辑)[M].厦门:厦门大学出版社,1988.

第二节　海洋学系成立到建院前(1946—1995年)

一、海洋学系成立初期(1946—1951年)

1946年,中国高校第一个海洋学系、中国第一个海洋研究所(中国海洋研究所)在厦门大学宣告成立。海洋学系创办初期,按英美模式组织教学,学制四年,开设了较为系统的海洋学课程,还兼授水产、航海、渔业等知识。

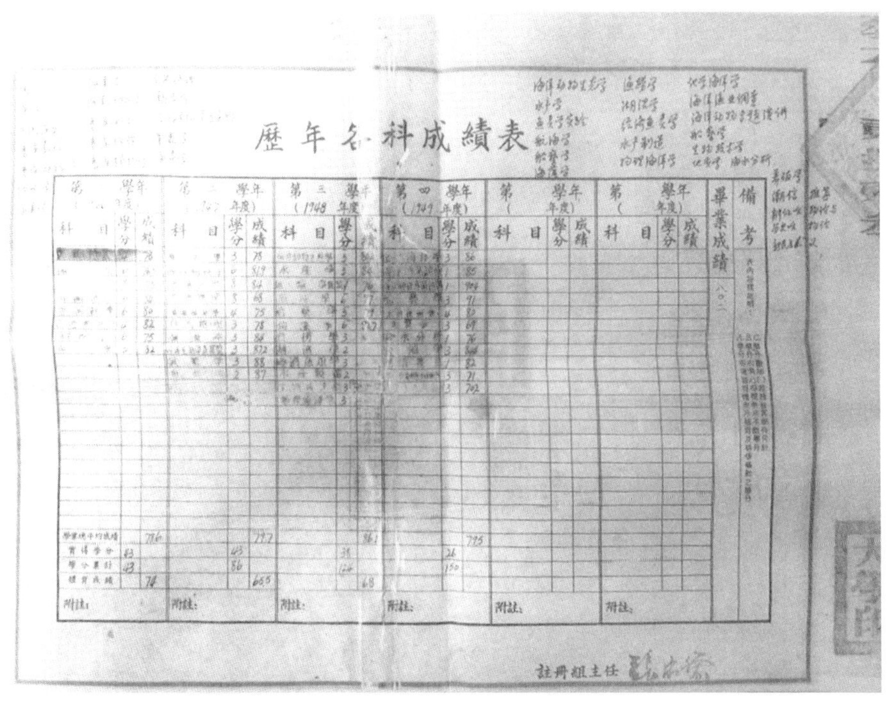

歷年各科成績表

註冊組主任

海洋学系第一届本科生张其永的成绩单

海洋学系正式成立之后,当年度即录取新生20名,正式注册16名。“因感于需要一联络情感及相互切磋之组织”,16位同学即于1947年1月筹备成立厦门大学海洋学会。经拟定章程及办理相关登记手续后,1947年2月,厦门大学海洋学会在厦门鼓浪屿正式成立并举行第一次会员大会。

1947 年海洋学会成立典礼暨第一次会员大会
（前排左四和左五为唐世凤和郑执中两位教师）

1947 年 12 月，海洋学系正式在白城设立海洋观测站，日常观测项目包括水温、气压、风速、潮汐、水色等，从此，厦门港之海洋现象开始有了科学记录。

1948 年（民国 37 年）海洋学会迎新会

1950 年海洋学系欢送第一届毕业同学——摄于紫云岩

（后排左十二为唐世凤）

1950 年 7 月，王亚南出任新中国成立后的厦门大学首任校长，在保持学校整体稳定的前提下，他着手对院系两级建制进行了初步调整，理学院下属各系分设专业组，海洋学系分海洋、水产两组，将原海洋学系航海组进行扩展，设立三年制的航海专修科，刘荣霖为专修科主任（1951 年 8 月—1952 年 9 月）。

20 世纪 50 年代刘五店采样

1950 年夏，朝鲜战争爆发，台海局势紧张，地处海防前线的厦大经常遭到空袭炮击。为了保证教学实验的正常开展，厦大理、工两学院奉命疏散到福建龙岩。1951 年 3 月，海洋学系随厦大理学院辗转至龙岩白土镇办学，1952 年 2 月从白土迁回厦门。

1952 年 7 月海洋系欢送三、四年级毕业同学

1951 年 2 月，中国科学院接管了在厦门的中国海洋研究所，改组为水生生物研究所厦门海洋生物研究室。同年 3 月，厦门海洋生物研究室部分人员内迁至位于无锡太湖畔的中国科学院水生生物研究所。1953 年 1 月，中国科学院撤销水生生物研究所厦门海洋生物研究室。

二、全国高校院系调整之后(1952—1969 年)

1952 年 9 月，全国高校院系调整，海洋学系航海专修科与集美水产商船专科学校合并，在集美成立福建航海专科学校。后来福建航海专科学校迁往大连，并入由东北航海学院与上海航务学院合并成立的大连海运学院。海洋学系理化组师生 21 人(其中教师 3 人、学生 18 人)北上青岛，调整至山东大学，组建山东大学海洋系。保留在厦门大学的生物组骨干教师，成立了厦门大学海洋生物研究室，1954 年该研究室并入生物学系，改为海洋生物教研室。

1952年全国高校院系调整后海洋学系留下的部分教师

海洋水文专业1950级学生（1952年院系调整后转入山东大学继续学习，1954年毕业）

1955 年 12 月，高教部在《关于厦门大学发展方向的决定》中，明确厦大以“面向东南亚华侨、面向海洋”作为发展方向。为此，学校先后设立了南洋研究所和华侨函授部（后改为海外函授学院），并在物理系、化学系和生物系分别设立海洋物理、海洋化学和海洋生物学等专业，招收海洋相关专业、专门化学生，筹备成立东南亚历史、东南亚经济等专业，使东南亚研究、海洋研究成为厦门大学的特色。

全国院系调整之后，厦大海洋学系虽然被调整撤销，但是学校理科各系的海洋研究并没有间断。1952 年，海洋生物研究室集中开展了厦门港鲨鱼分类、食性、肝油分析与海水化学测定等方面的研究。1954—1966 年，海洋生物教研室坚持开展多方面的研究工作，包括中国海洋硅藻类，海洋浮游甲壳动物——桡足类、磷虾、毛虾、莹虾类等，水母类——水螅水母、钵水母、栉水母类的分类，以及江鳐、缢蛏等贝类研究，还开展了厦门及其附近海域潮间带生态调查等工作，并取得重要成果。1964 年，丘书院领衔的海洋生物学专业研究小组率先在东山岛开展灯光捕鱼实验并取得成功，灯光围网技术后成为闽南渔场中上层鱼类的主要捕捞技术。

1958 年，化学系筹建海洋化学专门化，部分师生参加了福建海岸带调查，建立海水化学分析站，后又开展海、卤水综合利用等。1961 年在普查文献基础上，编写“化学海洋学”十年动态。1963 年，李法西教授参加国家科委海洋组十年规划的制定，他担任化学分组组长，并承担“海洋地球化学与海洋物理化学”、“海水分析与海洋化学调查仪器研制”两个课题的研究。1964年，李法西研究团队在《海洋与湖沼》期刊发表《河口硅酸盐物理化学过程研究Ⅰ活性硅含量分布变化及其影响因素的初步探讨》论文，被誉为国际河口化学的早期代表作之一。

1958年，物理系开始海洋物理学的研究工作，何恩典与中国科学院海洋所协作研究“风海流数值预报”，之后为国家部委、海军单位完成多种海洋仪器研制任务，如1961年研制成功潜艇水下航速仪，1962年与华东海洋所协作研制声速仪，此外还开展海中声速分布、海洋噪声研究。

结合基础理论研究，也陆续出版了一部分重要的海洋学编著。比如1965年，海化专业陈国珍主编的《海水分析化学》由科学出版社出版（注：1979年冬，陈国珍主编出版《海水痕量元素分析》一书，其体例大致与《海水分析化学》相同，可谓该书续篇），此书不仅对海水中各常量元素的分析方法进行了综述评论，还推荐出数种实验验证方法，成为当时国内外最系统和详细的专著，为我国海洋分析化学学科发展奠定了基础，也是我国海洋调查规范海水化学要素分析的重要参考。1965年，郑重等编著的《中国海洋浮游桡足类》和金德祥等编著的《中国海洋浮游硅藻类》出版发行，被誉为我国海洋浮游生物的早期专著。

1958年，我校生物系海洋生物学专业、化学系海洋化学专业等理科各系海洋相关专业部分师生参加了首次全国海洋综合调查和普查报告编写工作。海军、中央气象局、中国科学院、水产部、山东大学、厦门大学、华东师范大学等多个单位协作，先后在渤海、黄海、东海和南海进行了全国海洋普查。我校海化专业李法西、中科院海洋研究所顾宏堪、山东海洋学院闵学颐和农业部黄海水产研究所林庆礼（厦大海洋学系1951届毕业生）任国家科委海洋专业组海洋化学分组负责人，参加了此次海洋普查的发起和组织。

1959年，中国科学院福建分院与厦门大学合办“福建海洋研究所”，张玉麟副校长兼任所长，郑重、何恩典兼任副所长，设立海洋生物研究室、海洋物理研究室和海洋化学研究室，骨干力量基本由厦门大学生物系、物理系和化学系涉海研究的教师构成。1961年，福建海洋研究所接受中国科学院华东分院和福建省科委双重领导。1962年，福建海洋研究所更名为中国科学院华东海洋研究所，隶属中国科学院华东分院，与厦门大学合办。1965年底，研究所移交国家海洋局直接管理，定名为国家海洋局第三海洋研究所（现名“自然资源部第三海洋研究所”）。

1963 年 5 月，厦门大学李法西、郑重、何恩典等与国内其他单位专家计 29 人一道，向国务院、党中央写信，建议成立国家海洋事业的统一管理机构——国家海洋局，并参与制定我国海洋科学十年发展规划。1964 年 2 月 11 日，全国人大常务委员会批准在国务院下设立国家海洋局，同年 7 月国家海洋局在北京成立。

三、复建海洋学系(1970—1995 年)

1970 年 8 月，厦门大学将分属校内理科各系的海洋生物学、海洋化学、海洋物理学专业与原集美航海学校合并，复建厦大海洋学系(20 世纪 70 年代中期，航海专业脱离厦大，复办集美航海学校)。1978 年学校确定重建“厦门大学海洋研究所”，并于 1983 年 10 月获教育部批准定名为“厦门大学亚热带海洋研究所”，该所成为首批隶属教育部的中国高等学校重要的科学研究机构之一。研究所下设海洋生物学、海洋化学、海洋物理学三个研究室和物理海洋学与海洋沉积学研究组。

海洋学系复办后，1970 年 10 月举办“海水综合利用”两年制试点班，首批招收来自盐场和卤化场的工人共 21 名。1971 年，招收工农学生共 70 名，其中海洋化学海水综合利用专业 40 名，海洋生物学 30 名，学制两年。1972 年始招收工农兵学员，学制三年。复建后的海洋学系十分重视学生的野外实践活动，1972—1975 年，海化教研室师生参加了苏、浙、沪两省一市的长江口污染调查及苏、浙、闽、沪三省一市的沿海污染调查，1975 年，海洋生物学专业学生到宁德三沙湾官井洋，进行大黄鱼渔汛生产实习，成功开展渔情预报工作。

1977 年，全国恢复高考。海洋学系海洋化学、海洋生物学、海洋物理等三个专业全面开展招生，学制改为四年。1978 年，我国恢复研究生招生制度，海洋生物学、海洋化学和海洋物理专业开始招收研究生。1981 年，获批海洋生物学首批博士学位授权点，以及海洋生物学、海洋化学首批硕士学位授权点。1984 年，海洋化学获批新增为博士学位授权点，海洋物理学获批硕士学位授权点。1993 年，获批建立海洋科学博士后科研流动站。

复建后的海洋学系在科学研究方面也很快取得了丰硕的成果。1971－1983 年间，承担中央部委下达的“闽南渔场中上层鱼类产卵场、索饵场调查”部分任务，以及“中上层鱼类保鲜研究”，完成舟山渔场秋冬汛灯光捕鱼试验，成功地进行海带南移试验——在厦门海区养殖推广，同时期进行长毛对虾、缢蛏、花蛤人工育苗。1972 年以后，开展海洋中上层鱼类趋光生理生态研究，成果获 1978 年全国科学大会奖。

1975 年，海洋化学教研室先后完成国家海洋局下达的《海洋化学调查规范》和《海洋污染物调查规范》部分编写任务，并通过鉴定。1976 年，海洋化学教研室开展“长江口有害重金属转移机理研究”。

1977 年，海洋水文科研小组提出福建沿岸台风暴潮动力学预报模型，在国内首次将风暴潮预报方法从经验统计预报提升为动力学模型预报。1978—1979 年，水声遥测遥控研究团队研制成功具有国内先进水平的“STY-I 型水平探渔仪”和“ST-I 型水声释放器”。

1978—1980 年间，胡明辉等人对长江、黄河、雅鲁藏布江等大河的主要干流进行观测，报道了长江和黄河等河流的主要干流中常量离子的浓度及其河口化学要素的受控因素，并评估了各元素的入海通量，相关研究成果“Major ion chemistry of some large Chinese rivers”于 1982 年在 Nature（Vol.298，No.5874，pp.550-553）期刊上发表。1984 年，黄奕普等人用铀系测年法测出我国大洋锰结核调查的第一批深海锰结核的生长速率。1984 年研制成功 DPH-I 型浮游生物指示器。1986 年大弹涂鱼人工育苗研究首获成功。

1985—1987 年，承担国家科委下达的我国首批海湾海洋科学综合研究与开发项目之一——“福建罗源湾大官坂濂澳鱼虾贝综合开发技术”项目。

1988 年，物理海洋学团队开展的台风暴潮数值预报方法研究成果获国家科技进步奖三等奖。

1995 年，“闽南-台湾浅滩渔场上升流区生态系调查研究”成果获国家科技进步奖二等奖，此项研究涉及海洋地质地貌、海洋水文、海洋化学、海洋生物、渔业资源和渔场生物学等。

此外，还出版了一批重要的学术著作和教材，包括《海洋环境化学》（吴瑜端，1982 年科学出版社）和《海洋浮游生物学》（郑重、李少菁、许振祖，1984 年海洋出版社）等。其中，《海洋浮游生物学》获 1988 年全国高校优秀教材特等奖；《海洋桡足类生物学》获国家教育委员会第二届全国高等学校出版社优秀学术著作优秀奖。另有一批译著出版，如 1975 年李法西组织翻译了（美）R.A.霍恩的著作

《海洋化学》(1976年科学出版社)。1981年,刘光、胡明辉合译并出版了(美)布罗克的《化学海洋学》。1984年,吴瑜端、杨逸萍、刘光翻译出版了(英)J.P. Riley等人的著作《化学海洋学》(第三卷)。

始于20世纪50年代的海洋环境科学研究在海洋学系复办后得到快速发展,1982年厦门大学环境科学研究所正式成立,并于1992年扩建成立环境科学研究中心,1995年获批国家教委"海洋生态环境开放研究实验室"(1999年,经教育部批准更名为"海洋环境科学教育部重点实验室")。

在对外交流方面,海洋学系坚持中青年教师"以交流促发展,以学习促提升"的原则,鼓励年轻教师报考在职研究生或进修学位课程,并通过多种途径派出教师进修学习,先后选派优秀中青年教师到英、法、美、加等国进修或攻读学位;派出教师到美、日、加、德、澳、泰、西班牙、新西兰及香港地区等地考察、访问、参加国际学术会议。同时,邀请国外海洋科学教授、专家来系讲学,促进学术交流协作;接待日本东京水产大学、美国大气局、联合国海科司等代表来访,以及加拿大、法国、荷兰、澳大利亚等国的海洋科学或渔业代表团参观和访问。1980年9月,中国海洋化学学会在杭州召开了第一届代表大会暨学术年会,来自中国科学院、国家海洋局等部门和高等院校及沿海地区的29个单位的50名代表出席了大会。会议选举了由25名理事组成的第一届理事会,由陈国珍任名誉理事长,李法西任理事长,学会挂靠在厦门大学。

第二节 学院成立后至今(1996年至今)

一、海洋与环境学院期间(1996—2011年)

1996年,海洋学系、亚热带海洋研究所和环境科学研究中心整合,成立海洋与环境学院。2000年,依托环境科学研究中心成立环境科学与工程系。2006年,获批新建"海洋技术与工程系"。至此,海洋与环境学院下辖三个系级机构,分别为海洋学系、环境科学与工程系和海洋技术与工程系。

1. 学科建设方面。1995年,国家正式启动"211工程"。依托海洋与环境学院,"海洋资源与环境"成为厦门大学"211工程"一期八个学科建设项目之一;并连续获得厦门大学"211 工程"二期和三期的支持。2001 年,厦门大学列入"985 工程"建设高校名单,海洋学科成为厦门大学"985 工程"一期建设的特色学科之一。此后,以创建国家实验室为目标的"国家南方海洋研究中心(厦门)"科技创新平台连续获得厦门大学"985 工程"二期和三期的支持。2000 年,海洋科学获批一级学科博士学位授权点,该一级学科下属海洋生物学、海洋化学、物理海洋学、海洋物理、海洋地质等二级学科均具备招收博士研究生资格。2002 年,教育部共评选出 964 个高等学校重点学科,厦门大学海洋生物学、海洋化学等 13 个专业入选。2003 年,环境科学与工程一级学科博士学位授权点获批,该一级学科下辖环境科学、环境工程和环境管理等二级学科均具备招收博士研究生资格。2004 年,环境工程获批福建省重点学科。2007 年,教育部公布国家重点学科名单,海洋科学成为厦门大学获批一级学科国家重点学科的五个学科(理论经济学、应用经济学、化学、海洋科学、工商管理)之一,环境科学获批二级学科国家重点学科。

2. 教育教学成果。组织编撰出版了《化学海洋学》(郭锦宝主编,1997 年厦门大学出版社)、《海洋科学导论》(冯士筰、李凤岐、李少菁编著,1999 年高等教育出版社)、《海洋地质学》(徐茂泉、陈友飞编著,2010 年厦门大学出版社)、《海洋生态学》(沈国英、黄凌风、郭丰、施并章编著,2010 年科学出版社)等多部教材。《海洋科学导论》于 2002 年荣获全国普通高等学校优秀教材一等奖,《海洋生态学》(第三版)于 2014 年入选教育部第二批普通高等教育"十二五"国家级规划教材书目。"海洋浮游生物学"、"化学海洋学"和"声学基础"三门课程分别于 2005 年、2007 年和 2009 年入选国家级精品课程。1995 年,与中国海洋大学共同承担了国家教委"面向 21 世纪海洋科学教学内容和课程体系改革研究"项目。2004 年,承担教育部教指委"海洋科学学科专业发展战略"和"海洋科学学科专业规范"的研究课题;2005 年起草的"海洋科学学科专业发展战略"和"海洋科学学科专业规范"作为海洋科学教指委课题研究报告,上报教育部。2005 年,《面向 21 世纪海洋科学教学改革的研究与实践》和《海洋化学专门化实验改革的研究与实践》分别获福建省级教学成果一等奖和二等奖。2009 年,《海洋科学研究性教学与创新人才培养》和《跨学科本研一体化理科实践教学体系的建设与实践》获福建省级教学成果一等奖。

3. 科学研究方面。1996 年以来,学院承担了包括国家"973"计划、"863"计划、国家自然科学基金重大研究计划等多项国家、省部级科研课题，如 2008 年“中国近海碳收支、调控机理及生态效应研究”获科技部“973”计划重大科研项目立项，并于 2010 年 8 月通过科技部组织的项目中期评估后，获得追加经费。“中国邻近南海海域碳的源汇格局及其关键生物地球化学控制过程研究——深化与集成”和“南海微型生物生态过程及其在碳循环中的作用”分别于 2007 年和 2010 年获国家自然科学基金委重大研究计划立项。

取得了一批重要的学术科研成果。2004 年，戴民汉和校友蔡卫君在 Science 期刊上发表“Comment on‘Enhanced open ocean storage of CO_2 from shelf sea pumping’”，提出不同陆架海可能存在着不同碳的源汇格局和控制机制，这对于正确认识陆架边缘海在全球碳循环中的作用有重大意义。2010—2011 年，焦念志等完成的“海洋微型生物碳泵”在 Nature Review Microbiology 期刊上连续发表三篇论文，成果入选 2010 年度“中国高等学校十大科技进展”，并于 2010 年 6 月被 Science 期刊以“News Focus”作为亮点评介，2011 年度出版“海洋微型生物碳泵”增刊。“海洋酸化与 UV 辐射耦合效应”的研究成果被“Nature China”作为亮点介绍，并被 UNEP 的 2010 年、2011 年度报告、IPCC“Impacts of Ocean Acidification on Marine Biology and Ecosystems Workshop”报告正面引用。

获得一批重要的科技奖项。2006 年，“海洋初级生产力结构及微型生物生态学研究”获国家自然科学二等奖。另有 14 项学术研究成果获省部级学术科研成果奖（厦门大学均为第一完成单位），其中“低纬度近海碳的源汇格局与调控机理”和“台湾海峡微型浮游生物生态研究”分别获教育部高等学校科学研究优秀成果奖一等奖和二等奖。“香港和厦门港湾污染沉积物的来源及变化过程研究”获教育部科学技术进步奖三等奖。“锯缘青蟹生殖生物学和人工育苗技术研究”、“福建近岸海域持久性有机污染物的迁移转化规律及生物毒性效应研究”、“福建典型海水养殖区富营养化的生物修复技术研究”、“大弹涂鱼生产性育苗技术研究及规范化养殖”、“杂色鲍的遗传改良及中试示范”和“九龙江流域非点源污染机理与控制研究”等六项成果获福建省科技进步 等奖。获得福建省科技进步三等奖的研究成果包括，“福建若干港湾和 上升流区初级生产力研究”、“UNIX 系统下的电子邮件安全防 素分布规律的研究”、“大黄鱼养殖病害防治技术研究”和 育苗技术研究”。

获批两个科研创新群体或团队。 生物地球化学过程与机制”

国家级创新研究群体(戴民汉和焦念志为学术带头人)获得国家自然科学基金委资助,2006年正式启动,并于2008年、2011年连续两次获得国家自然科学基金委滚动支持。2009年,“海洋环境生理和毒理学研究”教育部创新团队(高坤山和王克坚为团队负责人)获批。

在不断推动基础和应用研究的同时,学院积极拓展研究领域和研究空间。1996年11月,海洋学系博士生蔡平河被选为中国第13次南极科学考察队队员,赴南极参加科学考察。1999年,陈敏和蔡平河参加中国首次北极科学考察航次。与此同时,海洋浮游生物研究室也开展了两极海洋生态系统的调查研究,尤其在极地海微食物环的结构与功能方面,进行了开拓性研究。此后,学院师生先后参加了中国第13～16、18、20～22、24～34次、36次、37次南极科学考察航次以及中国第1～9次北极科学考察航次,较为系统地开展了极地海洋学研究,积累了丰富的极地观测资料。2003年9月,经国务院批准立项,国家海洋局组织“我国近海海洋综合调查与评价专项”,厦门大学与中国海洋大学、中国科学院南海海洋研究所、中国水产科学院南海水产研究所等单位共同承担了其中“ST09区块水体环境调查与研究”项目。2006年7—8月,50多名厦门大学科考队员采用先进的海洋调查仪器设备,在北部湾以及海南岛南部海域进行了100多个站位的物理海洋与海洋气象、海洋生物与生态、海洋化学与大气化学等方面的调查,取得了可靠的实测调查资料。

为发展学科和培养高水平人才,学院建设起一批优势平台。1997年1月,由海洋与环境学院和厦门市海洋管理办公室联合共建的厦门海岸带可持续发展培训中心(挂靠厦门大学环境科学研究中心)正式成立。中心针对厦门市涉海部门管理人员举办了一系列短期培训和讲座,同时还与东亚海域环境管理合作项目(PEMSEA)合作,为来自东亚沿海国家的海岸带管理官员进行了海岸带综合管理方面的培训。2005年,厦门大学海洋与海岸带发展研究院成立,成为厦门大学文理学科交叉研究的重要平台。2005年3月,“厦门大学近海海洋环境科学国家重点实验室”获科技部批准启动建设,经过五年建设发展,至2010年,从地学领域参评的37个国家重点实验室中脱颖而出,获评“优秀国家重点实验室”。2005年,教育部批准建设“水声通信与海洋信息技术教育部重点实验室(厦门大学)”,2009年,通过教育部验收并批准正式对外开放。2006年3月,“海洋生物资源开发与利用”和“海洋资源化学与应用技术”两个福建省高校重点实验室获批建设。2007年，厦门大学分析测试中心海洋与环境学院分中心成立，分中心开展的海洋水质等类别中的62个检测项目获检验检测机构资质认定证书。2008年，获批“国家理科基础科学研究与教学人才培养基地”。2009年，“厦门大学海洋环境科学实验教学中心”获批成为国家级实验教学示范中心建设单位。2010年，“海洋2号”教学实习船建成下水。“海洋2号”装备有卫星导航和海上科考设施，具有较好的海上教学科研条件，可航行于中国Ⅱ类近海航区，是厦门大学海洋学科师生重要的教学观摩、实习与海上科考平台。

4. 对外学术交流。立足区域优势，积极开展对外学术交流与合作，成功举办、参加了一系列重要的国际性和全国性学术研讨会。通过多方努力，建立了与台、港及国际同行开展实质性合作和学术交流的开放平台。与美国Woods Hole海洋研究所、Scripps海洋研究所、罗德岛大学海洋学院、南加州大学、德克萨斯A & M大学、加拿大国家海洋研究所、法国海洋生物地球化学研究所、巴黎第六大学、莫斯科大学、日本东京水产大学、日本东北大学以及台湾大学海洋研究所、台湾海洋大学、高雄中山大学海洋科学院，香港科技大学等高等院校和科研院所保持经常性的教学、科研合作和人员交流，建立了平等互利的合作研究关系。

1998年，洪华生当选为全球联合海洋通量研究(英文简称JGOFS)科学委员会委员。2005年8月，在厦门大学成功召开“痕量元素及其同位素的海洋生物地球化学研究”(英文简称GEOTRACES)国际合作研究计划区域研讨会。2006—2009年，戴民汉任GEOTRACES国际计划科学指导委员会委员，2010年起，蔡平河被聘为新一届GEOTRACES科学指导委员会委员。2005年，戴民汉当选为海岸带陆-海相互作用中国委员会(英文简称CC LOICZ)第一届副主任委员，2010年1月10日，CC-LOICZ在厦门大学召开会议，戴民汉当选为中国委员会主任委员。2006年，厦门大学“海洋生物地球化学”创新引智基地获得教育部、国家外专局“高等学校学科创新引智计划”(“111”计划)的建设立项。2007年3月，中国SOLAS工作组受国际海上人命安全公约(英文简称SOLAS)科学委员会的委托，在厦门举办“2007 S0LAS(上层海洋-低层大气研究)国际开放科学大会”(为SOLAS第三届开放科学大会，厦门大学承办)，来自世界22个国家和地区的220名科学家齐聚厦门，共同探讨海气相互作用给全球带来的影响。2008年，焦念志任国际海洋科学研究委员会SCOR WG 134(海洋微型生物碳泵)主席。2008年5月，近海海洋环境科学国家重点实验室组织了首次在亚洲举办的“第10届国际河口生物地球化学研讨会”，来自美国、德国、法国等国的百余名专家学者就河口动态系统中物质的界面迁移与转化等研究内容进行了深入的探讨。2008年，厦门大学和美国特拉华大学签署“近海海洋研究与管理联合研究所”共建协议，该研究所随后正式揭牌成立。2010年，厦门大学-特拉华大学海洋学“双博士学位项目”启动。

5. 海洋公众教育。1997年，成立海岸带可持续发展国际培训中心。该中心致力于服务东亚各国地方政府官员和相关人员的海岸带可持续发展能力建设。中心与国家海洋局、重要国际组织、周边国家及其地方政府开展形式多样的合作，并应邀开展了一系列具有特色的专业培训，参训学员都是来自国际组织PEMSEA以及朝鲜、柬埔寨、印尼、菲律宾、越南、新加坡、泰国和中国等国家的政府机构、学术研究机构和地方政府部门的政府官员和专家学者。这些面向国内外培训活动的成功举办，推广了厦门海岸带综合管理的成功模式，得到了联合国开发署、联合国环境署、国际海事组织等相关国际机构、政府高级官员以及合作单位PEMSEA和国家海洋局的高度评价。2010年8月，由厦门大学、中国海洋大学、北京大学、南京大学、同济大学、浙江大学、中国地质大学等七所高校发起的中国海洋科学卓越教育伙伴计划（COSEE China）建立；其旨在推广海洋科学与文化教育，促进国际海洋科学与文化的交流与合作，提升海洋科学在国家发展战略中的地位，并通过科学家和教育工作者之间的紧密合作，向公众普及海洋科学知识，促进对海洋的认知，提高全民的海洋意识，进而推动海洋科学研究和教育的发展。之后于2012年11月，COSEE China举办了第一次大规模“厦门大学海洋科学开放日”。活动当天吸引了约700名市民前来，通过近距离接触大型仪器、参与示范实验、观看一系列海洋科学影片等，给不同年龄段的公众带来了海洋的趣味知识。此后，COSEE China每年配合“厦门国际海洋周”活动，举办“厦门大学海洋科学开放日”，为数万名公众认识海洋、了解海洋提供了窗口。

二、海洋与地球学院成立之后(2011年至今)

2011年3月，厦门大学在整合海洋与环境学院和生命科学学院生态学相关学科和平台的基础上组建海洋与地球学院、环境与生态学院，不再保留海洋与环境学院。并成立地球科学与技术学部，下辖海洋与地球学院和环境与生态学院。

2012 年，海洋与地球学院获批成立海洋生物科学与技术系、海洋化学与地球化学系、物理海洋学系和应用海洋物理与工程系。海洋与地球学院于 2013 年整体搬迁至翔安校区。2016 年，成立地质海洋学系。至此，海洋与地球学院下辖五个系级机构。

1. 学科建设方面。2017 年 9 月，教育部、财政部、国家发展改革委公布世界一流大学和一流学科（简称“双一流”）建设高校及建设学科名单。厦门大学入选 36 所 A 类一流大学建设高校，海洋科学成为厦门大学入选“双一流”的五个建设学科（化学、海洋科学、生物学、生态学和统计学）之一。2017 年 12 月，教育部公布全国第四轮学科评估结果，厦门大学海洋科学在全国第四轮学科评估中获得 A^{+}。2020 年 1 月，厦门大学海洋科学专业入选国家一流本科专业建设点。2020 年 9 月，教育部公布首批基础学科拔尖学生培养计划 2.0 基地名单，厦门大学海洋科学拔尖学生培养基地是厦门大学获批的 4 个基地（化学、生物科学、海洋科学、王亚南经济学）之一，也是海洋科学类全国唯一入选的基地。

2. 教育教学成果。2011 年以来，有三门课程入选国家精品资源共享课程或国家精品视频公开课。“全球变化——来自海洋的讯息”于 2012 年入选国家精品视频公开课，“声学基础”和“化学海洋学”两门课程分别于 2013 年和 2016 年入选国家精品资源共享课程。《以“完善知识链，强化实践性，提高共享度”为核心的海洋化学教学改革》和《以海洋特色实践教育系统培育海洋科学高素质人才》两项教学成果，分别于 2014 年和 2018 年获福建省教学成果特等奖。《以实践能力培养为核心，开展跨学科的海洋科学素质教育》和《大海洋教育观下学生创新能力与科研素质提升新探索》分别于 2014 年和 2017 年获福建省教学成果二等奖和一等奖。2012—2020 年，七项教改项目获得省级及省级以上管理部门立项资助。其中，国家自然科学基金委资助的四项为：“暑期高等学校海洋科学课程教师培训（2012）”、“厦门大学海洋科学基地条件建设项目（2012—2015）”、“厦门大学海洋科学基地科研训练及科研能力提高项目（2013—2016）”、“长江口及邻近海域海洋生物与生态野外实习基地野外实践能力提高项目（2014—2017）”；福建省高校教育教学改革研究项目三项：“科创、竞赛、俱乐部、课程四位一体驱动海洋水下机器人科创竞赛体系建设（2017）”、“海洋鱼类学实验课程精品化建设与改革（2018）”和“基于互联网云平台‘海洋化学专门化实验’课程线上线下混合式教学模式研究与实践（2020）”。

3. 科学研究方面。2011 年以来，为推进学科发展和高水平人才培养，学院先后建设了一批重要的优势平台。2011 年 5 月，成立“厦门大学海洋观测技术研发中心”，中心以海洋观测/监测技术和环境/灾害预测与决策支持技术为研究核心，主攻海洋环境保护、海洋防灾减灾，以高效、务实、先进的科研产出，服务于国防和地方需求。2012 年 5 月，成立“厦门大学海洋微型生物与地球圈层研究所”，研究所以海洋微型生物碳泵（MCP）为突破口，研究海洋微型生物与地球圈层的相互作用过程及其调控机制。2012 年 9 月，“海洋碳汇与未来地球协同创新中心”启动联合培育，中心由厦门大学牵头，协同同济大学、中国科学院南海海洋研究所等高等院校和科研单位，瞄准“海洋碳汇”这一前沿研究领域，开展协同创新。2012—2014 年，近海海洋环境科学国家重点实验室连续三年在国家重点实验室科技资源信息共享评估中位列全国第一，并于 2015 年再次获评为“优秀国家重点实验室”。2013 年初，“厦门大学海洋酸化影响研究中水量实验平台”在厦门五缘湾海域建成，用于研究海洋酸化等环境变化对生物及生态系统的效应。2013 年 5 月，瞄准全球变化背景下海洋生物多样性研究这个重大前沿科学问题，学校批准成立“厦门大学海洋生物多样性与全球变化研究中心”。2013 年 11 月，由厦门大学牵头，联合集美大学、国家海洋局第三海洋研究所、福建省水产研究所、福建省环境科学研究院以及 10 多家省内龙头企业共同培育的“福建省海洋生物资源开发利用协同创新中心”获福建省教育厅批复正式组建。2013 年 12 月，福建省科技厅批准我校建设“福建省特色水产品种种质资源保护利用与共享平台”，针对我省特色、优势水产养殖品种，建立相应的良种繁育技术，为产业界提供优良种苗和关键技术。2014 年 11 月，“福建省海洋生物抗菌肽技术重大研发平台”获批建设，平台以高效开发与利用海洋生物抗菌肽为导向，研发可替代抗生素的高效抗菌产品，服务于畜牧水产养殖业、食品安全与医药健康等的需求。2015 年 3 月，厦门大学“嘉庚”号海洋科学综合考察船在广州正式开工建造；2017 年 3 月，3000 吨级的“嘉庚”号交付使用，这是中国第一艘采用国外方案设计、国内转化详细设计，并由船东（厦门大学）拥有完全知识产权的海洋科学综合考察船，已成为中国深远海科学考察的主力船之一。同年，“厦门大学科考船运行管理中心”成立。2013 年，福建省发改委批准建设“福建省海洋生物制备技术工程实验室”，之后于 2015 年 12 月，“海洋生物制备技术国家地方联合工程实验室”经国家发改委批复启动建设，实验室主要开展海洋生物功能活性物质开发利用等研发工作，旨在研发出具有应用价值的海洋生物高新技术产品。2016 年 12 月，“厦门大学联合遥感接收站”在翔安校区建成并投入使用。遥感接收站可以对轨道高度在400～1000 km 的遥感卫星和气象卫星，进行全天时、全天候、全自动的跟踪接收，获取第一手的观测资料。2017 年 3 月，福建省科技厅批准我校建设“福建省鲍鱼种质资源保存与遗传育种中心”，中心包括三大分平台：种质资源保存平台、遗传育种平台和种质测评系统平台。2017 年 6 月，“东山太古海洋观测与实验站”正式启用，并于 2018 年获批成为福建省首批野外观测研究站。2019 年，“东山太古海洋观测与实验站”与“漳江口红树林湿地生态系统野外科学观测研究站”融合成为“台湾海峡海洋生态系统野外科学观测研究站”，并获批成为教育部首批野外科学观测研究站；2020 年 12 月，观测站入选国家野外科学观测研究站择优建设名单，实现了厦门大学和福建省国家野外站“零”的突破。2018 年 11 月，厦门大学与加拿大戴尔豪斯大学共建的“海洋教育与研究国际联合实验室”正式揭牌成立，实验室面向全世界优秀的科研院校和团体开放，进一步加强学科交叉，促进海洋科学研究。2019 年 1 月，福建省教育厅批准建设“海洋遥感大数据福建省高校工程研究中心”，中心将开展海洋动力环境、海洋生态环境、海洋灾害和海岸带等多个方向的海洋遥感大数据应用研究。2019 年 6 月，两个省重点实验室获批建设，“福建省海洋碳汇重点实验室”以台湾海峡及其周边海-流域为典型研究区域，探索建立海洋碳汇指标体系和陆海统筹的增汇模式；“福建省海洋经济生物遗传育种重点实验室”以基因组为基础深入解析经济性状遗传机制，建立育种技术平台，助力福建省水产产业链建设。2019 年 11 月，“厦门市海湾生态保护与修复重点实验室”获厦门市科技局批准建设，实验室针对厦门及周边海湾生态系统所面临的环境挑战，开展海湾生态健康评估与保护与海湾生态修复两个重点方向的研究。2020 年 12 月 22 日，由厦门大学、长沙天仪空间科技研究院有限公司和中国电子科技集团等单位联合研制的“海丝一号”卫星搭载长征八号运载火箭在文昌卫星发射中心发射升空。“海丝一号”卫星使厦门大学现有海洋观测能力实现了从水下、地面向天空的延伸，将进一步推动海洋科学“双一流”建设学科的发展。

2011—2020 年，学院各类科研经费总数超过 14 亿元，其中纵向科研课题经费约 12.5 亿元、横向科研课题经费近 2 亿元。主持了包括国家“973”计划、“863”计划、国家重点研发计划等在内的多项重大科研课题，如 2012 年“海洋微型生物碳泵储碳过程与机制研究”获“973”计划全球变化国家重大科学研究计划项目立项；2012 年“海洋环境监测设备适用性检验规范及海上试验研究(SB)”获“863”计划“十二五”重大项目立项；2014 年“南海碳循环过程、机理及其全球意义”获“973”计划重大科学研究项目立项；此外，至 2020 年，学院还获批 8 项国家重点研发计划项目（首席）。

在科学研究方面取得丰硕成果。2011 年以来，学院师生已累计发表 SCI 收录论文 1100 余篇，许多论文发表于国际权威学术期刊上，如：Science，Nature Climate Change，Nature Reviews Microbiology，Limnology and Oceanography，Global Change Biology，Journal of Geophysical Research 等。2015 年 11 月，林森杰等人在 Science 期刊上发表“The Symbiodinium kawagutii genome illuminates dinoflagellate gene expression and coral symbiosis ”，该成果系统完整地分析了甲藻基因组的结构特性，描绘了珊瑚虫和虫黄藻共生过程中相互作用的分子机制。2015 年 12 月，焦念志课题组在 Science 期刊上发表“Comment on Dilution limits dissolved organic carbon utilization in the deep ocean”评述文章，文章阐释深海惰性有机碳库假说：“稀释”还是“生物无法利用”。

获得一批重要的学术成果奖励。2015 年，“微型生物在海洋碳储库及气候变化中的作用”获国家自然科学进步奖二等奖。另有八项成果获省部级奖励，其中“东优 1 号杂色鲍新品种的培育及推广应用”获教育部高等学校科学研究优秀成果奖二等奖。“微型生物在海洋碳储库及气候变化中的作用”和“海洋酸化对初级生产过程的影响、机制及其生态效应”等两项科研成果获福建省科学技术奖一等奖。“基于高效信道匹配的浅海水声通信技术”获福建省科学技术奖二等奖。两项成果获福建省科学技术奖三等奖，分别为“海洋桡足类滞育生物学研究”和“浮游植物营养代谢、珊瑚共生及赤潮生消的生态过程及基因调控”。2014 年，“鳗鲡配合饲料（SC/T 1004-2010）”获福建省标准贡献奖三等奖。2017 年，“一种西氏鲍与皱纹盘鲍种间杂交制种方法”获福建省专利奖三等奖。

2018 年，焦念志获首届“全国创新争先奖”。2019 年，戴民汉获第二届“全国创新争先奖”。该奖项是继国家自然科学奖、国家技术发明奖和国家科学技术进步奖之后，国家批准设立的又一个重要的科技奖项。

4. 对外合作交流。鼓励国际交流，支持教师出国访学、出国参加国际会议、合作科研和航次考察等。加强与国际、港澳台高校及研究所的院际间合作，并主动邀请境外科学家到学校开展合作研究或讲授本科生和研究生课程。自 2011 年以来，学院师生出国（境）交流访问累计超过 2000 人次，邀请国外或境外专家学校来校开展学术交流活动累计近 1000 人次。目前，已与国外、境外知名高校研究所签订各类合作协议 17 项，协议内容涉及师生交流、人才培养和科研合作等，建立了相对稳定的对外合作交流平台。已签订各类合作协议的国(境)外高校、研究所包括：西班牙国际海洋学研究卓越合作平台——德尔马校区、美国缅因大学、印度尼西亚茂物农业大学、马来亚大学海洋与地球科学研究所、加拿大新斯科舍省哈利法克斯达尔豪斯大学、日本北海道大学、西班牙维戈大学、美国东北大学海洋科学中心、香港大学和哥斯达黎加国立大学等。

2011 年以来，学院成功主办或承办了“气候变迁与海洋碳循环—观测、遥感与数值模拟国际研讨会”等一系列国际学术会议，得到了国内外专家的一致好评，为促进科学家的沟通与交流搭建了平台，进一步提高了厦门大学海洋科学的国际知名度。此外，2014 年，举办首届自主品牌的国际系列会议“厦门海洋环境开放科学大会(XMAS)”，共吸引了来自 6 个国家和香港、台湾的学生学者近 300 人参会。XMAS 以学科交叉为特色，致力于搭建平台，为海洋不同领域的研究者提供交流机会，凝聚智慧共同讨论海洋现今面临的各种挑战及解决方案。XMAS 迄今已成功举办了四届，第二、三、四届分别于 2015 年、2017 年及 2019 年召开。

2014 年 2 月，外交部中国东盟海上合作基金批准立项资助的中国东盟海洋学院依托厦门大学马来西亚分校启动建设，于 2019 年建成，至今已获批 2 个本科和 1 个硕士专业招生，已招收海洋生物技术和海洋环境化学专业学生 206 人，海洋生物技术第一批本科生已于 2020 年顺利毕业，多人继续深造攻读研究生。成为引领东南亚海洋科教和海洋人才培养的新基地，开创我国海洋学科走出国门办学之先河，显著推动了与东盟国家的海洋科教合作，为我国的“一带一路”倡议做出积极贡献。

5. 人才队伍建设。学院先后有两位教师当选中国科学院院士。2011 年 12 月，焦念志当选中国科学院院士。2017 年 11 月，戴民汉当选中国科学院院士。

学院坚持引培并重，集聚英才，现已汇聚了一批来自国内外高水平的教师，形成了一支创新力强、具有国际视野的高素质师资队伍，其中中国科学院院士 2 人，国家特聘专家 6 人，长江学者特聘教授 3 人，国家杰出青年科学基金获得者 4 人，闽江学者和厦大特聘教授 9 人，国家优秀青年科学基金获得者 5 人，及其他省部级各类人才计划入选者 20 余人。获批 4 个高水平研究团队，包括“海洋生物地球化学与机制”和“海洋氮循环与全球变化”2 个国家基金委创新群体、“海洋环境生理与毒理学研究”教育部创新团队及“海洋碳循环创新研究团队”科技部重点领域创新团队。104 人次教师在 SCOR、AOGS、PAGES/IMAGES、GEOTRACES、中国海洋湖沼学会、中国海洋学会、中国微生物学会等国内外组织或学术期刊任职。

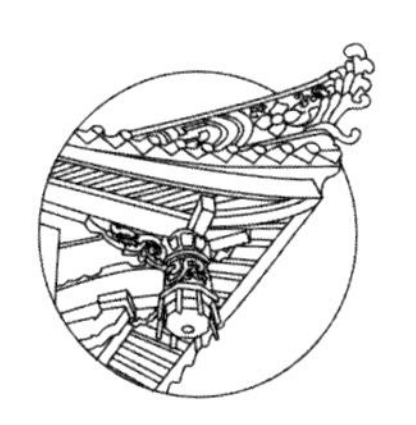

第二章 党政管理

第一节　党政机构发展沿革

一、海洋学系成立到建院前(1946—1995年)

1946年,厦门大学成立中国高校第一个海洋学系。

1952年9月,全国高校院系调整,厦门大学海洋学系相关学科及大部分教师被调整并入国内其他高校(福建航海专科学校和山东大学等校)。

1970年8月,厦门大学理科各系中的海洋生物学、海洋化学、海洋物理学专业与原集美航海学校整合,复建厦大海洋学系(1973年8月航海专业脱离厦大复办集美航海学校)。1970年8月成立海洋系党支部。1972年5月成立海洋系党总支。

二、学院成立后至今(1996年至今)

1996年,海洋学系、亚热带海洋研究所和环境科学研究中心合并,成立海洋与环境学院。1999年成立海洋与环境学院党总支。

2000年,依托环境科学研究中心成立环境科学与工程系。

2003年,海洋与环境学院党总支升格为党委。

2006年,成立海洋技术与工程系。

2011年,在整合相关学科和平台的基础上,组建海洋与地球学院、环境与生态学院,不再保留海洋与环境学院,并成立地球科学与技术学部。同年,海洋与地球学院党委成立。

2012 年，成立海洋生物科学与技术系、海洋化学与地球化学系、应用海洋物理与工程系和物理海洋学系。

2016 年，成立地质海洋学系。

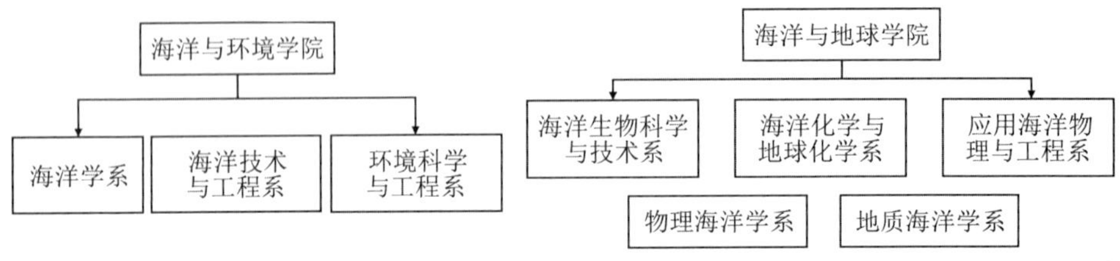

第二节　党政负责人更迭情况

一、行政班子正副负责人更迭情况

<table>
<tr><th colspan="4">海洋学系(1946—1996)</th></tr>
<tr><th colspan="2">系主任</th><th colspan="2">系副主任</th></tr>
<tr><td colspan="2">唐世凤(1946—1950)
郑　重(1950—1952)
何恩典(1973—1984)
李少菁(1984—1991)
许天增(1991—1996)</td><td colspan="2">李法西(1973—1984)
刘　光(1973—1984)
邱文仁(1973—1984)
李少菁(1973—1984)
胡明辉(1984—1991)
杨圣云(1984—1991)</td></tr>
<tr><th colspan="4">海洋与环境学院(1996—2011)</th></tr>
<tr><th>学院院长</th><th>学院副院长</th><th>系主任</th><th>系副主任</th></tr>
<tr><td>洪华生(1996—2000)</td><td>王桂忠
(1996—2000)
袁东星
(1996—2000)</td><td>苏永全[1]
(1996—2000)</td><td>蔡阿根[1]
(1996—2000)
杨圣云[1]
(1996—2000)</td></tr>
</table>

① 海洋学系

续表

学院院长	学院副院长	系主任	系副主任
袁东星(2000—2008)	王桂忠 (2000—2004) 苏永全 (2000—2004) 戴民汉 (2000—2008) 曹文清 (2004—2008) 李　炎 (2004—2008) 郑爱榕 (2004—2008)	王桂忠① (2000—2004) 潘伟然① (2004—2008) 柯才焕② (2006—2008) 戴民汉③ (2000—2004) 黄邦钦③ (2004—2008)	潘伟然① (2000—2004) 蔡明刚① (2004—2008) 许肖梅② (2006—2008) 黄邦钦③ (2000—2004) 王克坚③ (2004—2006) 陈猛③ (2006—2008)
戴民汉(2008—2011)	曹文清 (2008—2011) 郑爱榕 (2008—2011) 黄邦钦 (2008—2011) 陈　敏 (2008—2011)	高爱国① (2008—2011) 柯才焕② (2008—2011) 王大志③ (2008—2011)	黄凌风① (2008—2011) 许肖梅② (2008—2011) 陈荣③ (2008—2011)
海洋与地球学院(2011—)			
学院院长	学院副院长	系主任	系副主任
戴民汉(2011—2012)	曹文清 (2011—2012) 郑爱榕 (2011—2012) 陈　敏 (2011—2012)	高爱国① (2011—2012) 柯才焕② (2011—2012)	黄凌风① (2011—2012) 许肖梅② (2011—2012)

① 海洋学系

② 海洋技术与工程系

③ 环境科学与工程系

续表

学院院长	学院副院长	系主任	系副主任
王克坚(2012—)	陈　敏(2012—) 柯才焕(2012—) 王海黎(2012—) 商少凌 (2012—2017) 刘志宇(2019—)	丁少雄① (2013—2018) 徐　鹏①(2019—) 蔡平河② (2013—2018) 杨伟锋②(2019—) 许肖梅③ (2013—2018) 童　峰③(2019—) 江毓武④(2019—)	陈明茹① (2013—2018) 张　瑶① (2015—2018) 罗亚威①(2019—) 陈仕玺①(2019—) 杨伟锋② (2013—2018) 汪冰冰②(2019—) 童　峰③ (2013—2018) 刘志宇④ (2013—2018) 江毓武④ (2013—2018) 庄　伟④(2019—) 余凤玲⑤(2019—)

二、党组织正副负责人更迭情况

院系党组织	书记	副书记
海洋系党支部	郝殿新(1970—1972)	陈文沛(1970—1972) 刘仕美(1970—1972)
海洋系党总支	郝殿新(1972—1973)	陈文沛(1972—1973) 洪正林(1972—1973)

① 海洋生物科学与技术系

② 海洋化学与地球化学系

③ 应用海洋物理与工程系

④ 物理海洋学系

续表

院系党组织	书记	副书记
海洋学系党总支	李玉清(1973—1978) 颜松滨(1978—1987) 陈文沛(1987—1997) 陈腾福(1997—1999)	陈文沛(1973—1979) 林金物(工宣队 1974—1975) 钟金榜(工宣队 1975—1976) 江炳荣(1978—1982) 邱清风(1980—1983) 颜期康(1982—1984) 卢茂狮(1984—1991) 林守章(1991—1994) 陈腾福(1992—1997) 朱小明(1997—1999)
海洋与环境学院党总支	陈腾福(1999—2003)	沈小平(1999—2003) 吴立武(2001—2003)
海洋与环境学院党委	陈腾福(2003) 杨圣云(2003—2008) 吴立武(2008—2011)	沈小平(2003) 吴立武(2003—2008) 陈国强(2004—2011) 廖志丹(2011)
海洋与地球学院党委	吴立武(2011—2012) 邱七星(2012—2018) 陈东军(2018—2021.04) 吴立武(2021.04—)	陈国强(2011—2012) 廖志丹(2011—2013) 陈国强(2012—2017) 董云伟(2013—2019) 郑碧娇(2018—2021.03) 邱荣锋(2020.05—) 唐腾凤(2021.03—)

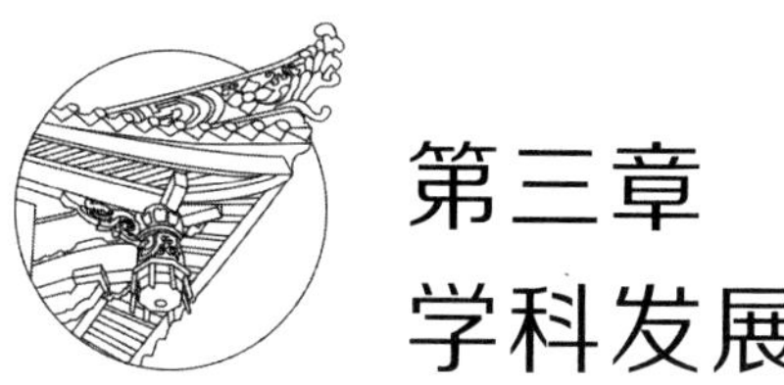

第三章
学科发展

第一节　学位授权点

一、博士和硕士学位授权点建立

厦门大学是新中国成立以来第一批招收研究生、培养研究生的大学。1955年，生物学系率先开始招收海洋浮游生物学研究生，学制 3～4 年，成为全国最早培养海洋科学高层次人才的学科①。1966 年，"文化大革命"开始，厦门大学研究生教育被迫中断。1978 年，厦门大学恢复研究生招生，这也是"文革"后的第一届研究生招生，全校包括海洋系、海洋生物（海洋浮游动物、海洋鱼类）和海洋化学在内的 7 个系、17 个专业/专门化招收了 62 名研究生。1950—1980 年，国家尚未建立学位授权的相应制度，厦门大学根据学科发展以及导师的研究兴趣与方向灵活招生，为后来的学位授权点建设打下基础。

1981 年，国务院学位委员会批准首批博士和硕士学位授予单位和博士、硕士授权点，厦门大学成为首批博士和硕士学位授予单位，其中海洋生物学等六个专业获得博士学位授予权，海洋生物学、海洋化学等 24 个专业获得硕士学位授予权②。

1984 年，厦门大学海洋化学等 5 个专业经国务院学位委员会批准新增为博士学位授予学科，海洋物理学等 11 个专业获得硕士学位授予权②。

2000 年，海洋科学获批为一级学科博士学位授权点，2012 年，海洋科学一级

---

① 厦门大学校史编委会.厦门大学院系馆简史[M].厦门：厦门大学出版社，1990：118.

② 贾红霞，陶涛.厦门大学研究生教育发展史：1926—2016[M].厦门：厦门大学出版社，56-58.

学科获批自主设置海洋生物技术和海岸带综合管理两个二级学科博士、硕士学位授予点。目前，海洋科学一级学科学位授权点已涵盖了海洋生物学、海洋生物技术、海洋化学、物理海洋学、海洋物理和海洋地质学等二级学科博士、硕士学位授权点。

二、博士和硕士学位授予情况①

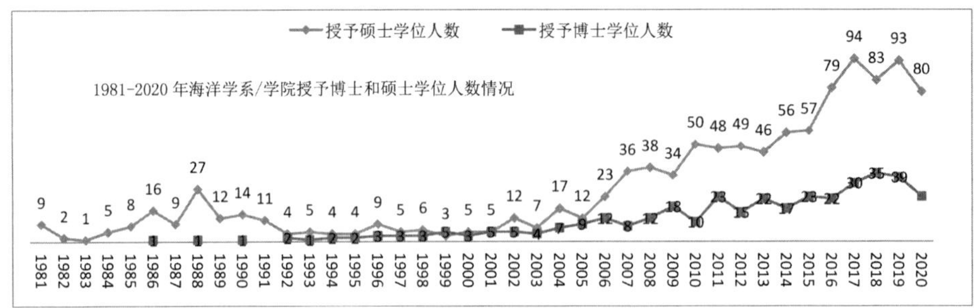

三、优秀博士和硕士学位论文②

序号	获奖年度	奖项等级	论文题目	论文作者	指导教师
1	1998	福建省优秀博士学位论文三等奖	厦门港海洋浮游生物营养动力学模型研究	陈钢	李少菁
2	1998	福建省优秀博士学位论文三等奖	真光层的颗粒动力学——^{234}Th/^{238}U 不平衡的应用	陈敏	黄奕普
3	2001	福建省优秀博士学位论文一等奖	南海北部和厦门湾海域颗粒物运移过程与输出生产力的同位素示踪研究	陈飞舟	黄奕普
4	2001	福建省优秀博士学位论文二等奖	若干甲壳动物精子学研究	王艺磊	李少菁

① 2020 年授予博士、硕士学位人数数据截止至 2020 年 12 月。

② 说明：以获奖时间为序。

续表

序号	获奖年度	奖项等级	论文题目	论文作者	指导教师
5	2001	福建省优秀博士学位论文奖二等奖	东风扁虾 *Thenus orientalis*（lund，1793）的繁殖生物学研究	朱冬发	李少菁
6	2005	福建省优秀博士学位论文奖二等奖	浅海水声数据传输技术研究	许肖梅	许天增
7	2007	福建省优秀博士学位论文奖三等奖	南海北部与珠江河口水域 CO_2 通量及其调控因子	翟惟东	戴民汉
8	2008	福建省优秀博士学位论文奖一等奖，全国“百篇优博”提名奖	海洋典型功能细菌群的生态过程研究	张　瑶	焦念志
9	2010	福建省优秀博士学位论文奖三等奖	锯缘青蟹一种新的阴离子抗菌肽 Scygonadin 及其基因的分离与鉴定	黄文树	李少菁 王克坚
10	2010	福建省优秀博士学位论文奖一等奖	杂色鲍（*Haliotis diversicolor*）响应细菌攻毒血淋巴细胞差异表达基因的研究	任洪林	王克坚
11	2011	福建省优秀博士学位论文奖二等奖	典型海洋环境中浮游细菌多样性及环境适应机制的研究	曾永辉	焦念志
12	2016	福建省优秀博士学位论文奖	自然变动与外部强迫对区域性海平面变化的影响	吕柯伟	胡建宇
13	2016	福建省优秀硕士学位论文奖	长江三角洲沿岸防护建筑对岩相潮间带生物群落结构的影响	黄雄伟	董云伟
14	2017	福建省优秀博士学位论文奖	北冰洋快速酸化及其驱动机制研究	祁第	陈立奇

续表

序号	获奖年度	奖项等级	论文题目	论文作者	指导教师
15	2017	福建省优秀博士学位论文奖	稀疏水声信道的近似范数估计	伍飞云	童峰
16	2017	福建省优秀博士学位论文奖	海洋浮游病毒和深部生物圈病毒的生态特性	蔡兰兰	焦念志
17	2018	福建省优秀博士学位论文奖	病毒裂解海洋聚球藻对溶解有机物释放的影响	赵诏	焦念志
18	2018	福建省优秀硕士学位论文奖	中国三个亚热带海湾浮游细菌群落多样性及生物地理格局	莫媛媛	张文静
19	2019	福建省优秀博士学位论文奖	海洋贝类细胞质苹果酸脱氢酶温度适应性的酶学特征和进化策略研究	廖明玲	董云伟
20	2019	福建省优秀博士学位论文奖	近海沉积物-水界面的耗氧和氧化还原敏感元素(Fe、Mn)的迁移	史向明	蔡平河
21	2019	福建省优秀硕士学位论文奖	水声多跳协作通信网络路由协议研究	汤煜荧	陈友淦
22	2019	福建省优秀硕士学位论文奖	Himawari-8/AHI 高频监测漂浮藻华的应用与评估	陈新荣	李忠平
23	2020	福建省优秀博士学位论文奖	厦门湾沉积物—孔隙水系统中磷、铁和硫的地球化学循环及与上覆水的物质交换	潘　峰	高爱国
24	2020	福建省优秀博士学位论文奖	ENSO 多样性的特征与机制研究	冯　颖	胡建宇
25	2020	福建省优秀硕士学位论文奖	水声协作传感网的能量优化方案研究	余伟健	陈友淦

1. 学位论文题目:厦门港海洋浮游生物营养动力学模型研究

论文作者:陈钢

论文指导教师:李少菁

获奖等级:福建省优秀博士学位论文三等奖

获奖年份:1998 年

论文摘要:本文综合了厦门港近 40 年来的环境、生物学研究资料,构筑了厦门西港海洋浮游生物营养动力学模型。模型把西港区视为一个潮流充分混合的整体,浮游生态系统中的主要成员是溶解无机磷(DIP)、浮游硅藻(D)和浮游桡足类(C),各成员之间通过营养相互作用关系相联结。模型以一年中的日变化为时间尺度,以厦门海域海水温度、光照年变化作为驱动函数,模拟了厦门西港周年(365 天)的溶解无机磷含量、浮游藻和浮游桡足类生物现存量的波动变化。

2. 学位论文题目:真光层的颗粒动力学——$^{234}Th/^{238}U$ 不平衡的应用

论文作者:陈敏

论文指导教师:黄奕普

获奖等级:福建省优秀博士学位论文三等奖

获奖年份:1998 年

论文摘要:通过七个航次的调查、采样及室内的分析测试,首次系统地研究了南沙群岛海域、南海东北部海域、厦门湾塔角附近海域与九龙江河口区等四个海区真光层的颗粒动力学。阐明了水体中溶解态、颗粒态^{238}U、^{234}Th 的地球化学行为及$^{234}Th/^{238}U$ 不平衡程度,进而探悉^{234}Th 在固/液界面的分配状况及其分配机制;运用稳态及非稳态不可逆清除模型分别计算出溶解态、颗粒

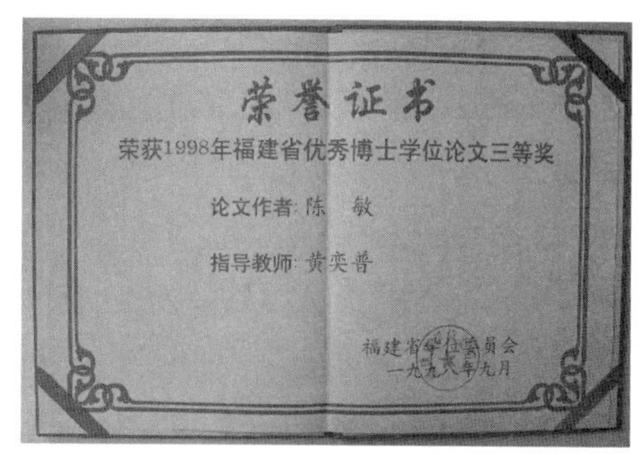

态^{234}Th的停留时间；结合光合色素、营养盐、颗粒有机物等相关要素的分布揭示出有价值的生物地球化学信息；阐释了研究站位真光层的层化结构，并根据颗粒态^{234}Th 迁出通量及 POC/PTh 比值估算由真光层输出的 POC 通量和 f 比值，借此了解新生产力的时空变异规律。

3. 学位论文题目：南海北部和厦门湾海域颗粒物运移过程与输出生产力的同位素示踪研究

论文作者：陈飞舟

论文指导教师：黄奕普

获奖等级：福建省优秀博士学位论文一等奖

获奖年份：2001 年

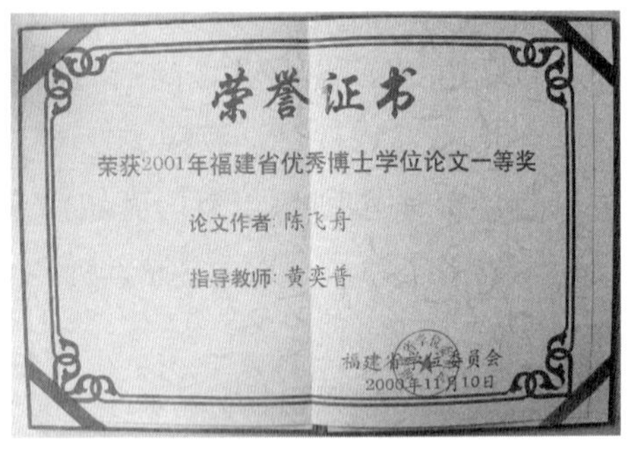

论文摘要：该研究经 9 个航次的海上调查、采样和室内分析测试，研究了南海北部与厦门湾海域中颗粒物运移和输出生产力，获以下主要研究结果：(1)厦门西海域水体中^{210}Pb 主要以颗粒态形式存在，测出溶解态、颗粒态^{210}Pb 的停留时间分别为 30.4～37.4 d 和 213～239 d。(2)研究了厦门西港、上屿附近海域、南海北部三个水域中的^{234}Th 和^{234}Th/^{238}U 不平衡。(3)在厦门湾附近海域测定点站对颗粒物运移过程和输出生产力的时间系列研究中：①根据 6 个航次^{234}Th 的时间系列数据分别进行了稳态和非稳态清除模型的计算，结果两种模型得出的 D^{234}Th 与 P^{234}Th 的停留时间基本一致；②提出了在复杂多变的沿岸海域运用^{234}Th/^{238}U 不平衡估算真光层 POC(PON)输出通量的具体方法。(4)垂直集成采样法成功地应用于厦门港西上屿附近海洋和南海北部颗粒动力学与新生产力的研究。(5)运用垂直集成采用新方法，首次获得南海北部研究海域夏季新生产力空间变异的图象，显示了新生产力的区域性差异。

4. 学位论文题目：若干甲壳动物精子学研究

论文作者：王艺磊

论文指导教师：李少菁

获奖等级：福建省优秀博士学位论文二等奖

获奖年份:2001 年

论文摘要:甲壳纲八个亚纲的精子形态、结构各异。其中三个亚纲的精子具鞭毛，能运动,其他五个亚纲的精子无鞭毛且不运动。十足目是甲壳纲中最高等、种类最丰富的类群,许多虾、蟹是重要的渔业资源或主要的增养殖生产对象。藤壶是甲壳纲蔓足类的重要代表之一,是世界上分布广、数量多的一类海洋污损生物,其浮游幼体是一种优质的生物饵料。本文以精子不具鞭毛的虾、蟹和精子具鞭毛的藤壶为材料,系统研究了其精子学的若干问题。

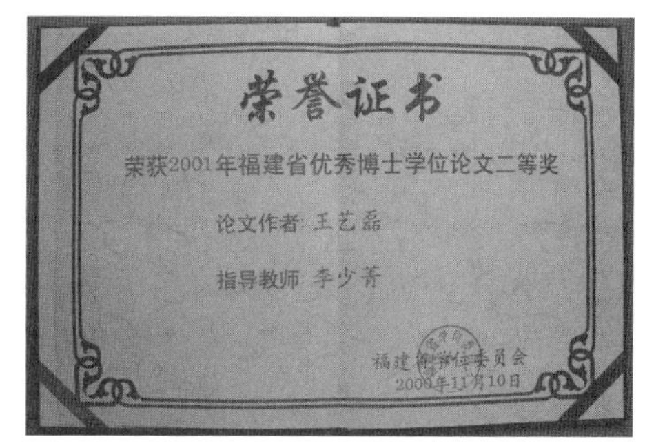

5. 学位论文题目:东风扁虾 *Thenus orientalis*(lund,1793)的繁殖生物学研究

论文作者:朱冬发

论文指导教师:李少菁

获奖等级:福建省优秀博士学位论文奖二等奖

获奖年份:2001 年

论文摘要:东方扁虾(*Thenus orientalis* Lund,1793)属甲壳纲十足目龙虾总科蝉虾科扁虾属,广泛分布于印度一西太平洋热带和亚热带海区。东方扁虾是蝉虾科中最具经济价值的物种之一。本文应用离体孵育方法、组织切片技术、光镜和电镜技术等对东方扁虾的胚胎发育,雌、雄生殖系统的解剖学和组织学以及精子、卵子发生的细胞学等进行了较深入的研究。同时,还对东方扁虾若干繁殖生物学特征、精子的顶体反应及染色体等进行了初步的探讨。

6. 学位论文题目:浅海水声数据传输技术研究

论文作者:许肖梅

论文指导教师:许天增

获奖等级:福建省优秀博士学位论文奖二等奖

获奖年份：2005 年

论文摘要：浅海域无论在军事还是民用上都是一个十分重要的战略区域。论文分析了浅海域水声信道特点和实现高性能水声通信技术的重点和难点，在厦门浅海域开展了水声信号传输统计特性的实验研究，包括直达信号和多途信号的幅度概率密度函数和时间相关函数统计特性研究；进行了浅海水声信道建模与通信系统的性能仿真。针对浅海域强多途长延时的声信号传输特性，论文提出了一种基于匹配滤波器位移等待式自同步方法的水声跳频通信系统。系统经过水池和厦门港浅海域的现场实验。实验结果表明：在水平传输距离6000 m、数据传输速率为 600 bit/s 时，系统的误码率为 10^{-4}，证明了该跳频水声通信系统具有稳健、可靠和较强的抗多途干扰能力。

7. 学位论文题目：南海北部与珠江河口水域 CO_2 通量及其调控因子

论文作者：翟惟东

论文指导教师：戴民汉

获奖等级：福建省优秀博士学位论文奖三等奖

获奖年份：2007 年

论文摘要：采用走航连续采样、水-气平衡的方法调查了南海北部及珠江口水域春、夏、秋三季的表层 CO_2 及相关参数。研究发现南海北部主体海域 CO_2 分压的季节变化基本上可由表层水温的季节变化所说明；而珠江口表层 CO_2 与表观耗氧量呈现定量耦合关系，表明珠江口上游水域 CO_2 高度过饱和并且常年维持的根源是水中有机物的好氧呼吸作用。从更大的空间尺度来看，世界上主要低纬度边缘海都表现为大气 CO_2 的源区，与中、高纬度边缘海区主要表现为大气 CO_2 的汇区的情况明显不同。就河流、河口碳循环而言，在以生物好氧呼吸作用为主的河口水域，其 CO_2 分压升高的上限为～7000 μatm，而文献报道有些河流、河口存在更高的水体 CO_2 分压，则应归因于其他机制。

8. 学位论文题目：海洋典型功能细菌群的生态过程研究

论文作者：张　瑶

论文指导教师：焦念志

获奖等级：福建省优秀博士学位论文奖一等奖，全国“百篇优博”提名奖

获奖年份：2008 年

论文摘要：本研究集中于一类新近认识的功能群——好氧不产氧光合异养细菌（Aerobic Anoxygenic Phototrophic Bacteria，AAPB）的生态学研究。以基于时间序列观察的蓝细菌校正的红外落式荧光显微镜技术（Time-series observation based cyanobacteria-calibrated Infrared Epifluorescence Microscopy，TIREM）调查了中国东海和南海的河口、陆架海及外海的 AAPB 空间分布、季节变化及与环境因子之间的关系；并且在北太平洋海域更大范围的进行了 AAPB 的生态分布研究，探讨了 AAPB 在海洋生态系统中的生态地位。

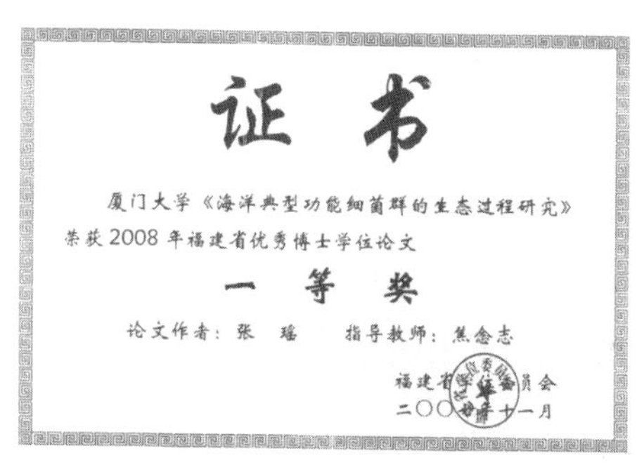

证　书

厦门大学《海洋典型功能细菌群的生态过程研究》

荣获 2008 年福建省优秀博士学位论文

一　等　奖

论文作者：张　瑶　　指导教师：焦念志

福建省[illegible]员会

二〇〇[illegible]年十一月

9. 学位论文题目：锯缘青蟹一种新的阴离子抗菌肽 Scygonadin 及其基因的分离与鉴定

论文作者：黄文树

论文指导教师：李少菁、王克坚

获奖等级：福建省优秀博士学位论文奖二等奖

获奖年份：2010 年

论文摘要：本论文运用离子交换和液相色谱技术分离纯化获得一种新抗菌肽，命名为 Scygonadin，利用分子生物学技术克隆获得 Scygonadin 全长基因序列，利用生物信息学的方法阐明其基因结构，运用分子生物学的方法分析该基因在锯缘青蟹体内各组织器官中的转录表达情况等，为阐明锯缘青蟹的先天性免疫及生殖免疫机制奠定基础。

10. 学位论文题目：杂色鲍（*Haliotis diversicolor*）响应细菌攻毒血淋巴细胞差异表达基因的研究

论文作者：任洪林

论文指导教师:王克坚

获奖等级:福建省优秀博士学位论文奖一等奖

获奖年份:2010 年

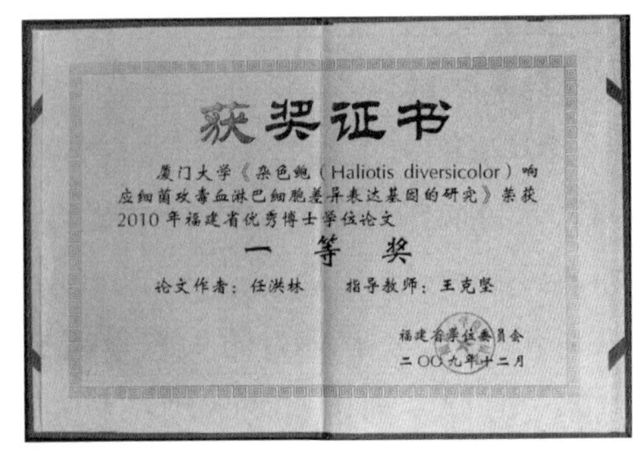

论文摘要:杂色鲍在我国南方沿海广泛养殖,有很高的经济价值,但鲍养殖业经常疾病频发,而一直缺乏相关免疫措施,给养鲍业带来很大的经济损失。因此,揭示鲍的免疫特性与机制具有重要意义。本项研究利用抑制性差减杂交技术成功构建细菌攻毒杂色鲍血淋巴细胞 cDNA 文库。通过鸟枪法中等数量的随机测序重组质粒,克隆获得了 111 个杂色鲍血淋巴细胞表达基因 cDNA 序列;通过半定量 PCR 和荧光定量 PCR 方法确定了 52 个基因在细菌攻毒状态下显著上调表达;利用 RACE PCR 等技术扩增获得 16 个目的基因的基因组序列和全长 cDNA 序列;利用半定量 PCR 和荧光定量 PCR 方法分析基因在鲍鱼体内的差异表达特性。本项研究首次从基因组学的角度,分析杂色鲍响应细菌攻毒血淋巴细胞差异表达基因,筛选与细菌感染这一免疫事件相关的基因。鲍免疫相关基因的研究,为深入探讨鲍抗细菌感染免疫机制奠定了基础。

11. 学位论文题目:典型海洋环境中浮游细菌多样性及环境适应机制的研究

论文作者:曾永辉

论文指导教师:焦念志

获奖等级:福建省优秀博士学位论文奖二等奖

获奖年份:2011 年

论文摘要:本论文阐明了一些典型的海洋浮游细菌类群在中国的典型海域及全球主要大洋中的多样性分布特征,并探讨了它们的环境适应机制以及和环境协同进化的关系。主要研究对象为受关注较少同时对海洋碳循环和光利用有独特贡献的几类浮游细菌类群,包括擅长降解大分子颗粒有机物的嗜纤维菌-黄杆菌类群(Cytophaga-Flavobacteria,CF)、生理潜能和生态功能目前仍知之甚少的浮游古菌、具有固定 CO_2 能力的浮游变形细菌、能兼性利用光营混合营养的好氧不产氧光合异养细菌(AAPB)和有色异养细菌(PHB)等。

12. 学位论文题目:自然变动与外部强迫对区域性海平面变化的影响

论文作者:吕柯伟

论文指导教师:胡建宇

获奖等级:福建省优秀博士学位论文奖

获奖年份:2016 年

论文摘要:本文主要基于全球气候模式模拟,研究了自然气候变动与外部强迫(包括温室气体、气溶胶等人为因素)对区域性海平面变化的不同影响。本文发现,全球海洋热膨胀效应以及海洋密度和环流变化将使得近一半海域的海平面上升在本世纪 40 年代前超出自然变动的范围而显明。加入陆冰质量损失和陆地水储量变化等因素使得海平面上升显明的时间进一步提前。海平面上升的显明时间显著早于表层气温变暖的显明时间,并且在不同温室气体排放方案下差异很小,这意味着:比起表层气温变暖,海平面上升及其潜在影响将被人类更早地察觉到。本文进一步定量区分了自然变动和外部强迫下的海平面变化信号,并对主导海平面短期变化的年代际气候变动进行了深入研究。

13. 学位论文题目:长江三角洲沿岸防护建筑对岩相潮间带生物群落结构的影响

论文作者:黄雄伟

论文指导教师:董云伟

获奖等级:福建省优秀硕士学位论文奖

获奖年份:2016 年

论文摘要:长江三角洲是长江以及在此区域的其他河流的活动形成的冲积平原。末次冰期(Last Glacial Maximum,LGM)以后的一万年以来,长江三角洲在海陆交互作用的影响下逐渐扩展。位于长江三角洲地带的近 900 km 的江苏沿岸海岸线除约 40 km 的基岩海岸以外,均为不适宜岩相潮间带生物大量聚集的淤泥质平原海岸。近年来随着中国沿海经济的飞速发展,对土地需求的不断增加,越来越多的沿岸防护建筑正在被修建,成为我国沿岸的"海上长城"。这些沿岸防护建筑显著改变了江苏沿岸的滩涂景观,可能对潮间带群落造成严重影响。本研究验证了以下假设:江苏沿岸的人造岩相能够改变潮间带群落结构,为岩相潮间带生物提供合适的栖息地,并且可以作为"跳板"促进岩相潮间带生物的迁移与基因交流，弱化原有的系统地理学障碍。

14. 学位论文题目：北冰洋快速酸化及其驱动机制研究

论文作者：祁第

论文指导教师：陈立奇

获奖等级：福建省优秀博士学位论文奖

获奖年份：2017 年

论文摘要：本论文通过对过去 20 年来 5 个北冰洋航次数据进行的精细分析，采用化学示踪和模型模拟，发现全球气候变化引起了北冰洋环流模式异常、北冰洋海冰覆盖面积快速后退驱动着太平洋冬季水（携带“酸化”的海水）的大范围入侵，导致了北冰洋酸化水体快速扩张，并以每年 1.5％截面积的速率增长，预估到本世纪中叶整个西北冰洋上层海洋将被酸化水所覆盖。

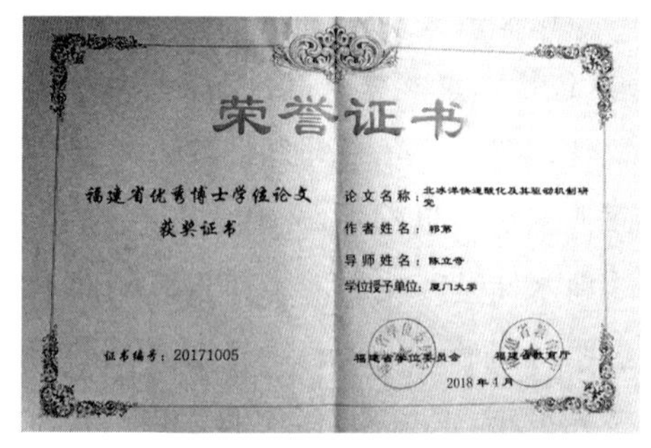
荣誉证书
福建省优秀博士学位论文
获奖证书
论文名称：北冰洋快速酸化及其驱动机制研究
作者姓名：祁第
导师姓名：陈立奇
学位授予单位：厦门大学
证书编号：20171005
福建省学位委员会　福建省教育厅
2018 年 1 月

15. 学位论文题目：稀疏水声信道的近似范数估计

论文作者：伍飞云

论文指导教师：童峰

获奖等级：福建省优秀博士学位论文奖

获奖年份：2017 年

论文摘要：论文以复杂海洋环境下的水声通信系统为应用背景，针对多径信道对可靠通信造成的挑战，以水声信道稀疏特性-信道建模-信道估计-均衡器输出结果验证为主线，重点研究在压缩感知框架下可充分利用水声信道稀疏结构特性的近似范数水声信道估计算法；提出了非均匀范数（Non-uniform norm）等创新的水声信道稀疏评估与利用思路；在理论研究、算法推导分析的基础上，结合多次数值仿真和海试实验，验证了论文方案改善水声通信性能的有效性。

荣誉证书
福建省优秀博士学位论文
获奖证书
论文名称：稀疏水声信道的近似范数估计
作者姓名：伍飞云
导师姓名：童峰
学位授予单位：厦门大学
证书编号：20171020
福建省学位委员会　福建省教育厅
2018 年 1 月

16. 学位论文题目：海洋浮游病毒和深部生物圈病毒的生态特性

论文作者：蔡兰兰

论文指导教师：焦念志

获奖等级：福建省优秀博士学位论文奖

获奖年份：2017 年

论文摘要：鉴于海洋病毒个体微小的特性，本论文首先对海洋病毒收集方法进行了系统评估，对不同海洋环境下病毒的回收效率有了比较清晰的认识。接着从可培养病毒和未可培养病毒两个角度入手，探索河口、大洋表层、深海等不同海洋环境中浮游病毒的多样性。另一方面，以波罗的海沉积物为研究区域，通过研究不同深度沉积物中病毒的丰度、生产力和形态多样性，深入了解和认识深部生物圈病毒的生态特性。

17. 学位论文题目：病毒裂解海洋聚球藻对溶解有机物释放的影响

论文作者：赵诏

论文指导教师：焦念志

获奖等级：福建省优秀博士学位论文奖

获奖年份：2018 年

论文摘要：本研究以海洋聚球藻及聚球藻病毒为研究对象，通过建立代表性海洋聚球藻及其病毒模式体系，对病毒裂解聚球藻释放 DOM（viral-induced DOM，vDOM）的理化性质和生物可利用性开展研究，探究病毒裂解聚球藻对海洋 DOM 库的贡献，以更深入地阐释聚球藻及聚球藻病毒的相互作用过程在以碳循环为主的海洋生物地球化学循环过程中的重要作用。

18. 学位论文题目:中国三个亚热带海湾浮游细菌群落多样性及生物地理格局

论文作者:莫媛媛

论文指导教师:张文静

获奖等级:福建省优秀硕士学位论文奖

获奖年份:2018 年

论文摘要:海洋浮游细菌群落是亚热带海湾生态系统的重要组成部分,具有极高的遗传多样性,并在全球生物地球化学循环中发挥着关键作用。因此,了解海洋浮游细菌群落的多样性及其生物地理格局是生态学研究中的一个重要目标。然而,不像大型动植物生物地理格局的普遍研究,有关浮游细菌群落的空间分布模式以及构建机制的研究仍然十分有限,尤其是基于优势和稀有亚群落的研究。本研究利用高通量测序技术的分子生物学方法,研究并比较了中国南部深沪湾、东山湾和北部湾三个亚热带海域浮游细菌群落(包括整体、优势和稀有类群)的多样性,分析其生物地理分布格局以及潜在的驱动机制,揭示环境选择和中性过程在海洋浮游细菌群落构建中的相对重要作用。

19. 学位论文题目:海洋贝类细胞质苹果酸脱氢酶温度适应性的酶学特征和进化策略研究

论文作者:廖明玲

论文指导教师:董云伟

获奖等级:福建省优秀博士学位论文奖

获奖年份:2019 年

论文摘要:本研究结合常规酶学特性测定、分子动力学模拟(MDS)手段和蛋白质定点突变(SDM)方法,建立了基于细胞质苹果酸脱氢酶(cMDH)的"酶学特性测定-分子动力学模拟预测-蛋白表达验证"的创新性生化适应机制研究模式,定量分析了海洋贝类对温度的适应性变化。首先,探索了两种耐热高潮间带滨螺同源 cMDH 结构与功能的相关性,探讨了氨基酸置换对酶不同区域稳定性的影响;后续研究拓展至原位体温跨度约 60°C 的 12 种潮间带贝类,将蛋白质结构和功能的温度适应性与生物的地理分布相结合;基于上述基础,研究进一步比较分析了包括从南极洲的南极扇贝到中国南方沿海耐热的塔结节滨螺等 26 种海洋贝类 cMDH 的温度耐受机制,揭示了蛋白质不同区域氨基酸偏好与温度适应性的关系。

20. 学位论文题目:近海沉积物-水界面的耗氧和氧化还原敏感元素(Fe、Mn)的迁移

论文作者:史向明

论文指导教师:蔡平河

获奖等级:福建省优秀博士学位论文奖

获奖年份:2019年

论文摘要:本论文采用$^{224}Ra/^{228}Th$同位素新手段,以多种近岸系统中的沉积物为研究对象,定量不同氧化还原环境下沉积物-水界面溶解氧、铁和锰的交换通量,探讨了沉积物耗氧对海洋底部氧气损失的贡献,归纳了不同环境条件下沉积物-水界面铁锰交换的变化模式以及产生差异的主控因素。

21. 学位论文题目:水声多跳协作通信网络路由协议研究

论文作者:汤煜荧

论文指导教师:陈友淦

获奖等级:福建省优秀硕士学位论文奖

获奖年份:2019年

论文摘要:近年来,随着海洋强国建设的推进,海洋的国家战略地位空前提升,海洋生态保护、海洋资源开发、环境监测、国防安全等方面的需求也日益增长。由于多跳协作通信网络具有良好的通信性能,在水声通信网络领域中有着广阔的发展前景。因此,研究水声多跳协作通信网络具有重要意义。水声信道具有时变、窄带、高噪声和强多途等特性,这使得水声通信与陆上无线电磁波通信在发射信号设计、接收信号处理和组网协议设计等方面均具有较大的区别。论文在水声多跳协作通信网络中,针对水声信道的特性,结合端到端时延、能量损耗、误码率性能及系统平均寿命等因素,提出了奇偶分组一维传输路由协议及该协议下的故障应对方案,并提出结合数据优先级、剩余能量延长系统的平均使用寿命、提高系统吞吐量。

22. 学位论文题目: Himawari-8/AHI高频监测漂浮藻华的应用与评估

论文作者:陈新荣

论文指导教师:李忠平

获奖等级:福建省优秀硕士学位论文奖

获奖年份:2019年

论文摘要:在本研究中,对Himawari-8/AHI的0级(Level-0)数据进行了计算与分析,而后利用改进的6S模型(Second Simulation of the Satellite Signal in the Solar Spectrum)对其进行大气校正,得到Himawari-8/AHI的瑞利校正反射率(Rayleigh-corrected reflectance,Rrc),并将其用于FAI(Floating Algae Index,漂浮藻类指数)(Hu,2009)的计算。研究结果显示Himawari-8/AHI可在超高的时间分辨率(10分钟)下捕获漂浮藻类的图像并进行有效可靠的监测。研究表明Himawari-8/AHI可凭借更高的观测频率监测到现存低频次观测卫星可能遗漏的现象,且Himawari-8/AHI能在一些其他卫星因云覆盖而无法观测的时间内提供有效观测数据，因此，Himawari-8/AHI 提供了更大的可能性和更好的机会来观察生态系统中的动态事件和偶然事件，这不仅对于生态环境监测富有重要意义，且对于科学上更好地理解藻类动态变化也极为重要。

23. 学位论文题目：厦门湾沉积物-孔隙水系统中磷、铁和硫的地球化学循环及与上覆水的物质交换

论文作者：潘峰

论文指导教师：高爱国

获奖等级：福建省优秀博士学位论文奖

获奖年份：2020 年

论文摘要：本论文选择厦门湾不同沉积环境的泥质海岸，应用原位、高分辨的透析装置（HR-Peeper）和薄膜扩散梯度（DGT）技术，精细刻画海岸带表层沉积物和孔隙水中磷、铁和硫地球化学敏感组分的浓度一深度剖面，通过高频率的采样分析它们在不同时空尺度下的变化规律和影响因素。在此基础上，初步总结了不同时空尺度下铁、硫氧化还原循环及其影响下的磷循环模式。最后，还分别评估和对比了时空变化下磷的分子扩散通量以及与生物扰动相关的磷的水文交换通量。本论文总结和概括了几种不同沉积环境下铁、硫氧化还原循环及其影响下的磷循环模式，以及在局部微环境短时间尺度下的循环模式，为进一步认识海相沉积物元素地球化学过程和内源磷释放提供了科学依据。

24. 学位论文题目：ENSO 多样性的特征与机制研究

论文作者：冯颖

论文指导教师：胡建宇

获奖等级：福建省优秀博士学位论文奖

获奖年份：2020 年

论文摘要：本文将旋转经验正交函数分析方法应用到 ENSO 多样性的分析中，不仅解决了模态间混合的问题，而且得到的四个基本模态还能解释大部分太平洋 SST 的变异。结果表明，泛太平洋的四个基本模态分别是：ENSO-cycle 模态、泛太平洋 PDO 模态、中太平洋变异模态（CPV 模态）和北太平洋环流变异模态（NPGV 模态）。对于 ENSO 的变异，研究发现用前三个模态就可以解释绝大部分事件的变异。在这三个模态中，PDO 和 CPV 的共同作用又可以解释近几十年出现的另外一种 ENSO 现象（CP 型厄尔尼诺）。CP 型厄尔尼诺的形成在某种程度上依赖于 CPV 模态处于显著的时候。CPV 模态的主要特征是 SST 最大值的位置出现在中太平洋，并呈现出马蹄形的形状，它朝东北太平洋有一段延伸，而东太平洋呈现出冷异常。当 CPV 模态为正时，温跃层在中太平洋变深而在东太平洋变浅，这有助于 CP 型厄尔尼诺的形成。研究发现，这个 CPV 模态

可能是近几十年赤道信风增强的结果。

25. 学位论文题目:水声协作传感网的能量优化方案研究

论文作者:余伟健

论文指导教师:陈友淦

获奖等级:福建省优秀硕士学位论文奖

获奖年份:2020 年

论文摘要:随着国家海洋强国战略的提出,海洋环境监测、资源开发以及军事活动等海洋相关应用需求与日俱增。由于水声协作传感网具有良好的通信性能和可扩展性,可以针对不同应用场景进行部署,因此有着广泛的发展前景。然而,由于水下环境以及水声信道的复杂性和不确定性,大量无效通信将导致水下传感器节点的能量被过度消耗;同时,由于水下传感器节点等设备的能量有限,且在水下环境中难以进行补充和更换,使得能量受限问题成为水声协作传感网发展过程中亟待解决的关键问题之一。论文以此为出发点,依次从三个层面研究适用于水声协作传感网的能量优化方案,力图在保证网络具备较好通信性能的同时,降低系统工作能耗并延长网络使用寿命。

第二节 研究基地、研究所、中心等平台的建立与其特色[①]

序号	成立时间	研究基地、研究所、中心等名称	负责人(任职时间)
1	1935	海洋生物研究室	陈子英(1935)
2	1943(筹设) 1946(设置)	水产研究室	汪德耀(1943 筹备) 陈兼善(1946) 郑重(1948) 李象元(1948 年 8 月)
3	1946	中国海洋研究所	唐世凤(1946)
4	1959	福建海洋研究所	张玉麟(1959)

① 说明:以建立时间为序。

续表

序号	成立时间	研究基地、研究所、中心等名称	负责人(任职时间)
5	1983	厦门大学亚热带海洋研究所	李法西(1983) 许天增(1984) 胡明辉(1991) 李文权(1998)
6	1992	厦门大学环境科学研究中心	洪华生(1992) 郑微云(1996) 郑天凌(1998) 戴民汉(2001) 黄邦钦(2004) 王大志(2008) 史大林(2013)
7	2005	厦门大学海洋与海岸带发展研究院	张珞平(2005) 薛雄志(2009) 李庆顺(2019)
8	2008	近海海洋研究与管理联合研究所	戴民汉(2008)
9	2011	厦门大学海洋观测技术研发中心	商少平(2011)
10	2012	厦门大学海洋微型生物与地球圈层研究所	焦念志(2012)
11	2013	厦门大学海洋酸化影响研究中水量实验平台	高坤山(2013)
12	2013	厦门大学海洋生物多样性与全球变化研究中心	林森杰(2013)
13	2013	福建省海洋生物资源开发利用协同创新中心	王克坚(2013)
14	2013	福建省特色水产品种种质资源保护利用与共享平台	柯才焕(2013)
15	2014	福建省海洋生物抗菌肽技术重大研发平台	王克坚(2014)
16	2016	厦门大学遥感卫星地面接收站	严晓海(2016)
17	2017	福建省鲍鱼种质资源保存与遗传育种中心	柯才焕(2017)

续表

序号	成立时间	研究基地、研究所、中心等名称	负责人(任职时间)
18	2017	厦门大学“嘉庚”号科考船	王海黎(2017)
19	2018	海洋教育与研究国际联合实验室	焦念志(2018)
20	2018	福建省东山海洋野外科学观测研究站	江毓武(2018)
21	2019	福建省海洋遥感大数据高校工程研究中心	严晓海(2019)
22	2020	福建省海洋生物抗菌肽产业技术创新研究院	王克坚(2020)

一、海洋生物研究室

成立时间:1935 年 5 月筹备,1935 年 6 月正式设立

负责人:陈子英(1935 年 6 月)

研究室简介:1935 年 4 月,太平洋科学协会海洋学组中国分会在南京成立,倡议在厦门、定海、青岛、威海卫或烟台共四处设立海洋生物研究站。1935 年 5 月,福建国民政府提供补助经费,委托厦门大学生物学系负责筹备设立海洋生物研究室,同年 6 月,海洋生物研究室成立,聘请陈子英为研究室主任。1935 年 8 月,中央研究院及太平洋科学协会在厦门大学成立厦门海产生物研究场(The Marine Biological Station),目的在于研究中国南部海产及海洋学。研究场成立半年即取得丰硕成果,出版了《福建沿海海洋生物采集调查报告》和《海产生物学集刊》(The Amoy Marine Biological Bulletin),并发表大量研究成果,例如王家楫、倪达书记述原生动物纤毛虫 45 种,包括 1 个新属、16 个新种。这些成果,加之金德祥报道的浮游生物研究结果,以及之前发现的厦门隔膜水母(*Leuckartiara hoepplii* Hsu,1928),刘五店沙鸡子(*Phyllophorus liuwutiensis* Yang,1937),陈氏新银鱼(*Neosalanx tangkahkeii* Wu,1931)等新种,是为我校盛行海洋生物学研究之标志。1933 年,太平洋科学协会在其年会报告中指出:“厦门大学……其近海的生物院与那便于进行分类学、生物学、生态学等研究用的实验室和图书室,使该所大学可以与欧美诸优等海洋研究所媲美。”

二、水产研究室

成立时间：1943 年筹备，1946 年设置

负责人：汪德耀（1943 年，筹备），陈兼善（1946 年），郑重（1948 年），李象元（1948 年 8 月）

研究室简介：厦门大学奉教育部指令，筹备设立水产研究室，以作为战后东南沿海水产研究之总枢。1943 年秋，厦门大学委任汪德耀筹备设立水产研究室，并将组织规程及工作进展计划呈报教育部。“将来拟按步实施，将研究室扩充为研究所，招收研究生，并设分所于台湾及海南等水产富源之处”。1946 年设置水产研究室，陈兼善任水产研究室主任。

三、中国海洋研究所

成立时间：1946 年

负责人：唐世凤（1946—1951 年 2 月）

研究所简介：1946 年 9 月，中英文教基金董事会与厦门大学商讨合办中国海洋研究所。1946 年 10 月，中国第一个海洋研究所（中国海洋研究所）在厦门大学宣告成立。1951 年 2 月，中国科学院接管了在厦门的中国海洋研究所，改组为水生生物研究所厦门海洋生物研究室。同年 3 月，厦门海洋生物研究室部分人员内迁至位于无锡太湖畔的中国科学院水生生物研究所。1953 年月，中国科学院撤销水生生物研究所厦门海洋生物研究室。

四、福建海洋研究所

成立时间：1959 年

负责人：张玉麟（1959—1965）

研究所简介：1959 年，中国科学院福建分院与厦门大学合办“福建海洋研究所”，张玉麟副校长兼任所长，郑重、何恩典兼任副所长，设立海洋生物学研究室、海洋物理研究室和海洋化学研究室，骨干力量基本由厦门大学生物系、物理系和化学系涉海研究的教师构成。1961 年，福建海洋研究所受中国科学院华东分院和福建

省科委双重领导。1962 年，福建海洋研究所更名为中国科学院华东海洋研究所，隶属中国科学院华东分院，与厦门大学合办。1965 年底，研究所移交国家海洋局直属管理，定名为国家海洋局第三海洋研究所(现名“自然资源部第三海洋研究所”)。

五、厦门大学亚热带海洋研究所

成立时间：1983 年

负责人：李法西(1983—1984)，许天增(1984—1991)，胡明辉(1991—1998)，李文权(1998—2006)

研究所简介：厦门大学亚热带海洋研究所 1983 年获国家教育部正式批准，成为首批隶属国家教育部的中国高等学校重要的科学研究机构之一。该所与厦门大学海洋系合一管理，下设海洋生物学、海洋化学、海洋物理学和物理海洋学四个研究室以及海洋沉积学研究组。

厦大亚热带海洋研究所主要从事海洋科学基础研究和应用开发研究，承担国家“七五”、“八五”、“九五”攻关项目和国家 863 高科技项目、国家 973 重大基础研究项目，以及国家和福建省自然科学基金研究项目。在海洋浮游生物学、海洋鱼类学、同位素海洋学、海洋生物地球化学、海洋环境数值预报、水声和水下信息传输等领域形成研究特色，并且在海洋经济动物增养殖及病害防治、海洋环境保护和海洋工程建设项目环境评价等应用研究方面取得丰硕成果，共有 30 多个研究项目获国家级和省部级奖励。

六、厦门大学环境科学研究中心

成立时间：1992 年

负责人：洪华生(1992)、郑微云(1996)、郑天凌(1998)、戴民汉(2001)、黄邦钦(2004)、王大志(2008)、史大林(2013)

中心简介：厦门大学环境科学研究中心，其前身为诞生于 1982 年的厦门大学环境科学研究所。1992 年，为了顺应我国社会经济迅速发展和学科发展的需求，由海洋学系洪华生教授牵头，整合我校海洋学系、化学系、生物系和分析测试中心等单位的相关研究力量，在原环境科学研究所的基础上成立了环境科学研究中心，并充分发挥我校海洋优势，提出以“面向海洋、内联外合、培养人才、服务社会”为宗旨，大力发展海洋环境科学。厦门大学环境科学研究中心自成立以来，始终抓住海洋环境科学为研究重点和特色，在环境科学和海洋科学这两大学科上交叉，既发挥特色，又不断发扬光大。回顾环境科学研究中心二十多年来的发展历程，始终贯穿着学科建设的主线，迄今发展形成了包括海洋生物地球化学、微型生物生态学、环境海洋学、环境化学、环境生态学、环境生物学、环境毒理学、环境管理、环境工程、环境经济学、环境评价学等分支学科的学科体系。如今，在新的发展时期，环境科学研究中心依然秉承海洋环境科学的特色，承载着促进海洋、环境、生态学科交叉融合，创新与培育新学科方向，培养学科中坚力量的重要使命，为教学科研、人才培养和社会服务提供重要支撑。

七、厦门大学海洋与海岸带发展研究院

成立时间：2005 年

负责人：张珞平（2005）、薛雄志（2009）、李庆顺（2019）

研究院简介：厦门大学海洋与海岸带发展研究院（简称：海发院）是厦门大学在相关国际组织和厦门市政府的支持下，于 2005 年 10 月成立的研究机构。其宗旨是通过建立跨学科研究的平台，整合相关的教学与科研资源，发展新兴交叉学科；培养满足社会需要的高素质复合型人才；加强国际和区域合作，为海洋与海岸带地区可持续发展提供决策支持。

海发院致力于海洋与海岸带地区发展前沿领域的科学研究。研究领域主要包括：基于生态系统的海岸带（流域）综合管理、海洋经济发展、海洋政策与法律、环境责任、海岸带和谐社会构建、战略环境影响评价、海洋监测和管理信息系统以及为政府决策服务的各种科技支撑，同时为国内外海洋资源开发与环境管理人才培训提供服务。

八、近海海洋研究与管理联合研究所

成立时间：2008 年 6 月

负责人：戴民汉（2008—）

研究所简介：近海海洋研究与管理联合研究所由厦门大学与美国特拉华大学共建，2008 年 6 月 27 日，美国特拉华大学校长 Patrick Harker 与时任厦门大学

校长朱崇实教授共同为“近海海洋研究与管理联合研究所(Joint Institute for Coastal Research and Management, Joint-CRM)”揭牌,这是中国与美国知名高校在海洋领域建立的第一所联合研究机构。戴民汉与特拉华大学海洋与地球学院 Nancy Targett 共同担任研究所的联合所长。研究所的主要领域为近海海洋生态系统与人类健康、近海海洋环境地质与生物地球化学、海洋观测系统、海洋可替代能源、近海区域管理等。联合研究所成立以来,实现教授互访,并通过联合培养博士生、博士后交流、共同举办“海洋与气候”国际研讨会、合作研究与撰写论文等方式,开展了全方位的合作,并通过远程视频会议系统、联合网站等,实现了双方的课程与资源共享。

九、厦门大学海洋观测技术研发中心

成立时间:2011 年 5 月

负责人:商少平(2011—)

中心简介:为进一步推进我校海洋学科的全面发展,2011 年 5 月厦门大学南方海洋中心筹建领导小组会议审议并同意成立“厦门大学海洋观测技术研发中心”(简称“观测技术中心”)。“观测技术中心”以海洋观测/监测技术和环境/灾害预测与决策支持技术为研究核心,围绕海洋环境保护、海洋防灾减灾,以高效、务实、先进的科研产出服务于国防和地方需求;通过与战略合作单位共建重大技术研发基地,承接重大研究任务,促进海洋观测技术等相关学科发展。中心现设有水文气象分析室、数值模拟与信息产品技术室、观测技术室、计量检定与比测技术室、遥感技术室、水声技术室。现有专职教授 1 名、副教授 1 名、工程技术人员 11 名(高级工程师 3 名、工程师 8 名)。近年来中心聚焦海洋环境监测与预报技术,针对区域海洋主要海洋动力、生态灾害,发展多要素多学科原位、长期连续、高时空分辨率、实时海洋环境立体监测系统集成构建技术,研发精细化数值预报模式和防灾辅助决策系统,实现智慧化海洋动力、生态灾害监测预警与决策支持。

十、厦门大学海洋微型生物与地球圈层研究所

成立时间：2012 年 5 月

负责人：焦念志(2012—)

研究所简介：厦门大学海洋微型生物与地球圈层研究所(Institute of Marine Microbes and Ecospheres，IME)成立于 2012 年 5 月，其前身是依托教育部“长江学者”奖励计划始建于 2000 年的“海洋微型生物生态学实验室”。IME 遵循国际科联新近倡导的“未来地球(Future Earth)”科学理念，以全球变化为背景、以国家需求为导向，围绕海洋碳汇的科学主线，以海洋微型生物碳泵(MCP)为突破口，运用分子生物学、细胞生物学、生理生态学、生物海洋学的方法及原理，在分子、细胞、个体、群落及生态系统水平上，研究海洋微型生物与地球圈层的相互作用过程及其调控机制；并通过多学科交叉与融合，研究这些过程与机制对人为活动和气候变化的响应与反馈。

研究所已先后主持承担包括国家重大科学研究计划、"973"、"863"项目和国家自然科学基金委重大研究计划在内的多项重要研究项目。成果发表在 Nature Reviews Microbiology、Science、PNAS、NSR 等顶级学术刊物，提出了"海洋微型生物碳泵"(MCP)储碳新机制，MCP 被 Science 评论为"巨大碳库的幕后推手"，Science 出版了 MCP 增刊，国际海洋科学委员会(SCOR)为此设立了 MCP 科学工作组(WG134)。联合国政府间气候变化专门委员会(IPCC)将 MCP 理论纳入气候变化特别报告中。

十一、厦门大学海洋酸化影响研究中水量实验平台

建成时间：2013 年

负责人：高坤山(2013—)

平台简介：厦门大学海洋酸化影响研究中水量实验平台于 2013 年初在厦门五缘湾海域建成，用于研究海洋酸化等环境变化对生物及生态系统的效应。该平台尺寸为 35 m×7 m，建有面积为 40 m^2 的实验室，以及 9 个容量为 4 吨/个的培养水体框架，是亚洲最大的海洋酸化研究围隔实验平台。厦门大学的研究团队及其合作者，利用该平台开展了多次中尺度生态系统实验，揭示了海洋酸化对初级、次级及食物网过程的影响，促进了学科交叉(参与单位包括厦门大学、香港科技大学、中国海洋大学、江苏海洋大学、汕头大学，累计参加 120 人次)与国际合作，在 Nature Communications 等发表的成果，产生了重要学术影响。

十二、厦门大学海洋生物多样性与全球变化研究中心

成立时间：2013 年 5 月

负责人：林森杰（2013—）

中心简介："海洋生物多样性与全球变化研究中心"于 2011 年 4 月 16 日在海洋与地球学院召开了成立揭牌仪式以及专家会议。2013 年成为厦门大学校属中心。研究中心充分发挥厦门大学在海洋生物研究的特色和优势，瞄准全球变化背景下海洋生物多样性研究这个重大前沿科学问题，借助国家对海洋生物资源保护、海洋有害生物种群暴发和渔业资源下降等问题的高度重视，致力于促进我国海洋生物多样性研究的发展。

研究中心由林森杰教授任主任，一批在海洋生物多样性与全球变化研究方面有较高成就的教授和副教授协助筹建并任研究中心成员。研究中心设 4 个研究方向：海洋生物物种多样性；海洋生物分子生态；海洋生态系统；海洋生物适应与全球变化。

十三、福建省海洋生物资源开发利用协同创新中心

成立时间：2013 年 11 月

负责人：王克坚（2013—）

中心简介："福建省海洋生物资源开发利用协同创新中心"由厦门大学牵头，

联合集美大学、国家海洋局第三海洋研究所、福建省水产研究所、福建省环境科学研究院以及10多家省内龙头企业共同组建并培育。该中心从福建省发展海洋经济和海洋新兴产业的需要出发，按照“国家急需、世界一流”的要求，着力于海洋生物活性物质开发利用、海洋生物资源高值化利用与食品安全、海洋生物遗传育种与健康养殖、深海生物资源开发以及海洋污染控制与生物资源养护等五个重点领域的研发和成果转化。中心建设期间，已形成一批拥有自主知识产权的成果和产品，培育了一支具备解决区域海洋生物产业重大问题能力的技术研发团队。中心创新产学研体制机制改革，以“面向企业、务实创新”为理念，仪器设备面向企业开放使用，提供技术服务和检测服务。校企利用各自优势开展协同攻关研究和成果转化，共同促进福建省海洋产业发展。

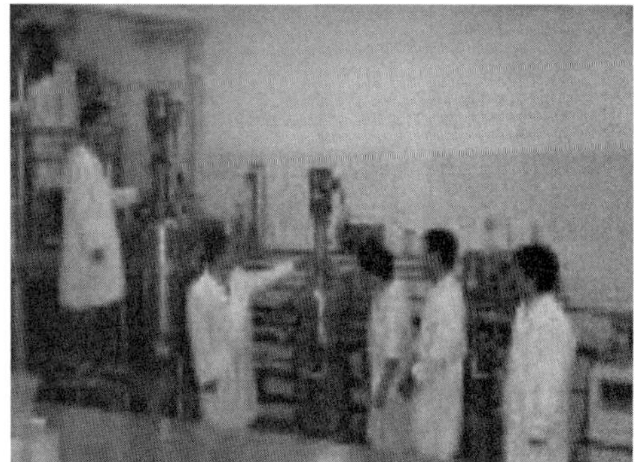

十四、福建省特色水产品种种质资源保护利用与共享平台

成立时间:2013年12月

负责人:柯才焕(2013—)

平台简介:本平台针对大黄鱼、石斑鱼、罗非鱼、鲍和西施舌等五个我省特色、优势水产养殖品种,通过种质资源收集和设施建设,建立了相应的良种繁育技术研究中心和核心种质资源库,并在品种培育技术体系等方面取得了一系列突破性技术,通过亲本和苗种输出,技术培训和支撑等方式,为产业界提供优良种苗和关键技术。同时,各平台均配置大量的种质鉴定所需的细胞和分子生物学设备,并提供对外共享服务。本平台项目的实施开展将有效提高我省水产优势养殖种的产量和质量,推动我省水产良种化的进程,为海洋产业的持续发展提供实际技术支撑。

十五、福建省海洋生物抗菌肽技术重大研发平台

成立时间:2014年11月

负责人:王克坚(2014—2017)

平台简介:"福建省海洋生物抗菌肽技术重大研发平台"是2014年11月经福建省科技厅批准建设的,针对长期影响我国畜牧与水产养殖业可持续健康发展的抗生素污染重大科技问题,以高效开发与利用海洋生物抗菌肽为导向,打造高水平的海洋生物抗菌肽研发与利用平台,服务于我省饲料、食品及养殖业。建设以来,已完成海洋生物抗菌肽分离鉴定与衍生制品研究平台、抗菌肽发酵平台、抗菌肽细胞工程与基因操作技术平台、抗菌肽生态制品研发平台、抗菌肽安全性和有效性评价技术平台和抗菌肽成果转化与应用平台共六个技术平台的建设。建成毕赤酵母高效表达抗菌肽产品中试车间和抗菌肽添加剂和防腐剂中试生产线,2种抗菌肽产品已获得国家农业部批准的国家生产应用安全证书,其中大黄鱼抗菌肽是我国迄今获批的首个海洋动物抗菌肽的生产应用安全证书。目

前，该产品已在福建等省份水产养殖区鱼、虾上示范应用，取得了显著的免疫增强和抗病效果。该平台已于 2017 年建设完成。2020 年，该平台经省科技厅批准挂牌“福建省海洋生物抗菌肽产业技术创新研究院”。新型海洋动物抗菌肽产品的开发利用对解决抗生素带来的养殖产品安全、环境健康和细菌耐药性等问题都具有重要意义，经济社会效益显著。

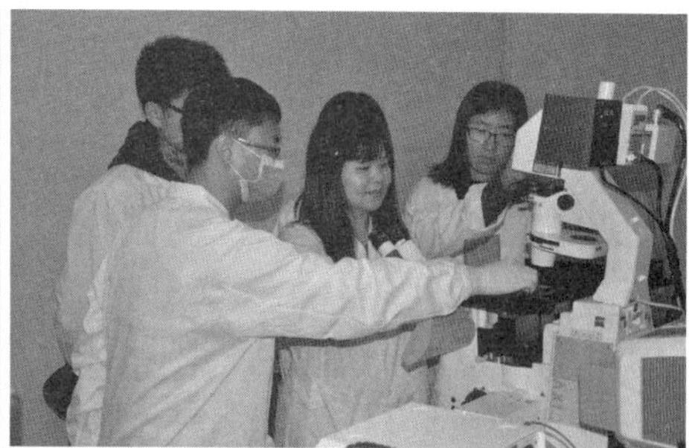
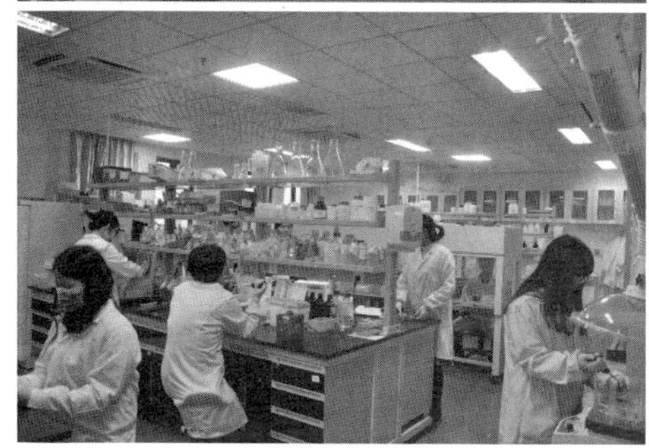

十六、厦门大学联合遥感接收站

建成时间：2016 年

负责人：严晓海(2016—)

接收站简介：联合遥感接收站设有天线直径为 7.5 米的 L(1.69～1.71 GHz)、X(7.7～8.5 GHz)双频段双通道高速率遥感卫星地面接收系统，可以对轨道高度在 400～1000 km 的遥感卫星和气象卫星进行全天时、全天候、全自动的跟踪接收，获取第一手的观测资料。该系统面向教育与基础科学研究，能为遥感的科研和教学任务提供多种不同模式的微波和光学卫星遥感数据，支持实时（或准实时）的调查与环境监测任务。

十七、福建省鲍鱼种质资源保存与遗传育种中心

成立时间：2017 年 3 月

负责人：柯才焕（2017—）

中心简介：本平台主要由三大分平台组成：(1)种质资源保存平台：专用于鲍种质资源的保存，将收集和创制各种鲍种质资源，包括国内外野生种质和人工选育种质，利用快速扩繁、活体种质保存、精子冷冻等技术构建精子和活体种质资源库，建成我国南方最齐全的鲍核心种质库；(2)遗传育种平台：在合作企业建设鲍良种育种专用设施，构建先进的育种技术体系，主要对快速生长和高存活率的品系进行选育，构建核心群体。另外，我们将通过杂交育种技术获得具有优良性状的杂交子代新品种，对核心群体和新品种（系）进行培育、推广和大范围繁育，为产业界提供优良品质或新品种的亲鲍；(3)种质测评系统平台：建设形状测评设施，构建种质快速鉴定技术体系及指标标记技术体系，制定生产性能测评规范，为社会和企业提供鲍种质的形态和分子鉴定技术服务。

十八、厦门大学“嘉庚”号科学考察船

建成时间：2017 年 4 月

负责人：王海黎（2017—）

科考船简介：“嘉庚”号科考船（R/V Tan Kah Kee），2015 年开工建造，2017 年 4 月正式交付并投入使用，是由厦门大学拥有完全知识产权的新一代海洋科学综合考察船。“嘉庚”号船长 77.7 米，型宽 16.24 米，设计吃水 5.2 米，总吨

3611 吨，续航力 12500 海里，最高航速 14 节，自持力 50 天，定员 54 名。采用全电力推进，在进行海洋观测时动力定位精度高(DP 1)，设备收放、操控能力突出，配备高性能声学设备，可在全球所有无冰洋区开展海洋多学科实时、同步观测和现场科学实验研究，支持远程信息高速传输，已成为我国深远海科学研究的主力船之一。

该船是中外联合设计、建造科考船的典范，船舶整体性能和综合科考能力国际领先，实现多项技术创新。在国内首次明确提出船舶水下噪声控制要求，并取得国内首张 DNV GL 水下噪声级 SILENT A+S 证书；是国内首艘在全部科考作业空间布置甲板系固体系的科考船，可灵活搭载多种集装箱式移动实验室；配备国内首套痕量洁净采水米系统(TEISS)，并执行了首个由中国承担的国际 GEOTRACES 计划(痕量元素及其同位素海洋生物地球化学循环)西太航次。

“嘉庚”号以开放共享为管理原则，为国内外海洋科研机构和高校提供船时服务和技术支持。运行以来，已圆满完成多项海上重大科研调查航次。

十九、海洋教育与研究国际联合实验室

建设时间：2018 年 11 月

负责人：焦念志(2018—)

实验室简介：厦门大学方面近年来在海洋储碳过程与机制、微生物海洋学和海洋生态学方面取得了一系列成果，而加拿大戴尔豪斯大学在物理海洋、化学海洋学与生物海洋学耦合方面具有很强的实力。2015 年厦门大学与加拿大戴尔豪斯大学基于海洋科学领域的广泛合作，签署两校合作备忘录，全面

推进两校合作关系，鼓励双方相互利用优势资源加强合作交流。在此基础上，厦门大学正式利用加拿大戴尔豪斯大学的 Aquatron 实验体系开展了长周期大体积生态模拟实验，获得了微型生物碳泵过程机制的一系列重要认识，成果发表于《National Science Review》等国内外学术期刊。2017 年，厦门大学在前期实验的基础上，更进一步利用 Aquatron 实验体系和 Bedford Basin 时间序列观测站，与加拿大戴尔豪斯大学合作探讨陆源有机碳的海洋归宿问题，并于 2018 年得到国家自然科学基金委员会(NSFC)与联合国环境规划署(UN Environment)的联合资助。2018 年，厦门大学与戴尔豪斯大学共建的海洋教育与研究国际联合实验室(Joint Laboratory for Ocean Research and Education, LORE)正式揭牌成立，厦门大学建立了厦门时间序列站监测，加拿大戴尔豪斯大学建立了 Bedford Basin 的时间序列站，两个监测站形成了鲜明的环境对比和近海情景模拟，双方在海洋研究与教育方面进行更为深入的合作，与此同时，海洋教育与研究国际联合实验室将面向全世界优秀的科研院校和团体开放，进一步加强学科交叉促进海洋科学研究。

二十、东山海洋福建省野外科学观测研究站

成立时间：2018 年 12 月

负责人：江毓武(2018—)

研究站简介：厦门大学东山太古海洋观测与实验站(D-SMART，以下简称“东山站”)于 2017 年 6 月 1 日正式落成，并于 2018 年 12 月成功获批成为东山海洋福建省野外科学观测研究站。2019 年 9 月作为东山实验场纳入“台湾海峡

海洋生态系统教育部野外观测研究站”。东山站背靠东山岛苏峰山，面向台湾海峡南部开阔水域，处于南海、东海交界点，距厦门市173公里，占地87亩。东山站以全球气候变化和人类活动对海洋生态系统的影响为研究目的，建设长期稳定的海-陆-气界面环境要素观测平台、开放的海洋科学与技术实验基地、海洋观测仪器研究与测试基地以及科普基地。

二十一、海洋遥感大数据福建省高校工程研究中心

成立时间：2019年1月

负责人：严晓海（2019—）

中心简介：2019年1月，经福建省教育厅批准，“海洋遥感大数据福建省高校工程研究中心”成立。中心面向国家海洋战略、海洋管理和沿海经济与社会发展对海洋大数据的迫切需求，瞄准卫星遥感技术、大数据技术和人工智能技术的国际发展前沿，整合福建省海洋遥感技术和海洋数据资源，建设高水平的海洋遥感大数据平台，开展海洋动力环境、海洋生态环境、海洋灾害和海岸带等多个方向的海洋遥感大数据应用，打造高水平的海洋遥感工程应用人才、技术和产业基地。

二十二、福建省海洋生物抗菌肽产业技术创新研究院

成立时间：2020年9月

负责人：王克坚（2020—）

研究院简介：2020年9月，经福建省科学技术批准成立“福建省海洋生物抗菌肽产业技术创新研究院”。该产业技术创新研究院是在福建省科技厅2014年批准立项的“海洋生物抗菌肽重大研发平台”基础上建立的。2017年该重大平台项目结题验收，2020年福建省科技厅决定支持15个获得“优秀”的平台项目，成立产业技术创新研究院。研究院将围绕新型海洋动物抗菌肽的研发与利用，从多种海洋生物中继续发掘新型抗菌肽，研发出不同用途的新型抗菌肽产品。同时加大产学研合作研发力度，推进多种用途抗菌肽产品的推广应用，服务于畜牧水产养殖、食品、饲料以及医药健康等的需求。我国已正式宣布自2020年起

禁止抗生素在畜禽水产饲料中应用，新型海洋动物抗菌肽的开发利用对解决抗生素带来的养殖产品安全、环境健康和细菌耐药性等问题都具有重要意义，具有重大的开发应用价值。

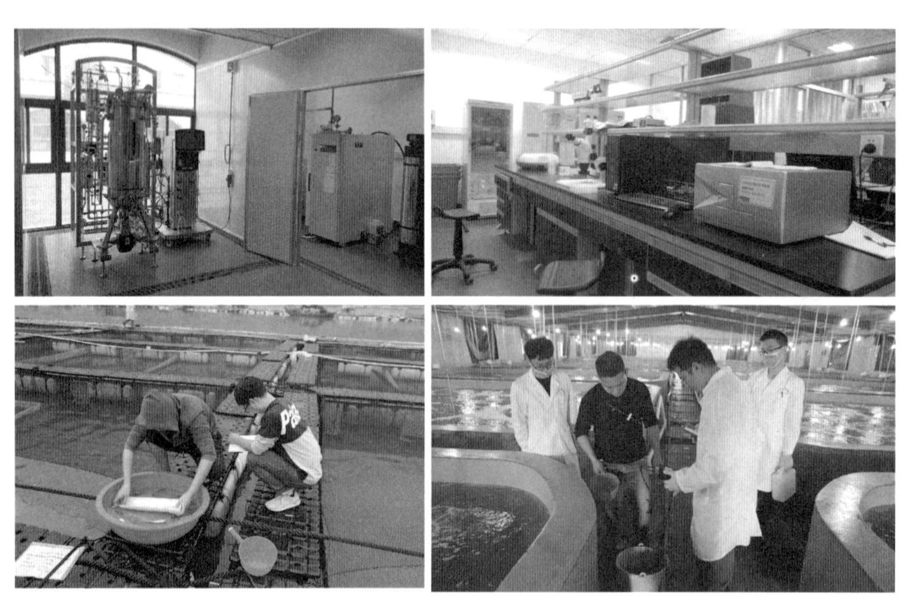

第三节 重点实验室的建立及其工作成绩

序号	成立时间	批准成立机构	重点实验室名称	负责人
1	2005	科技部	近海海洋环境科学国家重点实验室(厦门大学)	戴民汉(2005—)
2	2015	国家发展改革委员会	海洋生物制备技术国家地方联合工程实验室	王克坚(2015—)
3	2009	教育部	水声通信与海洋信息技术教育部重点实验室	商少平(2009—)
4	2006	福建省科技厅	福建省海洋生物资源开发与保护高校重点实验室	柯才焕(2006—2017)

续表

序号	成立时间	批准成立机构	重点实验室名称	负责人
5	2006	福建省科技厅	福建省海洋化学与应用技术高校重点实验室	郭卫东 (2006—)
6	2013	福建省发改委	福建省海洋生物制备技术工程实验室	王克坚 (2013—2015)
7	2019	福建省科技厅	福建省海洋经济生物遗传育种重点实验室	徐鹏 (2019—)
8	2019	福建省科技厅	福建省海洋碳汇重点实验室	焦念志 (2019—)
9	2019	厦门市科技局	厦门市海湾生态保护与修复重点实验室	林森杰 (2019—)

一、近海海洋环境科学国家重点实验室

1. 平台情况

1995年10月，“国家教委海洋生态环境开放研究实验室”获国家教委批准在厦门大学成立。1999年12月，实验室经教育部确认，调整为“海洋环境科学教育部重点实验室(厦门大学)”。2000年5月，实验室进一步改革，成立我国第一个由国家和地方联合共建的“教育部、福建省海洋环境科学联合重点实验室”。在此基础上，2005年3月，“近海海洋环境科学国家重点实验室(厦门大学)”(英文：State Key Laboratory of Marine Environmental Science，简称MEL)获科技部批准建设，2007年顺利通过验收。

实验室现有固定研究人员63人，技术人员33人，研究助理60人，行政人员7人。其中，中国科学院院士2人，“千人计划”教授7人(含“青年千人计划”3人)，“长江学者”特聘教授2人，国家杰出青年基金获得者6人，国家“万人计划”领军人才6人，“闽江学者”及厦门大学特聘教授8人，国家优秀青年科学基金获得者5人，教育部“新世纪优秀人才支持计划”入选者8人。实验室还拥有两个国家自然科学基金创新研究群体(其中“海洋生物地球化学过程与机制”创新研究群体是海洋科学领域首个获三期连续资助的创新群体)、1个科技部重点领域

创新团队和1个教育部创新团队。实验室秉承"个人—群体—平台"交融与提升的发展理念，建设了一个优秀学术带头人领衔支撑、优秀青年骨干健康成长的、且年龄和梯队结构合理的优秀集体，同时拥有强有力的技术和行政支撑，为我校相关学科的发展注入强劲的动力。

2. 平台负责人情况

实验室名誉主任：洪华生(2005—)

实验室主任：戴民汉(2005—)

实验室副主任：焦念志(2005—)、江云宝(2005—2010)、李炎(2005—2010)、林光辉(2011)、王海黎(2011—)

3. 主要工作与成绩

自2005年获批成立以来，实验室建设成效显著，2010年、2015年连续两次被评为优秀国家重点实验室，其中2015年为全国海洋领域唯一获评优秀的国家重点实验室。

实验室始终坚持走国际化发展道路，科学研究力求具备国际视野、管理体系参比国际标准、文化建设崇尚自由宽松，业已成为我国海洋科学研究、人才聚集与培育、学术交流与合作的主力平台之一，在现代海洋碳循环研究等若干领域具有一定的引领作用，在国际海洋生物地球化学界享有嘉誉，是特色鲜明的海洋生物地球化学研究中心，为提升中国海洋科学的国际地位做出了显著贡献，并为冲击国际一流奠定了基础。学科建设方面，科研平台建设与学科建设互为基础，相辅相成。实验室的建设与发展有力地提升了相关学科的能力建设，所支撑的海洋学科、生态学科于2017年双双入选国家"双一流"建设学科名册，其中，海洋学科在全国高校学科评估中获评"A+"。在厦门大学进入ESI(Essential Science Indicators，基本科学指标数据库)前1%(2009.1—2019.11)的16个学科中，本实验室对其中的地学学科(Geosciences)、环境科学与生态学(Environment / Ecology)、植物与动物科学(Plant & Animal Science)有主要贡献，分别达72%、65%和58%，对微生物学(Microbiology)、生物与生物化学(Biology & Biochemistry)、农学(Agricultural Sciences)学科也有贡献，分别为36%、14%和13%。

科学研究方面，瞄准与全球变化有关的国际前沿科学问题，直面国家对海洋环境保护和生态安全的战略需求，主攻海洋生物地球化学过程及其与海洋生态系统相互作用，确立了以海洋通量、过程与机理及生态效应为核心和特色的海洋生物地球化学研究主线，卓有成效地开展了交叉融合研究，提出的微型生物碳泵理论框架成为国际海洋碳循环热点研究领域；提出了物理-生物地球化学耦合诊断边缘海碳源汇格局新方法，建立了大洋主控型边缘海碳循环理论框架，率先开展海洋酸化及紫外辐射胁迫耦合效应的研究，形成海洋碳、氮循环生态效应研究特色。同时，实验室主动参与国家战略研究，提出“陆海统筹”增汇（碳吸收）新途径；厘清中国近海 CO_2 源汇格局，为我国在国际气候变化及减排义务谈判提供关键数据和科学支撑；在近海环境污染、海水养殖渔业风险评价、海-气二氧化碳通量评估标准等方面，为国家制定行业规范与标准。实验室自成立以来到位科研总经费 5.32 亿元，其中“973”计划项目、重大研究计划、重点研发计划专项项目 8 项；先后在 Science，Nature 系列子刊和 PNAS 等高影响期刊发表论文 28 篇（MEL 为其中 14 篇的通讯单位），34 篇论文入选 ESI 近十年（2009.1—2019.11）全球高被引论文，5 人入选爱思唯尔（Elsevier）中国高被引学者；研究成果获国家自然科学奖二等奖 2 项，教育部自然科学一等奖 1 项，福建省自然科学奖一等奖 2 项。实验室承担国家科技重大任务的能力、科研成果的国际影响力及服务国家科技发展的能力显著提升。

运行管理方面，实验室践行国际标准的运行管理体系、以人为本的科研服务体系、资源开放共享的平台管理体系、自由平等民主的学术环境，不断创新、完善的体制机制保障，大大提升了实验室汇聚人才、开展高水平研究、培养高层次人才的能力。实验室 2012—2014 年连续三年位列国家重点实验室科技资源信息公开共享程度全国第一。自成立以来，到位运行费及仪器经费约 3 亿元，向外争取运行管理资源位列我校国家级科研平台首位，使实验室软硬件建设取得显著成效。2008 年成立实验室大型仪器与技术服务中心（COMET），通过网络形式将实验室大型仪器设备（共有 216 台）纳入共享平台，对全国科研单位开放，实现了分散设备的虚拟集中管理，全面实现网上预约、质量保障和便捷高效的功能，为大型仪器的科学高效管理提供了保障，显著提升了大型仪器的使用效率及开放共享率，有效地解决了仪器重复购置、维修费申请难等问题。目前注册会员共 2300 余人，平均每年预约数达 1.8 万余次，预约人数约 700 余人/年。

学术交流方面，国际化是实验室的一大特色，通过访问学者基金、“111”创新引智计划等举措，吸引大批国内外同行前来开展实质性合作，深入了与国际同行间全方位、平等的科研交流，大幅提升了聚集高水平合作者的能力。实验室成员在国际海洋科学委员会(SCOR)担任副主席、在多个工作组及国际研究计划担任联合主席等重要任职；作为议程委员会主席之一，联合组织"第三届全球海洋观测大会"；参与联合国科教文组织召开的未来十年全球海洋碳循环综合研究规划；领衔编写可持续海洋经济高级别小组专家组"海洋综合管理蓝皮书"；发起建立的"海洋生物地球化学交叉学科论坛"由戈登会议(Gordon Research Conference)批准成立永久论坛，发起举办的"厦门海洋环境开放科学大会"成为海洋科学领域亚洲最大的学术会议之一及国际品牌学术活动。实验室成为我国海洋科学领域国际合作交流的重要基地。

人才培养方面，实验室十分注重培养学生的国际视野、自主创新意识和实践能力。通过设立本科生暑期科研训练项目、优秀博士生基金、杰出博士后基金，吸引优质的研究生生源，并注重过程培养，每年举办国际性暑期学校、讲习班、高校联盟研讨会、研究生学术论坛。实验室成立以来，以研究生为第一作者发表论文1282篇，占实验室发表论文总数的46%。毕业生在国内外的竞争力日益增强。博士毕业生在知名高校、研究所、事业单位从事科研教学工作占90%以上，多名博士获得洪堡、新加坡—美国麻省理工学院联盟、美国罗德岛大学、美国威斯康星大学等奖学金，在美国、德国等一流科研机构从事博士后或其他研究。这些专才的成长反哺了实验室的学术声誉，形成良性循环，吸引欧美等发达国家学生前来实验室攻读博士学位及开展博士后研究。

实验室致力于开展海洋公众教育，牵头成立中国海洋科学卓越伙伴计划，建立全国首个致力于创新海洋科学传播模式的海洋媒体实验室——70.8海洋媒体实验室，每年举办海洋科学开放日(活动当日吸引逾6000人参加)等科普项目及活动，旨在普及和提升公众海洋意识和素养，为培养新一代海洋人才贡献力量。

二、海洋生物制备技术国家地方工程实验室

1. 平台情况

2013年8月，福建省发改委批准立项建设"福建省海洋生物制备技术工程实验室"，之后于2015年12月经国家发改委批复建设"海洋生物制备技术国家地方联合工程实验室"，列入国家地方联合共建计划，正式成为国家级研究平台。

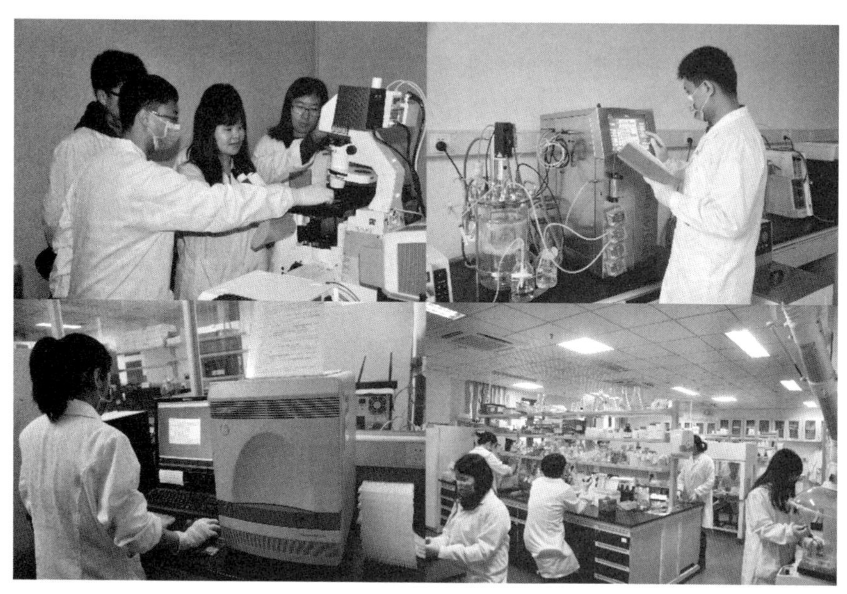

实验室位于厦门大学翔安校区，已完成海洋生物功能活性物质开发利用平台、海洋药物研发平台和海洋健康产品研发平台的主体建设。实验室购置了包括从 5 L～300 L 的中试发酵系统、蛋白纯化系统、蛋白互作系统、倍性分析仪等仪器共计 119 台/套，仪器设备新投资约 3700 万元。平台仪器设备一律实行统一管理、公共使用的制度，面向福建省相关科研院所和企事业单位实行全面开放。

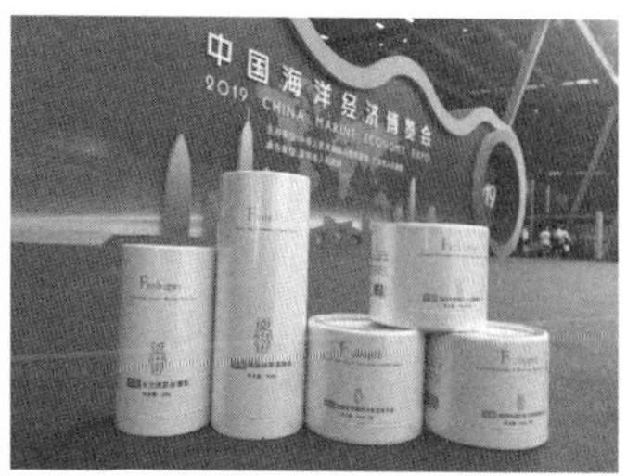

实验室重点围绕福建省海洋生物科技发展战略目标，针对学科发展前沿和福建省海洋生物产业发展的突出科技问题，以高效开发与利用福建省丰富的海洋生物资源为导向，以突破海洋生物活性物质开发利用的关键技术及海洋生物制品的产业化为目的，打造高水平的海洋生物制备技术平台。主要开展海洋生物功能活性物质开发利用、海洋经济生物遗传育种与应用、海洋药物的研发、海洋健康产品的研发等方向的研发工作，旨在研发出具有应用价值的海洋生物高新技术产品，满足提升创新能力、促进区域经济发展方面的需求，为福建省海洋生物制品研发及产业化提供技术支撑。

实验室依托厦门大学海洋科学学科，并与厦门大学药学和生命科学等优势学科相融合，精心组建了一支以中青年学术骨干为核心从事海洋生物技术研发的高水平人才队伍，目前工程实验室已有固定人员 41 人，其中研发人员 39 人，行政助理 2 人，其中包括“千人计划”教授 1 名、国家“万人计划”领军人才 2 名、“国务院特殊津贴专家”2 名、“国家优秀青年科学基金获得者”2 名、“闽江学者”和厦门大学特聘教授 3 名、福建省首批“海西产业人才高地领军人才”1 名、“福建省双百人才”1 人。建立了企业技术、管理人员长效培训制度，定期带领行业企业与国内外同行交流。

2. 平台负责人

实验室主任：王克坚（2015—）

实验室副主任：柯才焕（2015—）、周涵韬（2015—）

3. 主要工作与成绩

实验室已形成一批拥有自主知识产权、达到国内外先进水平的海洋生物关键共性技术。目前，已累计承担课题 100 余项，包括主持科技部国家重点研发项目 1 项，国家自然科学基金联合基金重点项目 5 项，国家海洋公益性专项 2 项（首席科学家）等，累计经费超 1.5 亿元；发表 SCI 文章 100 多篇；获得发明专利 30 余项（包括国际专利 1 项），其中 7 项专利已转让；获得国审新品种 4 个，获得农业部批准的海洋动物抗菌肽基因工程产品生产应用安全证书 2 个，其中 2015 年获批的为我国迄今批准的首个海洋动物抗菌肽生产应用的安全证书；获得省部级以上科技奖 7 项。

实验室积极加强、推动产学研合作，与福建省华龙饲料有限公司、厦门双瑞船舶涂料有限公司、福建大昌生物科技实业有限公司、泉州新协志精细化工有限公司、福建闽锐宝海洋生物科技有限公司、北京迪梦凯化妆品有限公司、厦门海嘉成生物科技有限公司、艾凯奇(厦门)生物科技有限公司等20家企业进行了多方面的深度合作,促进成果转化,为福建省海洋产业的发展做出了重要贡献。

(1)海洋动物抗菌肽的研究处于本领域国内外领先地位:海洋动物抗菌肽研发团队针对抗生素污染和细菌耐药性问题,在我国率先开展了海洋鱼类和蟹类新型抗菌肽的系列研究,已筛选获得多种新型海洋生物源抗菌肽基因和蛋白,已研制出多个高效抗菌肽基因工程产品,迄今已获得国家发明专利授权13项,分别于2015年、2016年获得农业部批准的海洋动物抗菌肽基因工程产品生产应用安全证书,与企业联合建立了抗菌肽产品的规模化生产线,海洋动物新型抗菌肽产品对多种水产病原菌、耐药菌、真菌、病毒等都具有显著抗性。该产品已在福建等省份多个水产养殖场进行示范应用,取得了显著的免疫增强和抗病效果,并对养殖鱼类和虾类具有显著促生长作用。抗菌肽研究团队于2019年厦门"9.8"投洽会上顺利与企业签订"海洋活性肽科技园"项目投资合作协议;一项专利也在该签约企业成功转让,并开始成果转化。

(2)天然产物基环保型海洋防污涂料研究取得重要进展:海洋防污研发团队筛选获得了33种具高防污活性的天然产物,研制出2种环境友好型海洋防污涂料,可应用于海中人工设施表面进行污损生物防除。目前已获得中国授权发明专利9项和美国授权发明专利1项。并与企业联合研制批产工艺,开展批量生产,在涉海装备上进行推广应用。该类型产品已应用于我国福建、广东、海南等近海海域的200余艘船舶、浮标、海洋监测设备、核电站拦截网、海水养殖网笼等设施,获得了优异的海区防污应用效果,不仅节省大量劳动力及成本,又避免了传统有毒防污剂污染海洋环境的问题。

(3)针对海洋水产养殖产业需求,海洋经济动物遗传育种团队致力于技术创新,培育出5个国审通过的水产新品种并推广应用,为水产养殖产业发展做出了重要的贡献。2009年培育出的新品种杂色鲍"东优1号"(GS-02-004-2009)具有抗性强、存活率高的特点,应用于生产且推广到台湾地区。2014年培育出的新品种西盘鲍(GS-02-008-2014)耐高温能力强,养殖成活率比普通养殖种平均提高30%以上,推广应用后受到产业界的欢迎。2018年培育出的新品种绿盘鲍(GS-02-003-2018)具有生长快、耐高温和规格大的显著优势,一经推出便供不应求,打破了国内大规格精品鲍市场长期被国外垄断的局面。培育出的方斑东风螺“海泰1号”(GS-01-008-2018)和日本囊对虾“闽海1号”(GS-01-004-2014)具有生长快、产量高的特点。这一系列新品种在生产上推广应用,创造了显著的社会经济效益。

(4)蜂海绵骨针(SHS)的研究处于国际领先地位:目前已开发六种以SHS为核心的递送技术,申请15项国内外专利,构建相关技术专利池,其中一项国内专利与一项美国专利已授权。作为一种新型经皮递送平台技术,SHS在化妆品、药品、疫苗等领域都具有广泛的市场前景。SHS可单独使用递送中小分子成分,也可与纳米载体颗粒协同递送生物大分子药物、与阳离子脂质体协同递送核酸分子用于基因干扰与编辑,表面烷基化用于疫苗经皮递送,表面介孔层修饰用于多种药物协同装载和释放,与低频超声结合治疗静脉血栓等。目前,蜂海绵骨针技术落地产品 Microchannels™ SHS无菌粉末,Flexiblipo™柔性脂质体,Deformlipo™微乳和丰瓿©(Frobupre ©)系列化妆品已亮相中国海洋经济博览会(深圳)和厦门海洽会,反响热烈。

三、水声通信与海洋信息技术教育部重点实验室

1. 平台情况

水声通信与海洋信息技术教育部重点实验室于2005年底获教育部批准并依托厦门大学筹建,2009年7月通过教育部组织的验收,并正式向社会开放运行,2017年9月顺利通过教育部首次评估。

2012年9月,实验室正式入驻翔安校区,2013年3月起,实验室管理以海洋与地球学院为第一依托单位、信息科学与技术学院为第二依托单位。实验室空间布局采取“一室两地”的模式,分别位于思明校区海韵园区和翔安校区希平楼。实验室立足自身特点并借鉴国际化管理方式,形成适合实验室发展的管理模式,实现民主决策、高效执行和科学管理。实验室依托“教授治室”,设立学科带头人引领研究重点,提升凝聚力并推动学科交叉融合;室务委员会定期对实验室研究方向凝练、人才培养和引进以及学科发展等重大问题进行商议并决策;通过专职秘书与联合办公运作机制并行,提高执行力和执行效率。实验室紧密瞄准国家、军队关注的水声通信、海洋信息领域重大科学与技术问题,以海洋开发、海洋保护、海洋安全和防灾减灾等需求为导向,整合多学科创新资源,开展基础研

究、技术研发、成果转化、决策支持和人才培养等工作。实验室下设水声通信和海洋信息技术两个研究方向，研究重点包括：(1)海洋声场声信道；(2)水声通信与网络；(3)多媒介立体通信；(4)海洋遥感；(5)海洋数值模拟与分析；(6)声信息与声探测。

实验室现有固定研究人员 40 名，获博士学位的研究人员占研究团队的 92.5%；另有技术人员 20 名(高级工程师 9 名)，行政人员 2 名，流动人员 38 名。实验室拥有“千人计划”教授 2 名，“青年千人计划”1 名，长江学者讲座教授 1 名，国家优秀青年科学基金获得者 1 名，国家教委跨世纪优秀人才 1 名，“闽江学者”特聘教授 3 名、讲座教授 1 名，福建省新世纪优秀人才 3 名等。现已形成了一支以高水平学术带头人为核心、中青年科学家为中坚力量、年龄结构合理、充满活力的科学研究队伍。

2. 平台负责人

实验室主任：商少平(2009—)

实验室副主任：程恩(2008—)、许肖梅(2008—)、刘松月(2011—)

3. 主要工作与成绩

厦门大学水声通信研究始于上世纪 80 年代，是国内最早开展此研究的单位之一，历经三十年的积淀，特别是重点实验室 2005 年获批以来取得快速发展，在水声通信、海洋信息技术方面形成了独具特色的优势研究方向。

实验室承担了一批国家基础性、战略性和前瞻性的研究项目，包括国家重点研发计划、“863”、科技重大专项、国防科研、国家自然科学基金重点项目等。2015年以来实验室新增课题共203项，到账经费1.8亿元，其中实验室主任商少平承担的“海洋环境安全保障”重点专项“区域海洋生态环境立体监测系统集成与应用示范(2465万元)”，目前已通过科技部组织的中期检查验收，获得与会专家好评。发表SCI论文132篇，EI论文115篇，在相关领域顶级国际期刊RSE、JASA、JOE、APL等刊物均有高质量论文发表，水声通信方向发表论文数位居国际前列；获得专利授权96项，申请专利120项；荣获福建省科技进步一等奖4项，二等奖1项，福建省科技发明二等奖1项，福建省自然科学三等奖2项，吴文俊人工智能自然科学三等奖2项，厦门市科技进步一等奖和三等奖各1项，水声信息与通信团队和空间感知与人工智能团队双双入选2018年省级博士生导师团队。“实验室仪器共享借用系统”于2016年启用，超过60台仪器设备加入该系统，可预约使用的、单价10万元以上大型仪器设备有35台，总价值约1413万元，并对实验室所有工程技术人员开放，促进开放共享机制和管理信息化平台的建立，有效提高了仪器的运转效率和开放共享率。耗资350万元建设的海洋物理实验水池于2017年9月竣工，野外海洋水声综合观测平台正在筹建中，旨在为教学、科研提供优良条件。

实验室主要成果如下：

(1)针对水声通信领域国家、军队需求中急需解决的瓶颈问题进行机理、体制的探索和突破，在水声信道传播特性建模与匹配、水声通信信号处理新方法、微弱信号调制识别、隐蔽水声通信/自适应水声通信体制、水声网络体系结构等方面取得理论、模型及方法上的创新，研究成果在JOE、JASA等本领域顶级期刊发表，并在Elsevier出版数字水声通信专著，在国内外产生广泛影响。

(2)研发可适应不同海洋环境和不同距离、传输速率的系列水声通信机，取得多项独立自主知识产权的成果，可满足海洋环境参数测量、河海测量测绘、水下仪器遥测遥控、水下网络、教学科研等应用领域水下实时数据传输的需求，并应用于不同军、兵种多个部队单位，配套海军某重点装备，有效保障海洋国防建设；应用于我国国产海底管道检测器，打破国外在本领域技术垄断，取得良好的社会效益和经济效益。

(3)开展严重噪声及干扰条件下水下声信号检测、通信、识别，以及海洋生态声学环境保护技术的研究，率先在国内开展了水下爆破、海洋工程施工水下噪声监测体系、水下噪声对海洋生物影响等的研究,并将这些技术应用于 20 多项海洋工程建设的生态噪声评估,为港珠澳大桥、海上风电场等国家重大、重点工程提供重要技术支撑,提出了海洋风电场在施工期、营运期中保护海洋生物的具体措施对策,并制定了《海上风电项目水下噪声控制标准》,为我国近海海洋风电场的建设提供具体应用指导。

(4)完成 2 项政府投资超过 1000 万的科技重大平台建设,主持完成的国家重大科技专项多项课题成果支撑了我国导航测试系统总体设计和测试评估工作,复杂自然环境下进行设备间的自组织网络通信、环境信息感知、稀疏信号处理、低延时高可靠信息采集、高精度定位解算等应用基础研究成果和专利实现了大规模的产业化。信息通信关键技术 3 年产值 17.98 亿元,利润 1.19 亿,产品列为国家重点新产品、福建名牌,终端销售破千万台,远销国内外,带动福建省微波企业从模拟转向数字,从数字转向智能的产业升级,获 2016 年度福建省科技进步一等奖;导航定位关键技术 3 年产值 2.97 亿,利润 6852 万元,北斗军用产品以技术总分第一赢得 3.26 亿元军品合同,民品同时装备近万艘福建和浙江渔船,并装备 200 辆杭州 G20 峰会特种警车和 1200 辆福建省司法公务车辆,获得 2017 福建省科技进步一等奖和厦门市科技进步一等奖。

(5)对海洋和大气能见度理论及其应用展开系列研究,推翻了国际社会采用超过 60 年的水下能见度理论,创立了全新遥感透明度算法;建立了一套评价水体光谱反射率遥感数据质量的体系,获 NOAA 认可,纳入其业务化卫星产品发布系统;建立了 CDOM 遥感反演半分析算法、东海甲藻及硅藻水华遥感分辨算法等新颖遥感算法,推动遥感海洋科学的进步;利用高分辨率 MODIS 卫星遥感 FAI 产品获得黄海西部近十年浒苔藻华的平均覆盖度,为我国沿岸浒苔灾害监测提供重要参考。

(6)研制了有限元非结构网格风暴潮-天文潮-近岸浪耦合的精细化数值预报模型,针对波浪爬高改进了风暴潮漫堤预警方案,改进发展了风暴潮耦合水位快速集合预报方案,研发了精细化风暴潮漫堤预警辅助决策系统;采用大小网格嵌套技术和数据同化技术建立了台湾海峡及福建重要港湾精细化三维温、盐、流模型,改进了不同海上漂移物漂移示踪预报算法,研发了台湾海峡精细化海上突发事件应急辅助决策系统。上述辅助决策系统均已在福建省海洋预报台业务化运行,分别应用于福建省政府防台风灾害会商决策和与福建海事局、东海搜救大队海上搜救联动,近五年来进行了 60 次的搜救信息发布,获救人员 221 人。在金砖会议期间进行了准确的厦门海域海漂垃圾的预报工作，得到地方及国家海洋局的肯定，产生较大社会经济效益。

(7)针对国内自主研发的高频地波雷达等 6 类海洋环境监测设备，开展多基平台适用性检验技术研究，形成了 6 类 18 型国产设备的海上比测检验方案、细则、数据分析与评估方法以及适用性检验规范国军标草案，构建了适用性检验分析评价系统，为国家某涉海重大专项军队项目的国产设备选型采购提供依据，既显著节省了设备费用，又极大促进了国产海洋环境监测设备的规模化应用；作为国家重大专项军队某海洋环境重大保障基地技术支撑团队，为主规划设计并编制了该基地主要技术设施的可研报告、初设报告，为军队重大保障能力建设作出了贡献。

(8)开展了海豚声纳系统的三维重建，生化变化和化合物定量分析；研究声人工材料在水声设备的应用，发展新方法测试压电材料特性；基于生物声纳原理研发仿生系统，打破了传统水声换能器的频率-尺寸限制，在水声换能器设计、声纳信息处理等方面有重要的应用前景。有关成果在 JASA、PRA、APL 等国际主流学术刊物上发表，并被多家知名网报报道与转载。

四、福建省海洋生物资源开发与保护高校重点实验室

1. 平台情况

2006 年 4 月，福建省海洋生物资源开发与保护高校重点实验室获福建省科技厅批准建设。

2. 平台负责人

实验室主任:柯才焕(2006—2017)

3. 主要工作与成绩

实验室针对国内外海洋生物资源开发与保护重大科学问题,直面福建省建设海峡西岸经济区的需求,以台湾海峡及其毗邻海域为典型研究区域,主攻海洋生物技术开发和生物多样性保护,形成高水平、开放式的省级科研和技术开发平台。确立实验室在国内外海洋生物资源开发与保护研究中的地位,奠定台湾海峡及其毗邻海域生物多样性保护的相关科学基础,为我省建设海洋强省和建设海峡西岸经济区提供技术支撑,使实验室成为对外开放、具有重要影响力的高水平研究基地和高层次人才培养基地。

五、福建省海洋化学与应用技术高校重点实验室

1. 平台情况

2006年4月,福建省海洋化学与应用技术高校重点实验室获福建省科技厅批准建设。

2. 平台负责人

实验室主任:郭卫东(2006—)

3. 主要工作与成绩

作为福建省海洋化学与应用技术研究和人才培养的基地,为福建省海洋环境保护、海洋资源开发利用和海洋经济发展提供技术支撑。着力于海洋同位素技术应用、近海生源要素的生地化过程、海洋有机化学资源的开发利用、海洋环境污染、生态修复研究与技术应用、海岸带水文地质研究与技术应用等研究方向,以及海洋化学观测与分析技术开发、海洋环境监测服务、海洋环境影响评价、海域使用论证评价等应用服务方向。实验室拥有年龄、学历和知识结构合理的人才梯队,形成了以海洋化学基础研究为先导,应用开发和技术服务为两翼的特色研究方向,成为国内该领域具有竞争力的科学研究和技术开发创新基地。近年来,关注我国近岸海域微纳米颗粒、微塑料等新型污染问题,建立其监测与评估的系列技术,并成功在多个海区示范应用;利用光谱与超高分辨率质谱表征数个边缘海的溶解有机质循环,对评估其在全球大洋循环中所起的作用提供依据;

与厦门市海洋与渔业研究机构合作，开展海洋环境在线监测系统平台数据开发利用新技术，高精度估算河口入海污染物通量，为海洋环境应急监测和环境状态评估提供技术支撑。

六、福建省海洋经济生物遗传育种重点实验室

1. 平台情况

2019 年 6 月，福建省海洋经济生物遗传育种重点实验室获福建省科技厅批准建设。实验室的科研团队由 25 名固定科研人员组成，其中教授 10 人、副教授 7 人、教授级高级工程师 1 人、高级工程师 1 人。

2. 平台负责人

实验室主任：徐鹏（2019—）

实验室副主任：游伟伟（2019—）、毛勇（2019—）

3. 主要工作与成绩

福建省是全国第二海水养殖大省，在水产遗传育种科技创新方面取得了长足进步，尽管如此，我省水产科技贡献率的提升仍严重滞后于养殖产业的快速发展。基于此，实验室针对我国东南沿海地区主要海水养殖生物的产业需求，选择我省大宗和重要的养殖种如鲍、对虾、大黄鱼、河鲀和拟穴青蟹等，整合厦门大学

多年来形成的鱼、虾、蟹、贝等海洋经济生物遗传育种优势研究团队，聚焦水产种质创新和良种选育关键科学技术问题，围绕我省海水养殖产业优势和良种需求，集中优势研发力量，持续选育优质、高产、抗逆的海水养殖良种，以满足海水养殖产业提质增效的需求。

近年来实验室先后获批国审水产新品种5项(杂色鲍"东优1号"、西盘鲍、日本囊对虾"闽海1号"、绿盘鲍、方斑东风螺"海泰1号")，近3年发表SCI文章100多篇，授权发明专利10项，发表技术标准1项，获得福建省专利奖三等奖一项和科技进步奖二等奖一项。团队成员也先后荣获中国青年科技奖、国务院政府特贴、福建省科技创新领军人才、福建省百千万人才、南强青年拔尖人才等称号。

七、福建省海洋碳汇重点实验室

1. 平台情况

2019年6月，福建省海洋碳汇重点实验室获福建省科技厅批准建设。

2. 平台负责人

实验室主任：焦念志(2019—)

3. 主要工作与成绩

福建省海洋碳汇重点实验室将以台湾海峡及其周边海-流域为典型研究区域，以"海洋微型生物碳泵(MCP)"理论为指导，以海洋碳汇过程与机制的科学研究为基础，通过宏观生态及微观生物结合研究海洋碳库与全球气候变化之间的联系，进一步阐明海洋碳汇的过程及形成机制，立足于国家减排增汇的战略需求，探索建立海洋碳汇指标体系和陆海统筹的增汇模式。

八、厦门市海湾生态保护与修复重点实验室

1. 平台情况

2019 年 11 月，厦门市海湾生态保护与修复重点实验室获厦门市科技局批准建设。实验室现有研究人员 31 名，包括具有中高级职称的中、青年教师。七位知名专家组成学术委员会指导实验室工作。

2. 平台负责人

实验室主任：林森杰（2019—）

3. 主要工作与成绩

厦门市海湾生态保护与修复重点实验室由厦门大学林森杰教授于 2016 年牵头组建，2019 年正式挂牌。旨在通过整合厦门大学海洋学科的优势研究力量、针对厦门及周边海湾生态系统所面临的环境挑战，开展海湾生态健康评估与保护与海湾生态修复两个重点方向的研究，系统研究生态系统的结构及功能，分析其在人类活动和气候变化背景下的变化趋势，评估海湾生态系统所面临的环

境挑战，为海湾生态系统健康及都市海洋经济的协调发展提供决策依据，为发展适宜的生态恢复技术提供理论和技术支撑。

第四节　科研群体（团队）

一、国家自然科学基金委创新研究群体

国家自然科学基金委创新研究群体项目支持优秀中青年科学家为学术带头人和研究骨干，围绕某一重要研究方向开展创新研究，培养和造就具有创新能力的研究群体。

2005 年以来，厦门大学海洋学科已获批国家自然科学基金委创新研究群体项目两项，其中"海洋生物地球化学过程与机制"国家自然科学基金委创新研究群体于 2008 年、2011 年连续两次获得获得基金委滚动资助。

序号	获批时间	群体名称	学术带头人	群体成员
1	2005 年获批，2008 年、2011 年连续两次获得基金委滚动资助	"海洋生物地球化学过程与机制"国家自然科学基金委创新研究群体	戴民汉、焦念志	洪华生、黄邦钦、高树基、王大志、郑天凌、蔡平河、商少凌、袁东星、胡建宇、张勇、张瑶、郭香会
2	2017 年	"海洋氮循环与全球变化"国家自然科学基金委创新研究群体	高树基	史大林、张瑶、陈敏、高坤山、刘志宇

1. 群体名称："海洋生物地球化学过程与机制"国家自然科学基金委创新研究群体

获批时间：2005 年

学术带头人：戴民汉、焦念志

群体成员：洪华生、黄邦钦、高树基、王大志、郑天凌、蔡平河、商少凌、袁东

星、胡建宇、张勇、张瑶、郭香会

群体简介：2005 年首获资助，分别于 2008 年和 2011 年连获两期滚动资助。团队围绕项目目标和海洋碳循环的主攻方向开展深入扎实的研究，在边缘海碳通量的定量解析、生物泵（BP）效率与浮游植物群落组成和生物量的关系、微型生物碳泵（MCP）的运转过程/作用机制/与环境因子的关系、中尺度涡的生物地球化学过程及 BP 与 MCP 的比较、以蛋白质组成表征 BP 和 MCP 的结构特征等方面取得了一系列具有国际显示度的成果。此外，厘清了南海和东海的海-气 CO_2 通量；揭示了地下水输入对中国近海碳和营养盐的影响；初步揭示了黑潮入侵对南海碳和营养盐动力学的影响；在痕量营养盐/营养元素的测定、pCO_2 卫星遥感反演、沉积物-水界面的物质交换通量等方面也取得了重要进展。

2. 群体名称："海洋氮循环与全球变化"国家自然科学基金委创新研究群体

获批时间：2017 年

学术带头人：高树基

群体成员：史大林、张瑶、陈敏、高坤山、刘志宇

群体简介：氮是驱动海洋生产力的关键要素，氮素在海洋中的循环也是地球系统最复杂而神秘元素循环。群体在获批后开展大量野外、实验室

培养与细胞模型研究,通过地理与生态环境大跨度的现场调查,针对上层海洋硝化过程、N_2O 产生/释放过程与气候效应,海湾生物氮吸收、水体/沉积物反硝化以及生物固氮等关键氮循环过程进行研究。应用受控模拟实验,模拟全球变化下典型海洋环境的情景,在关键氮过程对多因子(如温度和营养盐水平,光和营养盐,pH 和营养盐水平,光照和温度等)的耦合响应方面取得了一系列创新性成果。在驱动或介导氮转化过程的生物群落生理生态学和分子生态学以及特殊生态系统元素耦合计量学关系的研究更取得重大突破。群体成员史大林在 2019 年获得国家杰出青年科学基金项目资助。

二、教育部创新团队

教育部实施“创新团队发展计划”以加快建设以中青年教师和创新团队为重点的高素质教师队伍,促进跨学科合作,形成高水平科研创新团队,提高自主创新能力。

2009 年,厦门大学海洋学科获批教育部创新团队一项。

序号	获批时间	群体名称	学术带头人	群体成员
1	2009 年	“海洋环境生理与毒理学研究”教育部创新团队	高坤山、王克坚	黄河清、王文雄、柯才焕、王重刚、刘海鹏、吴水平、王德利、王新红、陈荣等

1. 团队名称:“海洋环境生理与毒理学研究”教育部创新团队

获批时间:2009 年

学术带头人:高坤山、王克坚

团队成员:黄河清、王文雄、柯才焕、王重刚、刘海鹏、吴水平、王德利、王新红、陈荣等

团队简介:该团队拓展海洋生理生态、生态毒理及分子生物学深层次的交叉性研究,从宏观角度定位科学问题,从微观视点研究效应与潜在机制,探讨环境胁迫与污染问题,探究多重因子的叠加、耦合或拮抗效应,并揭示其内在的变化机制。

在海洋酸化效应与机制、方法创新、污染物毒理效应方面，在包括 Nature Climate Change，Global Change Biology，Plant Physiology 等主流刊物上发表论文 84 篇(SCI 收录 77 篇)，学术成果可服务于经济物种个体、群体及生态系统的健康评价及模型预测，为我国海洋经济的可持续发展提供重要科学和技术支撑。

三、科技部重点领域创新团队

科技部重点领域创新团队重点资助符合国家、行业重点发展方向和长远需求，具有承担国家重大科研课题、重点工程和重大建设项目经历，创新业绩突出，具有较好的发展前景，组织结构合理并具有明确创新目标和科研规划的科研团队。

2016 年，厦门大学海洋学科获批科技部重点领域创新团队一项。

序号	获批时间	团队名称	学术带头人	群体成员
1	2016 年	“海洋碳循环”科技部创新人才推进计划重点领域创新团队	戴民汉	曹知勉、郭香会、李骁麟、王德利、王桂芝、郭香会、陈蔚芳

团队名称:"海洋碳循环"科技部创新人才推进计划重点领域创新团队

团队获批时间:2016 年

学术带头人:戴民汉

团队成员:曹知勉、郭香会、李骁麟、王德利、王桂芝、郭香会、陈蔚芳

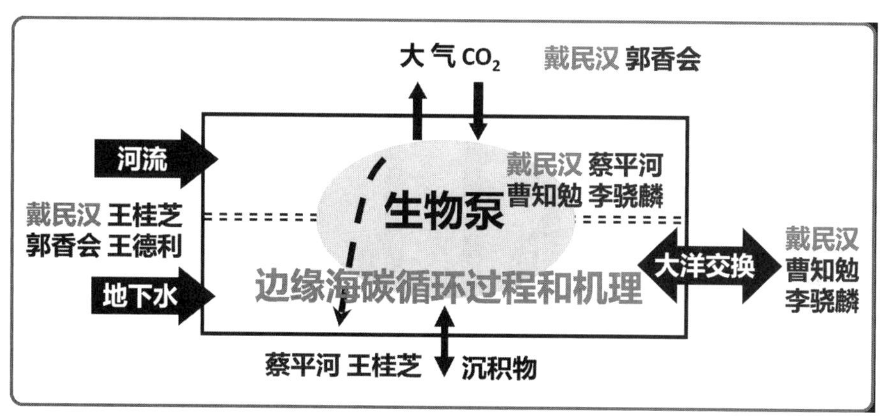

团队简介:团队以边缘海生物地球化学为主攻方向,建立一系列国际创新或与国际接轨的分析测试方法,如大气与表层海水 pCO_2 走航式连续观测和现场原位传感器系统、高精度、自动化 pH、溶解无机碳和总碱度测定系统以及先进的海洋生源要素生物地球化学循环同位素示踪技术(包括 ^{234}Th, ^{223}Ra, ^{224}Ra, ^{228}Ra, ^{226}Ra, ^{210}Pb, ^{30}Si 等);在碳源汇格局及控制机理和海气界面、河流-边缘海-大洋系统、沉积物水界面过程等研究方面取得了突出的研究成果,在国际学术期刊上发表了一系列高水平论文,特别是首次提出了大洋主控型边缘海碳循环机理的概念框架,被国内外同行日渐认可和接受,已初步形成了自己的理论体系和研究特色。

第五节　对外合作交流

一、师生出访与专家来访

2011 年以来,厦门大学海洋学科师生出国出境参加各类学术活动累计超过

2000 人次，邀请国外或境外专家学校来校开展学术交流活动累计近 1000 人次。

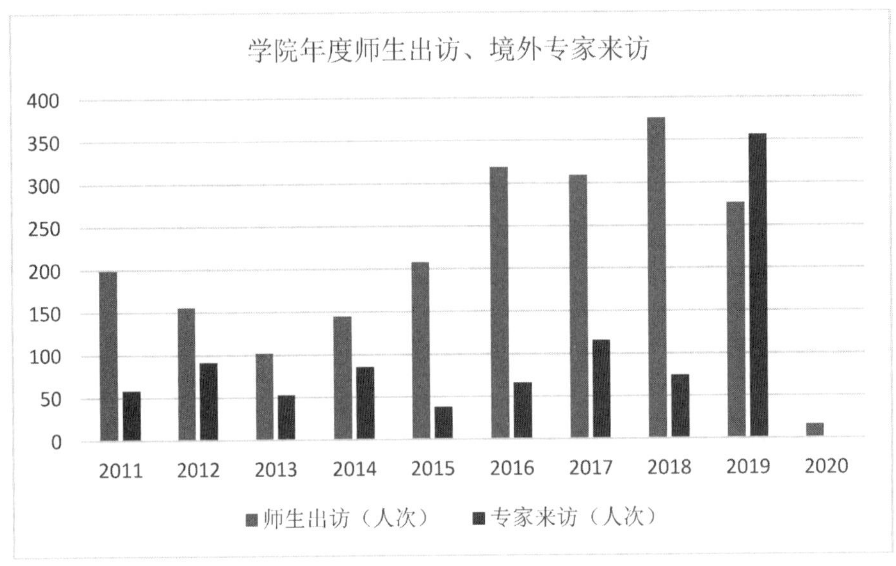

年度	师生出访(人次)	专家来访(人次)
2011	199	58
2012	156	91
2013	102	53
2014	145	85
2015	208	38
2016	319	66
2017	309	116
2018	376	74
2019	276	356
2020	16	0(疫情影响)

二、与国(境)外高校研究所签订合作协议

2006 年以来,厦门大学海洋学科与国外或境外知名高校和研究机构签订各类合作协议 17 项,协议内容涉及师生交流、人才培养和科研合作等。

序号	协议名称	协议主要内容	协议有效期
1	近海海洋环境科学国家重点实验室(厦门大学)与香港浸会大学理学院人才培养和学术交流合作协议	(1)研究生培养;(2)合作研究计划;(3)双方教授短期讲学与互访计划	2006—2010
2	近海海洋环境科学国家重点实验室(厦门大学)与香港城市大学环境科学研究中心、生物化学系和海岸污染及环保研究中心合作备忘录	课题联合研究	2007—2009
3	近海海洋环境科学国家重点实验室(厦门大学)与台湾"中央"研究院环境变迁研究中心学术交流合作协议	(1)学术刊物、资料及研究资讯交流;(2)邀请访问学者;(3)交换学生;(4)合作研究计划;(5)举办双边研讨会;(6)其他学术交流。	2010—2012
4	厦门大学与香港科技大学"近海观测与模拟联合实验室"共建协议	(1)教师交流;(2)学生交流;(3)科研合作;(4)共同举办会议	2009—2012
5	厦门大学与美国特拉华大学海洋学双博士学位联合培养项目协议	(1)图书期刊、学术著作及教学研究成果等图书、数据交流;(2)教师与学生互访与交流;(3)共同举办各项学术活动;(4)研究计划合作;(5)本科生和研究生的联合培养;(6)其他有助双方交流的事项	2010—2016

续表

序号	协议名称	协议主要内容	协议有效期
6	近海海洋环境科学国家重点实验室(厦门大学)与西班牙国际海洋学研究卓越合作平台—德尔马校区合作备忘录	(1)鼓励学生、教师交流;(2)联合人才培养;(3)合作科研	2012—
7	厦门大学与美国缅因大学合作备忘录	(1)研究人员互换;(2)研究生与/或本科生互换;(3)联合科研;(4)参加学术会议和讲座;(5)学术资料与其他信息的互换	2013—2018
8	厦门大学与马来西亚马来亚大学谅解备忘录	(1)人员交流;(2)合作研究;(3)文化交流;(4)学生交流	2014—2020
9	厦门大学与印度尼西亚茂物农业大学合作协议	(1)开展学术人才、科研人才、管理人员以及学生的相互交流;(2)开展学术材料及出版物的相互交流;(3)鼓励科研合作及成果发布;(4)鼓励在双方皆认可的情况下,开展其他形式的学术交流活动	2014—2019
10	近海海洋环境科学国家重点实验室(厦门大学)与马来亚大学海洋与地球科学研究所合作协议	(1)人员交流;(2)合作研究;(3)文化交流;(4)学生交流	2015—2020
11	厦门大学与加拿大新斯科舍省哈利法克斯达尔豪斯大学谅解备忘录	(1)师生交流;(2)科研合作	2015—2020
12	厦门大学地球科学与技术学部与日本北海道大学环境科学研究院联合培养项目谅解备忘录	(1)博士生联合培养;(2)学术交流协议	2015—2020
13	厦门大学海洋与地球学院与Erasmus+西班牙维戈大学海洋学专业合作交流协议	(1)学生与教职工交换;(2)联合人才培养;(3)合作科研	2016—2021

续表

序号	协议名称	协议主要内容	协议有效期
14	近海海洋环境科学国家重点实验室(厦门大学)与美国东北大学海洋科学中心学术合作协议	(1)教师和科研人员交流;(2)学生交换;(3)联合举办会议等	2017—2021
15	厦门大学地球科学与技术学部与香港大学理学部谅解备忘录与学术交流协议	(1)博士生联合培养;(2)博士后联合培养	2017—2022
16	厦门大学马来西亚分校、中国翰名教育科学基金会与马来西亚人类生活进步基金会合作谅解备忘录	(1)科学研究;(2)文化交流;(3)学生交流;(4)专业培训以及水产养殖和海洋生物活性物质方面的产业化合作	2018—2021
17	厦门大学海洋与地球学院与哥斯达黎加国立大学合作备忘录	(1)研究生与学术人员交流互访、培训等;(2)合作研究、学术论文与科研成果交流;(3)合作举办学术研讨会、会议、论坛等活动;(4)学术出版物或其他学术信息的交流	2018—2022

三、主办或承办国际及港澳台学术交流活动

序号	学术活动名称	主办或承办单位	学术活动简介	举办时间
1	河流营养盐输出与近海生态系统响应——美国密西西比河、中国珠江、长江与法国隆河的比较	近海海洋环境科学国家重点实验室(厦门大学)	来自美国、法国、丹麦等国区和地区的26位学者围绕美国密西西比河、中国珠江、长江以及法国的隆河等温带及亚热带大河的营养盐输出变化及其在近海生态系统的响应进行研讨。	2005年5月29日—6月1日

续表

序号	学术活动名称	主办或承办单位	学术活动简介	举办时间
2	APEC第三届毒物暴露及其生物效应现代研究方法研讨会	近海海洋环境科学国家重点实验室(厦门大学)	来自世界各地10个国家和地区学者16人围绕“毒物暴露与生物效应现代研究方法”主题展开研讨。	2006年10月9—15日
3	SOLAS(上层海洋-低层大气研究)国际开放科学大会	厦门大学、中国地圈生物圈全国委员会上层海洋-低层大气研究工作组(CNC-IGBP-SOLAS)	来自世界22个国家和地区的220位学者围绕着海洋与大气间的生物地球化学交互作用与反馈等主题展开研讨。	2007年3月6—9日
4	第十届国际河口生物地球化学研讨会	近海海洋环境科学国家重点实验室(厦门大学)	全世界17个国家和地区的106位学者探讨河口动态系统中物质的界面迁移与转化,物质的自然与人类过程,不同时间尺度下的物质平衡以及箱式模型研究。	2008年5月19—22日
5	太空监测海洋与气候变化系列讲座与国际学术研讨会	近海海洋环境科学国家重点实验室(厦门大学)、厦门大学/特拉华大学近海海洋研究与管理联合研究所	来自美国、加拿大和中国等国家的6位物理海洋学、海洋遥感领域的国际知名专家介绍并总结了国际上目前的新技术、新方法及国际前沿的研究结果。	2008年12月8—11日
6	海洋环境监测及预报技术研讨会	近海海洋环境科学国家重点实验室(厦门大学)、台湾成功大学水利与海洋工程系	来自大陆、台湾地区的专家学者围绕“海洋环境监测技术及应用”、“海洋模式研究”、“台风及相关过程”、“海峡生物地球化学”及“两岸合作之探讨”5个议题展开研讨。	2009年10月12—13日

续表

序号	学术活动名称	主办或承办单位	学术活动简介	举办时间
7	海洋气象预报、产品服务与灾害预防国际研讨会	丹麦气象研究所、中韩海洋科学共同研究中心、近海海洋环境科学国家重点实验室（厦门大学）	来自丹麦、韩国、中国等国家的学者交流中国、韩国和欧洲在灾害预报技术、局域气候模拟技术以及海洋信息服务系统等方面的最新进展。	2009 年 9 月 27—28 日
8	中国近海碳收支、调控机理及生态效应研究国际研讨会	近海海洋环境科学国家重点实验室（厦门大学）	专家学者从科学问题聚焦、技术路线构思、研究方案实施、数据质量控制、人才培养、科学创新等方面提出了很多好的建议，这对“973”计划项目进一步了解相关领域国际前沿动态、发展趋势，聚焦科学目标具有重要意义。	2009 年 3 月 6—8 日
9	浮游生物群落结构和生物泵国际研讨会	近海海洋环境科学国家重点实验室（厦门大学）	与会专家学者围绕浮游生物群体结构、生物泵、不同海域氮固定与输出量等内容以及现有浮游生物群落结构的方法进行研讨。	2009 年 5 月 29—30 日
10	国际海洋科学委员会微型生物碳泵工作组第一次会议暨海洋微型生物储碳机制及相关地球化学过程国际研讨会	近海海洋环境科学国家重点实验室（厦门大学）、美国基金委	来自美国、法国等 12 个国家和地区的 20 位学者围绕“微型生物碳泵”这个涵盖生物海洋学、地球化学等多学科的综合性理论框架，和多学科交叉的科学命题，从不同角度探讨 MCP 有关的海洋储碳过程和机制。	2009 年 10 月 27—30 日

续表

序号	学术活动名称	主办或承办单位	学术活动简介	举办时间
11	气候变迁与海洋碳循环-观测、遥感与数值模拟国际研讨会	厦门大学	围绕海-气二氧化碳交换、生物泵与碳埋藏、海洋酸化、近岸动力学、碳输送与模型等热点问题，汇报了海洋碳循环研究的新进展，提出了各方向发展的具体建议和规划，将在今后的研究中注意时空基线与变化，注重现场观测，结合海洋遥感与模型，深入数据共享等。	2011年4月3—6日
12	第九届海峡两岸海洋科学研讨会	近海海洋环境科学国家重点实验室（厦门大学）	来自海峡两岸及海外157位者围绕中国海及西太平洋等海域的海洋科学问题进行研讨，旨在进一步增进两岸海洋科学的学术交流，推动两岸的实质合作研究关系。	2012年8月31日—9月3日
13	第六届“表层海洋-低层大气”国际研究生暑期学校	近海海洋环境科学国家重点实验室（厦门大学）	暑期学校除了开设20余门海气相关的基础课程讲座外，专门设置为期三天的实验操作与航次，同时训练学生在演讲、墙报展示等方面的技能。来自全世界22个国家或地区的94位学生参加了暑期学校。	2013年8月23日—9月2日
14	首届厦门海洋环境开放科学大会	近海海洋环境科学国家重点实验室（厦门大学）	来自美国、澳大利亚、加拿大等国家和地区的280位学者围绕“海洋环境多学科交叉研究”主题（物理海洋学及其与化学海洋学、生物海洋学的交叉等专题）进行了讨论。	2014年1月9—11日
15	第二届海底观测科学大会	厦门大学	会议就海洋动力过程、海洋沉积过程及海底地形、海洋生物与生态过程等八个专题方向进行了研讨。	2014年11月8—10日

续表

序号	学术活动名称	主办或承办单位	学术活动简介	举办时间
16	“海洋中的风生、绝热与涌升运动”讲习班	厦门大学	邀请美国伍兹霍尔海洋研究所黄瑞新教授、香港科技大学甘剑平教授主讲，并邀请了美国马里兰大学郑全安教授、中国海洋大学刘秦玉教授等知名学者做前沿讲座。讲习班吸引了美国等海内外 24 所院校 200 余名青年学者参加。	2015 年 4 月 14—15 日
17	海洋酸化研究最佳实践培训班	厦门大学	来自海内外 10 个国家的 45 位学者参加，通过讲座与分组实验、课题设计讨论等形式，对亚洲地区海洋酸化领域的青年科学工作者开展培训，协助他们建立相关海洋酸化实验方法，同时也加强了亚洲地区相关工作者之间的交流与合作。	2015 年 10 月 19—23 日
18	国际海洋科学委员会第 146 工作组（海洋中的放射性研究）会议	厦门大学	邀请来自美国南卡罗来纳大学特聘教授 Claudia Benitez-Nelson 博士、美国伍兹霍尔海洋研究所资深研究员 Ken Owen Buesseler 博士、法国辐射防护与核安全研究院的海洋生物学家 Sabine Charmasson 研究员和厦门大学长江学者特聘教授戴民汉博士，对备受社会大众关注的核辐射相关问题展开科普讲座。	2016 年 6 月 11 日

续表

序号	学术活动名称	主办或承办单位	学术活动简介	举办时间
19	海洋放射性化学国际讲习班	近海海洋环境科学国家重点实验室(厦门大学)	由戴民汉、王桂芝与美国伍兹霍尔海洋研究所的 Ken Buesseler、美国南卡罗来纳大学 Claudia Benitez-Nelson 共同组织，工作组的 10 名专家为来自 17 个国家的 28 名学员开展前沿理论教学及实验课程指导。	2016 年 6 月 8—10 日
20	第三届厦门海洋环境开放科学大会	近海海洋环境科学国家重点实验室(厦门大学)	来自海内外 21 个国家和地区的 620 余人围绕物理海洋学及其与化学海洋学等 4 个专场、多重压力下的海洋生物等 9 个特别专场以及评估的使用等 2 个专题展开研讨。	2017 年 1 月 9—11 日
21	第八届海峡两岸鱼类生理与养殖研讨会	厦门大学	本次会议议题为“水产健康养殖的绿色发展”，海峡两岸及世界各地 200 余人，围绕鱼类生理、遗传育种、免疫和病害防控等研究进行了广泛热烈的研讨。	2017 年 10 月 22—25 日
22	第二届世界港口项目合作伙伴会议	厦门大学	澳大利亚悉尼、美国纽约、新加坡等 13 个港口城市的学者 45 人，以“交流、共享、合作”为原则，围绕海水和沉积物质量监测、绿色海岸工程、港口的功能多样性和海洋公共教育等议题展开讨论。	2017 年 9 月 26—28 日
23	第十七届中国水色遥感大会	厦门大学	来自美国、中国的 250 名专家学者，就内陆/海洋水体水色遥感进展、遥感算法、遥感应用、激光遥感及新技术等主题展开讨论与交流。	2017 年 11 月 1—3 日

续表

序号	学术活动名称	主办或承办单位	学术活动简介	举办时间
24	首届海洋动力学春季讲习班	厦门大学	主题为"中尺度-次中尺度海洋动力过程",由夏威夷大学 Qiu Bo 教授、法国国家科学研究中心及加州理工 Patrice Klein 教授为主讲专家,为来自法国、美国、中国等国家的 120 名研究生及青年科学家讲解海洋动力学基础知识及最新研究进展,并邀请相关专家共同研讨。	2018 年 3 月 12—17 日
25	"嘉庚"号科考船与法国"塔拉"号科考船联合活动周	厦门大学	"嘉庚"号科考船与法国"塔拉"号科考帆船共同举办"科考船联合活动周"海洋科普和公众教育系列活动。活动包括为期 3 周的科考船联合科普展览、"迎接嘉庚号的新朋友 TARA"主题绘画活动、"嘉庚"号科考船迎接"塔拉"号科考帆船入港及新浪微博平台全程直播(直播得到网友积极参与,313 万人次观看)等。	2018 年 4 月 2—10 日
26	海洋痕量元素与同位素生物地球化学国际讲习班	厦门大学	美国特拉华大学 George Luther III、美国麻省理工学院 Edward Boyle、实验室王德利、蔡毅华、戴民汉等教授共同组成组委会,并邀请国内外 18 名专家讲学。讲习班学员来自海内外 14 个国家 30 人,讲习内容包括痕量元素与同位素生物地球化学、电化学两部分的基础理论教学及实操训练。	2018 年 5 月 12—17 日

续表

序号	学术活动名称	主办或承办单位	学术活动简介	举办时间
27	内地与香港前沿学科发展论坛:环境变化背景下近海可持续观测与实验面临的挑战论坛	厦门大学	来自大陆、香港地区的55学者围绕近海生态系统观测面临的挑战等3个主题,以大会报告的形式交流了各自的研究思路和相关研究成果,为后续的深入研讨奠定基础。	2018年9月27—29日
28	第十届国际鲍鱼研讨会	厦门大学、国家贝类产业技术体系、中国水产流通与加工协会鲍鱼分会	来自海内外20个国家及地区的360余人讨论了鲍鱼资源的渔业管理、养殖与加工、市场与贸易等问题。	2018年5月8—12日
29	海洋生源要素循环过程与效应国际研讨会	厦门大学	德国、法国、加拿大、美国、英国、中国等海内外科研院校的院士、专家、研究人员20余人参加了研讨会,会上成立了由厦门大学发起的“海洋研究与教育国际联合实验室”。国际联合实验室将通过项目申请、合作研究、大型实验、仪器共享、技术研发与研究生培养等方式,加强海洋科学前沿创新研究、支撑国家需求。	2018年11月8—9日
30	第二届厦门海洋动力学春季讲习班	厦门大学	主题为“上层海洋动力学”,由美国布朗大学 Baylor Fox-Kemper 教授与俄勒冈州立大学 William D Smyth 教授围绕上层海洋小尺度物理过程等开展系列课程,美国伍兹霍尔海洋研究所黄瑞新、夏威夷大学裘波、中国海洋大学张志伟及自然资源部第一海洋研究所宋振亚等担任客座讲师。	2019年5月6—10日

续表

序号	学术活动名称	主办或承办单位	学术活动简介	举办时间
31	首届全球海洋氧气网络暑期学校	厦门大学	暑期学校围绕近海和封闭海域缺氧、大洋缺氧、生态系统模型、与缺氧有关的海洋观测系统设计、海洋观测数据管理及分析、缺氧对生物的影响等主题，展开系列理论讲授和前沿学术讲座；海内外19个国家和地区51人参加。	2019年9月2—8日
32	第六届国际硝化及相关微生物过程大会	厦门大学	来自海内外17个国家的173名学者围绕新生理、新生物、新型相互作用，生物化学和生物标志物，工程系统，可持续发展与氮循环，进化和生态等6个主题展开讨论。	2019年10月8—12日
33	亚洲沉积体系时空连续性之全球视角国际研讨会	厦门大学	来自海内外8个国家和地区的40名学者参加研讨会，会议组织了30个口头报告和18个海报报告，以分专题分小组讨论的方式，深入探讨和凝练未来5～10年地质海洋科学领域的研究方向和热点问题。	2019年10月11—13日
34	联合国教科文组织-国际地质科学联合会-国际地球科学计划第639号项目的第四次年会	厦门大学	来自海内外11个国家的60学者围绕项目主题“不同时间尺度（从分钟到千年尺度）的海平面变化”展开交流和讨论，系统、详尽地总结目前国际上第四纪晚期以来海平面变化研究的最新进展及其对沿海地貌系统演变的影响，并展望未来5～10年国际上关于海平面变化研究的导向和重点。	2019年10月14—15日

续表

序号	学术活动名称	主办或承办单位	学术活动简介	举办时间
35	BioGeoSCAPES国际研究计划中国策划研讨会	厦门大学	来自台湾、香港、大陆地区的30位学者就BioGeoSCAPES国际计划的研究构架、内容、挑战等议题展开了充分且深入的研讨，并针对中国在该国际计划中可扮演的角色、可做出的贡献以及如何在国内推动该计划等进行了热烈探讨。	2019年10月21日

第四章 教学成果

第一节　专业设置与课程体系

一、海洋学系创办初期

海洋学系创办初期，按英、美模式组织教学工作，学制四年，开设了较为系统的海洋学课程，兼授水产、航海、渔业等知识，建立了中国高校第一个海洋学科课程体系。教职工仅14名（其中正副教授7名，兼职教授副教授4名），但却承担四五门基础课、十多门专业与选修课教学任务。实行学分制，学生可有主、辅修课程。

本系学生需修满132学分方得毕业，本系必修课目除理学院共同必修科目51学分外，还有以下8课目共计45学分：1. 海洋学6学分，2. 鱼类学6学分，3. 水产学6学分，4. 渔业学6学分，5. 养殖学6学分，6. 海洋动物学6学分，7. 海藻学6学分，8. 毕业论文3学分。

本系选修课目共13种共计43学分，本系学生须修满36学分。

1. 潮流学3学分，2. 湖沼学3学分，3. 航海学3学分，4. 海洋渔业调查3学分，5. 动物生理学4学分，6. 植物生理学4学分，7. 气象学3学分，8. 地质学3学分（注重珊瑚学），9. 分析化学4学分（注重海水分析），10. 有机化学4学分，11. 生物化学3学分，12. 细菌学3学分，13. 地理学3学分。

二、全国高校院系调整之后

全国高校院系调整后，厦门大学于1954年在生物系建立海洋生物教研室，教职工11名，其中教授2名，讲师3名，承担了“鱼类学”、“无脊椎动物学”两个专门组的教学科研任务。当时提出的培养目标是具有马列主义、毛泽东思想，有社会主义觉悟，掌握海洋生物学理论与专业知识的红色专家。学制四年。前三年学习生物系的公共基础理论与专业基础课，最后一年学习专门化课，如海洋浮游生物学、鱼类学、海洋无脊椎动物学、海洋生态学以及生产实习、毕业论文。1955 年、1962 年、1965 年，郑重、金德祥先后三次招收海洋浮游生物学研究生，学制 3～4 年，研究生培养实行导师负责制。课程设置上，除马列主义基础、自然辩证法、外语外，还设置腔肠动物学、浮游甲壳动物学、硅藻学 3 门专业课以及海洋无脊椎动物学教学实习、学年论文，课程学习占一年半，余下学习环节主要是在导师指导下从事毕业论文工作。

1960 年，理科各系建立海洋学科专业专门组，陆续招生。学制改为五年，各专业、专门组的教学安排基本上为公共、基础、专业理论课教学三年半，专业、专门化课程一年半。海洋化学专门组设置海洋水化学、海洋分析化学、海洋物理化学及生产实习、毕业论文；海洋物理专业设置流体力学、海洋学、水文物理、海洋光电热学、脉冲数字电路、水声学及专业实验。海洋物理专业逐步明确以水声物理为重点，水上通讯观测、水声遥测遥控等海洋电子仪器和水声通讯传播作为重要研究对象，以军用舰艇、水下探测、通讯、导航、跟踪服务等作为专业发展方向。由于各学科专业方向逐步明确，因而也促进专业自身建设。各专业、专门组在有限经费内，积极按学科需要筹建实验室。如海洋化学专门组建成了海洋资源综合利用和海洋物理化学实验，购置了物化、胶化、表面化学部分仪器。海洋物理专业则建立水声学与光电实验室。海洋生物学专门组建立简单的生理、无脊椎动物、浮游生物与鱼类学、海洋生物标本及切片实验室。建设实验室的同时，同步开展一些教材建设工作。

三、复办海洋学系

1970 年 8 月，厦门大学将校内理科各系的海洋生物学、海洋化学、海洋物理学专业合并，复建厦大海洋学系。三个专业教职工仅 18 名，其中教授副教授 4 名，讲师 4 名。1970 年 10 月举办“海水综合利用”二年制试点班，除政治、劳动课程外，仅设置 6 门一般专业知识课程。

1977 年底，全国恢复高等院校招生考试，以统一考试、择优录取的方式选拔人才上大学。各专业在人才培养中全面贯彻党的教育方针,要求学生德智体全面发展,海洋生物专业还要求能从事海洋生物基础研究、生物资源调查利用,海洋化学则要求能从事海洋化学基础理论研究、海洋环境保护、海洋化学资源开发利用新技术研究,海洋物理要求能从事水声物理基础理论研究以及水声电子仪器、水声技术研究。学制四年,各专业除政治、外语、体育等课程外,均安排12~15门基础、专业理论课。具体如下:海洋生物专业:1. 高等数学,2. 普通物理,3. 无机化学,4. 有机化学,5. 生物化学,6. 微生物学,7. 遗传学,8. 细胞学,9. 动物生理学,10. 海洋学,11. 海洋污染生物学,12. 浮游生物学,13. 海洋鱼类学,14. 海洋生态学,15. 海洋底栖无脊椎动物学。海洋化学专业:1. 高等数学,2. 普通物理,3. 无机化学,4. 分析化学,5. 物理化学,6. 无机实验,7. 分析实验,8. 物化实验,9. 海洋仪器,10. 海洋化学,11. 有机化学,12. 物质结构,13. 海洋物理化学,14. 分离提取化学。海洋物理专业:1. 高等数学,2. 普通物理,3. 数理方法,4. 理论力学,5. 无线电基础,6. 声学基础,7. 专业实验,8. 水声学,9. 水声换能器,10. 水声电子学,11. 流体力学,12. 脉冲技术及数字电路。

1978年,海洋生物、海洋化学以及海洋物理专业恢复并开展了硕士研究生培养工作。1981年,海洋生物开始招收博士研究生。海洋学系共有4个方向招收培养博士生,10个研究方向招收硕士生。具体如下,博士研究生培养方向:1. 海洋浮游生物生态生化学,2. 海洋鱼类生物学,3. 海洋地球化学中物理化学,4. 海洋同位素化学。硕士研究生培养方向:1. 海洋浮游动物学,2. 海洋鱼类学及生态学,3. 海洋动物生理学,4. 海洋底栖无脊椎动物学,5. 海洋物理化学,6. 海洋河口化学,7. 海洋同位素化学,8. 海洋环境化学,9. 水声遥测遥控中物理问题,10. 物理海洋学。严格学位论文答辩、学位评审工作,保证研究生培养质量。

1984年,海洋系围绕“三个面向”、“加强学科横向联系”、“教育为社会主义建设服务”,坚持教学改革精神,注重改造旧理科课程体系,调整教学计划,加强了海洋学、电子学、计算机等课程及教材建设,逐步建立海洋学科课程体系。重视实验室、海上实践及毕业论文环节的训练,培养学生独立工作能力,以适应“四化”需要。

四、学院成立之后

1999年，根据教育部新专业目录，对专业进行调整，设置"海洋科学"和"海洋技术"两个本科专业，进一步完善课程体系、改革教学内容、修订教学计划，并提出了体现学科综合与学科交叉特点的"8＋5＋N"的课程框架，构建了较为系统的海洋科学本科课程体系。

2008年，根据学校教学工作会议精神以及"国家理科海洋科学基础科学研究与教学人才培养基地"的人才培养目标等，学院对教学计划进行修订。新教学计划具有以下几个方面的特点：1. 加强海洋科学基础课程教学；2. 模块化、系统化课程设置；3. 大力加强实践教学环节；4. 体现学科专业课程的前沿性和实用性；5. 调整各学期授课总学时，前三学年的长学期课程安排更加均衡。一年级按专业大类培养，不分方向，主要学习公共基本课程、通识教育课程和学科通修课程等必修课程；二年级开始分专业，学生们除修读必修课程外，还要根据各专业方向的学科特点和选课要求修读专业或方向性课程。本计划要求学生至少修满160学分。各类课程具体要求如下：1. 公共基本课程：37学分，2. 通识教育课程：17学分，3. 学科通修课程：50.5学分，4. 专业或方向性课程：(1)海洋生物学方向：48.5学分；(2)海洋化学方向：52学分；(3)物理海洋学方向：56学分；(4)海洋声学与信息工程方向(原海洋物理方向)：63.5学分；(5)海洋生物技术方向：60.5学分。5. 其他教学环节：军事训练、生产实习、科研训练(选修)、学年论文和毕业论文共17学分。

2013年，根据学校关于修订教学计划的总体原则，即"优化课程结构、强化实践创新能力、突出个性培养、均衡课程安排、规范课程管理"，学院按照海洋学科的专业性质特点，以及有利于学生核心竞争力的培养，从宏观上对教学计划进行了一系列调整。课程结构分为"公共基本课程"、"通识教育课程"、"学科通修课程"、"专业方向课程"、"其他教学环节"五种类型。一年级及二年级上学期按招生大类培养，二年级下学期开始分成五个专业方向：1. 海洋生物专业方向，2. 海洋化学专业方向，3. 物理海洋专业方向，4. 海洋生物技术专业方向，5. 海洋声学与信息工程专业方向。各方向教学计划的区别在于专业或方向性课程不同。所有专业的学生要求毕业总学分至少达到150学分，包括：(1)公共基本课程必修 31 学分，其中体育课 4 学分(1 学分为游泳必修，其余 3 学分通过选修其他体育项目、参加特色项目或体育俱乐部获得)，大学英语分为四级，实施目标管理、分级教学，新生入学后参加学校组织的大学英语水平测试，根据测试成绩编入相应级别的班级。计算机须从一级开始逐渐修读程序设计基础修读 C 语言。(2)通识教育课程 15 学分(必修 6 学分，选修 10 学分)。毕业前必须选修 10 个学分的跨学科基本课程(全校性选修课)。(3)学科通修课程 44 学分，均为必修课程，包括海洋生物学基础、海洋科学基础实验(生物部分)、一元微积分(A 类)、多元微积分(A 类)、无机化学(上)(下)、大学物理(上)(下)、海洋地质学、海洋科学基础实验(地质部分)、海洋科学导论(水文部分)、海洋科学基础实验(水文部分)等 16 门学科主干课程。(4)专业或方向性课程必修 48 学分。不同方向修读不同模块，模块一：海洋生物专业方向，模块二：海洋化学专业方向，模块三：物理海洋专业方向，模块四：海洋生物技术专业方向，模块五：海洋声学与信息工程专业方向。(5)其他教学环节 12 学分。包括军事训练 3 学分、社会实践(生产实习)3 学分、毕业论文 6 学分。创新创业训练与社会实践为选修，2 学分。除上述最低毕业要求学分 150 学分外，学院规定学生在任意选修课模块中至少选修 6 学分，累计学分。具体课程设置如下：

(一)公共基本课：大学英语、形势与政策、当代世界经济与政治、大学体育、思想道德修养与法律基础、计算机应用基础、中国近现代史纲要、C 程序设计基础、军事理论、毛泽东思想和中国特色社会主义理论体系概论、马克思主义基本原理概论。

(二)通识教育：跨学科基本课程、大学语文、新生研讨课、海洋科学名师讲座、大学生心理健康。

(三)学科通修：一元微积分(A 类)、无机化学(上)、海洋科学基础实验(生物部分)、海洋生物学基础、多元微积分(A 类)、大学物理 B(上)、大学物理 A(上)、海洋地质学、无机化学(下)、海洋科学基础实验(地质部分)、大学物理 B(下)、大学物理 A(下)、大学物理实验、无机及分析化学实验 B、海洋科学基础实验(水文部分)、海洋科学导论(水文部分)、海洋科学导论(化学部分)、海洋生态学(上)。

(四)学科或专业方向性课：潮汐学原理、沉积地球化学、沉积学和沉积岩石学、单片机原理及应用、地层学、地貌学、地球与环境科学导论、地史学、地质学导论、电路分析基础、动物生理学、动物生理学实验、分析化学、分子生物学、概率统计(A)、构造地质学、古海洋学、海岸带水文地质学、海岸环境演变、海生技专门化实验(分子生物学、天然产物化学)、海水养殖化学、海水养殖及其生物技术、海洋底栖无脊椎动物学、海洋底栖无脊椎动物学实验、海洋地理信息系统、海洋地球化学、海洋动物分类学、海洋动物分类学实验、海洋法、海洋浮游生物学、海洋浮游生物学实验、海洋管理概论、海洋化学专门化实验(上)、海洋化学专门化实验(下)、海洋环境化学、海洋科技文献检索(海化)、海洋科技文献与论文写作(物海)、海洋科学基础实验(化学部分)、海洋科学专业英语(物海)、海洋气象学、海洋生态学(下)、海洋生态学实验、海洋生物学科研仪器与安全操作、海洋生物育种技术、海洋生物资源综合利用、海洋数据分析与可视化、海洋水文调查原理与方法(含实验)、海洋微生物学、海洋微生物学实验、海洋信息实验 1(单片机实验)、海洋信息实验 2(声学及水声学实验)、海洋遥感导论、海洋要素计算、海洋应用微生物学、海洋应用微生物学实验、海洋资源化学、化学海洋学、计算方法、矿物学与岩石学基础、理论力学、流体力学、流体力学实验、模拟电路实验、模拟电子技术、区域物理海洋学、生物化学、生物化学实验、生物统计(上机)、生物统计学、声传感器原理与应用、声学基础、数理统计、数学物理方法、数字电路实验、数字电子技术、数字信号处理、数字信号处理实验、水声学、特殊函数、天然产物化学、通信原理与技术、微机接口技术、物理海洋学、物理化学(上)、物理化学实验 B、细胞生物学、细胞生物学实验、线性代数(A)、信号与系统、仪器分析(海化)、仪器分析实验、遗传学、应用生物信息学、有机化学、有机化学实验、鱼类学、鱼类学实验、藻类生物学、藻类生物学实验、专业实验与野外实习、专业英语与科技论文写作、Fortran 程序设计(含实验)。

(五)其他教学环节:军事训练、社会实践、毕业实习、毕业论文。

2013—2014 年,研究生院按照“重研究、高水平、硕博贯通、一级学科贯通、资源共享以及学科交叉”等原则对全校 53 个一级学科的研究生培养方案进行科学且全面的修订,按一级学科制定培养方案,打破学科壁垒,改变硕博割裂。学院修订后的研究生课程分为公共课(硕士 5 学分、博士 2 学分、本直博 5 学分)、专业学位课(硕士≥6 学分、博士≥6 学分)、选修课程(若干学分)。具体课程设置如下:

(一)专业学位课程:高级海洋地质学,高级化学海洋学,高级生物海洋学、海洋生物技术原理与应用、高级物理海洋学、水声通信与信号处理

(二)专业选修课程:1DSP 技术及应用、2 海洋动力学、3 非线性动力学引

论、4 高级分子生物学、5 高级浮游生物学、6 高级海洋底栖生物学、7 高级海洋生态学、8 高级鱼类学、9 古海洋与古气候、10 大尺度海气相互作用、11 海洋沉积生物记录、12 海洋沉积物化学、13 海洋沉积学、14 海洋地球化学、15 海洋动物生理学、16 海洋动物营养与免疫学、17 海洋工程水文学、18 海洋观测原理、19 海洋环境化学、20 海洋环境数值计算、21 海洋环境遥感、22 海洋生态系统管理概论、23 海洋生物地球化学循环、24 海洋生物育种理论与技术、25 海洋天然产物、26 海洋微生物技术、27 海洋有机地球化学、28 河口生物地球化学、29 化学古海洋学、30 计算流体力学、31 水声通信前沿、32 水声遥测遥控、33 水文地质学、34 随机过程、35 同位素导论、36 同位素海洋化学、37 微生物海洋学、38 稳定同位素地球化学、39 信号处理中的数学方法、40 藻类环境生理学、41 潮汐学原理、42 海洋科学导论(物理海洋部分)、43 海洋科学综合实验、44 海洋数据原理与方法、45 化学海洋学、46 流体力学、47 声学基础、48 水声学原理、49 物理海洋学、50 概率论与数理统计、51 科技论文写作、52 生物数学、53 生物统计学方法及计算机应用、54 数据统计分析与处理、55 专业英语阅读、56 沉积地球化学、57 大气与海洋环境数值模拟、58 底栖动物生理生态学、59 地球物理流体动力学、60 分子生物与分子毒理学专题、61 陆海界面交换、62 海洋浮游生物生理生态学、63 海洋生态系统管理理论与实践、64 海洋生物地球化学、65 海洋生物遗传育种研究进展、66 海洋微型生物生态学、67 海洋鱼类生理与种群生态学、67 海洋中的示踪剂、68 极地海洋化学、69 近海营养动力学、70 区域海洋学、71 全球变化海洋生物学、72 水声数据通信、73 卫星海洋学、74 应用水声学、75 海洋沉积地质学。

(三)其他培养环节:开题报告(硕士必修 2 学分),中期考核(博士必修 2 学分),社会实践、教学实践和校外学习交流经历。

附:历年人才培养总体情况[①]

1946—2020 年间,厦门大学海洋学系/学院累计招收各类学生近 7000 人,其中本科生 4200 余人、硕士生 1700 多人、博士生约 700 人。

---

① 参考资料:1.《厦门大学校史资料(第六辑)-学生毕业生名录(1921—1987)(1988—1999)》,2.《厦门大学校史资料(第十一辑)——南强之星厦门大学学生名录(2000—2009)》。

招生年度	本科	硕士	博士	招生年度	本科	硕士	博士
1946	16			1992	58	6	2
1947	13			1993	41	10	3
1948	16			1994	44	9	2
1949	14			1995	42	3	5
1950	20			1996	45	11	7
1951	18			1997	50	9	2
1955	29			1998	55	10	4
1957	3			1999	70	19	10
1958	27			2000	58	17	4
1959	59			2001	81	23	11
1960	96			2002	48	24	11
1961	73			2003	83	33	8
1964	45			2004	90	44	16
1965	32			2005	112	48	24
1970	21			2006	110	47	17
1972	30			2007	111	75	18
1973	49			2008	121	60	23
1975	89			2009	110	60	23
1976	70			2010	115	60	24
1977	50			2011	99	70	24
1978	86	11		2012	133	81	17
1979	75	2		2013	125	94	37
1980	67	1		2014	124	106	45
1981	26	10	1	2015	127	104	53
1982	46	12		2016	120	107	52
1983	46	16		2017	123	112	55
1984	64	10	2	2018	122	110	55
1985	64	27		2019	129	110	57
1986	60	11	2	2020	143	129	61
1987	69	17	4				
1988	68	11					
1989	36	4	2				
1990	45	5	1				
1991	51	4	2				

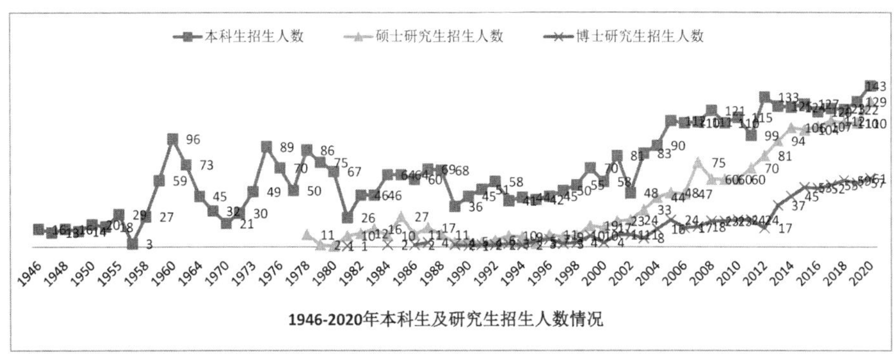

1946-2020年本科生及研究生招生人数情况

第二节　精品课程与教改项目

一、精品课程

精品课程是具有一流教师队伍、一流教学内容、一流教学方法、一流教材、一流教学管理等特点的示范性课程，是高等学校教学质量与教学改革工程的重要组成部分。

厦门大学海洋学科现有国家级精品课程 3 门，国家级资源共享课程 2 门，国家精品视频公开课程 1 门和福建省级精品课程 1 门。

序号	课程类型	课程名称	课程负责人
1	2004 年福建省精品课 2005 年国家精品课程	海洋浮游生物学	曹文清
2	2009 年国家精品课程 2016 年国家精品资源共享课	化学海洋学	陈　敏
3	2012 年国家精品视频公开课	全球变化—来自海洋的讯息	陈　敏
4	2007 年国家精品课程 2013 年国家精品资源共享课	声学基础	许肖梅

1. 课程名称:海洋浮游生物学

课程负责人:曹文清

课程类型:

2004 年福建省精品课程

2005 年国家精品课程

课程简介:该课程由我国著名海洋生物学家郑重于 1947 年在国内首创。1993 年,海洋浮游生物学获评福建省优秀课程。课程拥有完整的中英文电子教学课件,出版 16 部中英文教材(含辅助教材),其中 1984 年出版的《海洋浮游生物学》教材以简体中文、繁体中文和英文 3 种版本出版发行,曾获国家教委高校优秀教材特等奖,是中国海洋浮游生物学的经典教科书。

2. 课程名称:化学海洋学

课程负责人:陈敏

课程类型:

2009 年国家精品课程

2016 年国家精品资源共享课

课程简介:该课程是海洋化学专业的主干课程。课程建立了"海洋科学导论-化学海洋学-海洋化学进展"的课程链,形成基础-专业-前沿的知识体系。同时开设与理论课密切配合的化学海洋实验模块和水化学基础实验模块的实验课程,融理论与实验为一体,取得很好的教学效果。经过建设,课程具有较完善的共享资源,包括课程介绍、教学大纲、各章节知识点与技能点、教学日历、演示文稿、习题与答案、考试试卷、教材信息、全程教学录像等,并在"爱课程"网成功上线,为全国高校教师和学生提供了高质量课程资源,得到了广泛好评。

3. 课程名称：全球变化—来自海洋的讯息

课程负责人：陈敏

课程类型：2012年国家精品视频公开课

课程简介：该课程目标在于向受众传递全球变暖背景下海洋正在发生的一系列现象，加强对海洋的认识，提升人们保护海洋、保护地球家园的意识，激发年轻一代海洋学者投身海洋科学研究的热情。课程包括海洋物理泵、海洋酸化、海洋低氧现象、海洋营养状况的变化、海洋天然气水合物的环境效应、地球气候的快速变化—恐龙灭绝事件的启示、极地海洋的快速变化、高CO_2环境下的海洋生态系统、海洋铁施肥等9讲，已在网易、“爱课程”、国家精品课程网等网络上线，取得很好反响。

4. 课程名称：声学基础

课程负责人：许肖梅

课程类型：2007年国家精品课程

2013年国家精品资源共享课

课程简介：《声学基础》介绍声学基本理论知识和分析方法，以及声学对当地科学技术发展所起的作用，是声学类专业共同的专业基础课程。该课程的学生受益面广、与后续专业课程的学习关联性大。该课程系我国老一辈海洋物理学家何恩典于1958年创立海洋物理专业时设置的主干课程。60多年来，先后有20多位教师担任过该课程的教学工作。在几代人的努力下，已形成了系统的课程体系和显著的教学特色，在国内处于领先地位。2004年“声学基础”列为厦门大学双语教学课程，2006年评为福建省精品课程，2007年课程获批国家级精品课程。2013年，“声学基础”课程获批第一批国家级精品资源共享课程立项建设，并在“爱课程”网免费向社会开放。

二、教改项目

序号	项目名称	项目来源	时间
1	面向21世纪海洋科学教学内容和课程体系改革研究	国家教委	1995
2	海洋科学学科专业发展战略与专业规范	教育部海洋科学教育指导委员会	2004
3	我国海洋人才需求和培养战略研究	中国海洋发展研究中心	2007
4	暑期高等学校海洋科学课程教师培训	国家自然科学基金委	2012
5	厦门大学海洋科学基地条件建设项目	国家自然科学基金委	2012
6	厦门大学海洋科学基地科研训练及科研能力提高项目	国家自然科学基金委	2013
7	长江口及邻近海域海洋生物与生态野外实习基地野外实践能力提高项目	国家自然科学基金委	2014
8	科创、竞赛、俱乐部、课程四位一体驱动海洋水下机器人科创竞赛体系建设	福建省高校教育教学改革研究项目	2017
9	海洋鱼类学实验课程精品化建设与改革	福建省高校教育教学改革研究项目	2018
10	海洋浮游动物生态调查与分析虚拟仿真实验教学	福建省省级虚拟仿真实验教学项目	2019
11	基于互联网云平台“海洋化学专门化实验”课程线上线下混合式教学模式研究与实践	福建省高校教育教学改革研究项目	2020
12	海洋动物分类学实验教材建设	厦门大学高校教育教学改革研究项目	2017

续表

序号	项目名称	项目来源	时间
13	海洋生物标本库信息化建设与实验教学改革	厦门大学高校教育教学改革研究项目	2017
14	教育信息化2.0时代下高校安全教育新模式——以海洋科学安全教育为例	厦门大学高校教育教学改革研究项目	2020

第三节 教学成果奖

教学成果奖是人才培养质量的重要体现，厦门大学海洋学科高度重视教学工作，积极推动各类教学成果奖的申报工作，先后获得国家级教学成果奖1项、福建省省级教学成果奖9项。

一、国家级教学成果奖

序号	获奖年份	奖项等级	成果名称	成果完成人
1	2018	国家级高等教育教学成果奖二等奖	全球视野下建设海洋实践教育系统，培育海洋科学高素质人才	陈　敏、郑爱榕、朱红梅、王德祥、张　宇、刘瑞华、曾隆隆、陈明茹

1. 获奖成果：全球视野下建设海洋实践教育系统，培育海洋科学高素质人才

完成人：陈　敏、郑爱榕、朱红梅、王德祥、张　宇、刘瑞华、曾隆隆、陈明茹

获奖等级：国家级教学成果二等奖

获奖年份：2018年

成果简介：树立“实践铸就人才”的教学理念，遵循理论-实验-调查-科研的培养规律，通过建设学科交叉融合的实验课程体系、覆盖不同生境的海洋调查综合

实践基地和立足海洋的科创、竞赛体系，形成完善的海洋实践教育系统。从“了解海洋、走进海洋、探索海洋”三个实践层次培养学生综合能力，在国内外建设代表不同海洋生境的实践基地，在开放共享新体系的建立、综合实践基地群的建设、海洋特色科创竞赛体系的打造等方面有所创新，引领海洋科学实践教育的发展。

二、福建省省级教学成果奖

序号	获奖年份	等级	成果名称	成果完成人
1	2005	省级教学成果奖一等奖	面向21世纪海洋科学教学改革研究与实践	杨圣云、曹文清、潘伟然、李少菁、郑爱榕
2	2005	省级教学成果奖二等奖	海洋化学专门化实验改革的研究与实践	郑爱榕、陈清花、邓永智、陈　敏、蔡明刚
3	2009	省级教学成果奖一等奖	海洋科学研究性教学与创新人才培养	曹文清、杨圣云、陈　敏、郑爱榕、蔡明刚、陈明茹、黄凌风
4	2009	省级教学成果奖一等奖	跨学科本研一体化理科实践教学体系的建设与实践	郭祥群、施芝元、夏海平、陈小麟、郑爱榕、吴正云、薛成龙、朱亚先、张洪奎、沈明山、洛万发、苏国珍、蔡加法、王辅明
5	2014	省级教学成果奖特等奖	以“完善知识链，强化实践性，提高共享度”为核心的海洋化学教学改革	陈　敏、郑爱榕、蔡明刚、杨伟锋

续表

序号	获奖年份	等级	成果名称	成果完成人
6	2014	省级教学成果奖二等奖	以实践能力培养为核心,开展跨学科的海洋科学素质教育	郑爱榕、刘丽华、刘瑞华、郭立梅
7	2017	省级教学成果奖一等奖	大海洋教育观下学生创新能力与科研素质提升新探索	曹文清、郑爱榕、陈　敏、刘　敏、方旅平、郑连明、柯宏伟、张　宇
8	2018	省级教学成果奖特等奖	以海洋特色实践教育系统培育海洋科学高素质人才	陈　敏、郑爱榕、朱红梅、王德祥、张　宇、刘瑞华、曾隆隆、陈明茹
9	2018	省级教学成果奖一等奖	一流大学内涵建设中教师教学能力提升实践探索	朱水涌、计国君、郭祥群、曹文清、邬大光、吴　凡、郑　宏、郭建鹏
10	2020	省级教学成果奖二等奖	面向科创-科研-科普的海洋仿生机器人创新人才培养	张　宇、杨武夷、朱红梅、潘　伟、陈东升、徐晓辉、曾隆隆

1. 获奖成果: 面向21世纪海洋科学教学改革研究与实践

完成人: 杨圣云、曹文清、潘伟然、李少菁、郑爱榕

获奖等级: 省级教学成果一等奖

获奖年份: 2005年

成果简介: 该成果以转变海洋专业人才培养理念为核心,变传统狭窄的二级学科培养为一级学科;以培养"厚基础、宽口径、强能力、广适应"的复合型人才为目标,较大幅度地调整教学计划和课程体系为"1、2、3"和"8+5+N"模式,构建了较为系统和独具特色的海洋科学本科教学课程体系。建立了海洋科学的基础实验室、专门化实验室、创新实验室和海洋生物活体培养实验场,加强学生学年论文、毕业

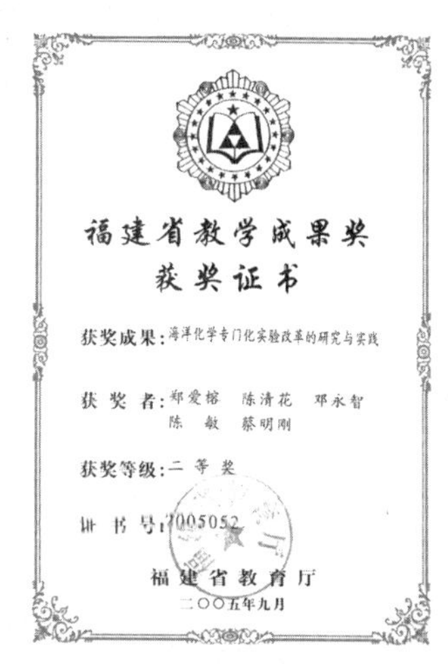
福建省教学成果奖
获奖证书

获奖成果:海洋化学专门化实验改革的研究与实践

获 奖 者:郑爱榕　陈清花　邓永智
陈　敏　蔡明刚

获奖等级:二 等 奖

证 书 号:2005052

福 建 省 教 育 厅
二〇〇五年九月

论文和综合科学素质训练。以《海洋浮游生物学》为龙头，加强教材建设，出版了一系列具有特色的在国内外产生较大影响的教材。实现了海洋科学人才培养教育思想观念的突破与培养方式的创新，在国内外产生了较大的影响，对海洋科学专业人才培养具有很好的示范作用。

2. 获奖成果：海洋化学专门化实验改革的研究与实践

完成人：郑爱榕、陈清花、邓永智、陈　敏、蔡明刚

获奖等级：省级教学成果二等奖

获奖年份：2005 年

成果简介：该成果以培养学生综合素质和创新能力、提高实验教学质量为宗旨，在国内海洋科学同类教育中率先将海洋化学专业8门实验课融入“海洋化学专门化实验”一门课中，并采取一系列改革措施：构建实验技能、综合与设计能力、科研创新能力和海上调查四大实验训练模块；删除验证性实验，开设综合性和设计性实验，坚持实验项目的普遍性、实践性和先进性；坚持教学与科研结合，开设创新性实验，将海洋化学重点学科研究成果转化为实验项目；增加海上实践项目，提高学生独立工作能力和团队合作意识；科学合理评估实验成绩，加强实验教材建设，形成一支锐意改革，教学与科研并重、老中青结合的优秀实验教学队伍；为海洋科学实验教育的改革和探索积累了经验。

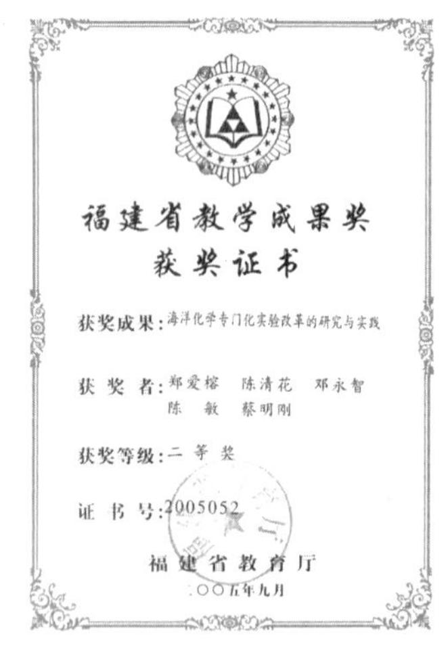
福建省教学成果奖
获奖证书

获奖成果：海洋化学专门化实验改革的研究与实践

获 奖 者：郑爱榕　陈清花　邓永智
陈　敏　蔡明刚

获奖等级：二 等 奖

证 书 号：2005052

福建省教育厅
二〇〇五年九月

3. 获奖成果：海洋科学研究性教学与创新人才培养

完成人：曹文清、杨圣云、陈　敏、郑爱榕、蔡明刚、陈明茹、黄凌风

获奖等级：省级教学成果一等奖

获奖年份：2009 年

成果简介：该成果利用海洋与环境学院各级重点实验室等科研资源和长江学者、国家杰青及教学名师等人才资源，以“研究性教学和创新性人才培养”为目标，以“本研培养一体化、人才标准国际化”为核心，树立海洋科学研究性教育理

念。在完整专业方向设置、研究性教学体系构建、创新性人才培养模式、教学体制与机制创新、教学团队和精品课程建设、多途径加强实践能力培养和创新科研训练、本科生与研究生协调培养和共享科研平台、国际化海洋教育等方面进行了全面的改革与实践，尤其在宽口径培养高素质综合创新性人才方面取得较显著成效，得到社会普遍认可和赞誉，形成了厦门大学海洋科学的人才培养特色，为我国海洋科学研究性教学和创新性人才培养积累了宝贵经验。

4. 获奖成果：跨学科本研一体化理科实践教学体系的建设与实践

完成人：郭祥群、施芝元、夏海平、陈小麟、郑爱榕、吴正云、薛成龙、朱亚先、张洪奎、沈明山、骆万发、苏国珍、蔡加法、王辅明

获奖等级：省级教学成果一等奖

获奖年份：2009 年

福建省教学成果奖
获奖证书

获奖成果：跨学科本研一体化理科实践教学体系的建设与实践

获 奖 者：郭祥群 施芝元 夏海平 陈小麟
郑爱榕 吴正云 薛成龙 朱亚先
张洪奎 沈明山 骆万发 苏国珍
蔡加法 王辅明

获奖等级：一 等 奖

证 书 号：2009010

福建省教育厅
九年九月

成果简介：该成果着眼于创新人才培养，突破狭隘和局部的教学改革与教学建设观，以化学、生物、物理、海洋与环境等学科为基础，统筹教学资源，贯通本-研培养，通过对实践教学的内容、课程体系、教学模式、组织方式、运行机制、资源配置、质量控制的系统研究与实践，形成了以学生为中心的跨学科本研一体化理科实践教学新体系。搭建了适应高层次创新人才分类型分层次培养的集群式模块化理

科实践教学新课程平台。建成了相适应的数字化管理平台，贯通了本研教育管理，推动了有利于学生个性发展的资源配置机制的建立和完善。形成了相适应的具有层次打通、学科交叉、资源共享为特征的有效运行机制。促进了创新人才的培养，取得了显著的教学建设与人才培养效益。

5. 获奖成果：以“完善知识链，强化实践性，提高共享度”为核心的海洋化学教学改革

完成人：陈　敏、郑爱榕、蔡明刚、杨伟锋

获奖等级：省级教学成果特等奖

获奖年份：2014 年

成果简介：秉持教研融合并进理念，以“完善知识链，强化实践性，提高共享度”为核心，开展海洋化学课程体系、教学内容与教材、教学方法等方面改革，构建阶梯化的理论与实践教学体系，形成独具特色与优势的拔尖人才培养模式。通过创建一批海洋化学特色精品课程，建立海洋化学基础-化学海洋学-海洋化学前沿的课程知识链，形成层次分明，能满足人才培养需求、符合学科发展规律的知识体系；构建了以提高学生实验技能、综合素质、创新能力和海上实践能力为目的的“两模块三层次”实验教学体系，强化实践性教育，实现实践与理论教学的有机融合；搭建本-研共享的理论教学平台与创新实践平台，实施理论与实践教育的共享，提高资源利用度，培养海洋化学拔尖创新人才。

6. 获奖成果：以实践能力培养为核心，开展跨学科的海洋科学素质教育

完成人：郑爱榕、刘丽华、刘瑞华、郭立梅

获奖等级:省级教学成果二等奖

获奖年份:2014 年

成果简介:该成果充分利用国家级实验教学示范中心拥有的优势资源,首创全校性选修课程“海洋科学入门实验”和举办“走进海洋实验技能大赛”。课程涵盖面广,学科交叉性强,让学生了解和掌握海洋各学科的基本知识,提高学生海洋科学素养和实践能力。竞赛以通识教育为主,融合技能,带动实验室的开放,充分发挥学生主观能动性,引导学生认识海洋,培养崇尚科学、积极实践的精神,从而促进学生素质的全面发展。通过一课一赛,在全校大学生中开展跨学科(文、理、工、商等)的海洋科学素质教育,取得效果显着。实践证明一课一赛是提升学生海洋科学综合素质、普及海洋知识和增强海洋意识的行之有效的教育手段和途径,具有广泛性、适用性和推广价值。

福建省教学成果奖

获奖证书

获奖成果:以实践能力培养为核心,开展跨学科的海洋科学素质教育

获 奖 者:郑爱榕、刘丽华、刘瑞华、郭立梅

获奖等级:二等奖

证 书 号:2014133

福建省教育厅

二〇一四年四月

7. 获奖成果:大海洋教育观下学生创新能力与科研素质提升新探索

完成人:曹文清、郑爱榕、陈敏、刘敏、方旅平、郑连明、柯宏伟、张　宇

获奖等级:省级教学成果一等奖

获奖年份:2017 年

成果简介:该成果以国际海洋教育为引领,以提升厦门大学海洋科学专业人才教育为理念,以突出学生“能力和素质培养”为核心,以“海洋科学-国家理科基础科学研究和教学人才培养基地”的条件建设项目和科研能力提高项目的实施为契机,将优质科研资源转化为教育资源,推出阶梯式“海洋观测探索-科研实训-创新科研”的能力提升优育计划,开展了本科生科研能力训练,培养学生创新

科研能力，提高学生综合科研素质；搭建了国家级海上（及野外）实践教育平台及开放式实习基地，优化实践教学环境，培养实践能力强，具有自主科研，开拓创新的海洋人才。构建的注重学生能力与素质培养的“大海洋教育观”的研究性教育新体系及培养模式在国内推广、示范，得到认可和好评。

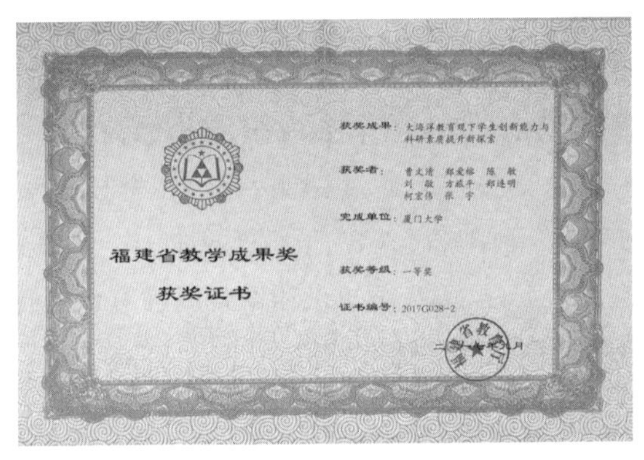
福建省教学成果奖
获奖证书
获奖成果：大海洋教育观下学生创新能力与科研素质提升新探索
获奖者：曹文清　郑爱榕　陈　敏　刘　敏　方琼平　郑连明　柯宏伟　张　宇
完成单位：厦门大学
获奖等级：一等奖
证书编号：2017G028-2

8. 获奖成果：以海洋特色实践教育系统培育海洋科学高素质人才

完成人：陈　敏、郑爱榕、朱红梅、王德祥、张　宇、刘瑞华、曾隆隆、陈明茹

获奖等级：省级教学成果特等奖

获奖年份：2018 年

成果简介：针对目前海洋科学人才培养中存在实践和综合应用能力薄弱问题，从强化实践能力入手，通过建设学科交叉融合的实验课程体系、覆盖不同海洋生境的海洋调查综合实践基地和立足海洋的科创、竞赛体系，形成具有海洋特色的实践教育系统。从了解海洋、走进海洋、探索海洋三个实践层次培养学生的

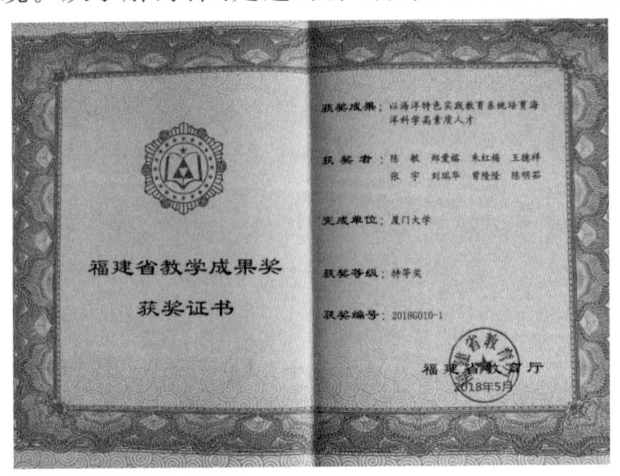
福建省教学成果奖
获奖证书
获奖成果：以海洋特色实践教育系统培育海洋科学高素质人才
获奖者：陈　敏　郑爱榕　朱红梅　王德祥　张　宇　刘瑞华　曾隆隆　陈明茹
完成单位：厦门大学
获奖等级：特等奖
获奖编号：2018G010-1
福建省教育厅
2018年5月

综合实验能力、海洋调查能力和科研创新能力，以达到培育海洋科学高素质精英人才的目标。项目实施成效显著，成果丰富，引领了国内海洋科学实践教育的发展。

9. 获奖成果：一流大学内涵建设中教师教学能力提升实践探索

完成人：朱水涌、计国君、郭祥群、曹文清、邬大光、吴　凡、郑　宏、郭建鹏

获奖等级：省级教学成果一等奖

获奖年份：2018 年

成果简介：提升教师教学能力，提高教学质量是高等教育内涵建设核心内容。厦门大学教师发展中心为国家级教师教学发展示范中心（简称为中心），2013 年被教育部教师工作司评为全国 7 个教师发展中心建设示范项目单位之一。

本成果通过中心整合全校最优质的师资与教学资源，打破部门与学科壁垒，形成教师教学发展合力，围绕“全面发展”（个人发展、教学发展、组织发展）的三维目标，秉持“四个坚持”（坚持以师为本、以服务宗旨、以教学发展为抓手、以专业研究为特色），依据教师发展的“五种角色”（学者、教学者、发展者、学习者、沟通者），构建青年教师“研-训-教-学”（研究-培训-教学-学习）的递进发展模式与“全程学习”（入职培训-成长档案袋-骨干教师研修-教学比赛-教学咨询-教学示范）的长效机制，建设厦大教师发展共同体，重塑大学教学文化。

10. 获奖成果：面向科创-科研-科普的海洋仿生机器人创新人才培养

完成人：张　宇、杨武夷、朱红梅、潘　伟、陈东升、徐晓辉、曾隆隆

获奖等级：省级教学成果奖二等奖

获奖年份：2020 年

福建省教学成果奖

获奖证书

获奖成果：面向科创-科研-科普的海洋仿生机器人创新人才培养

获 奖 者：张　宇、杨武夷、朱红梅、潘　伟、陈东升、徐晓辉、曾隆隆

完成单位：厦门大学

获奖等级：二等奖

获奖编号：2020G070-8

福建省教育厅

二〇二一年七月

成果简介：该项目围绕培养复合型人才的目标，以突出学生科创能力、科研能力和科普精神培养为核心，结合海洋各学科、各专业的优势，与信息学科、航空航天学院课题组合作，坚持以自主研发为导向，现已建设校级“跨学院”、“交叉学科”特色鲜明的本科生水下仿生机器人创新俱乐部。项目以大学生创新创业项目为基石、高水平学业竞赛为检测，课程建设为补充，建立面向科创一科研一科普的研究性、综合性、自主式的创新创业教育新模式。除提升本科生科研能力外，亦面向公众科普需求，向大、中、小学开展海洋科普教育实践活动。该项目经历 4 年发展，已成功培养了一批综合素质优秀的海洋创新人才，效果显著。

第四节　重点学科、特色专业与创新试验区/平台

序号	入选时间	级别	特色专业与创新试验区名称
1	2002 年	国家级	海洋生物学、海洋化学国家重点学科
2	2007 年	国家级	海洋科学一级学科国家重点学科
3	2008 年	国家级	海洋科学全国高等学校特色专业
4	2017 年	国家级	海洋学科国家“双一流”建设学科
5	2007 年	省级	福建省海洋科学人才培养模式创新实验区
6	2012 年	省级	福建省海洋科学重点学科
7	2012 年	省级	福建省海洋学科优势学科创新平台

一、国家“双一流”建设学科

学科名称：厦门大学海洋学科国家“双一流”建设学科

入选时间：2017 年 9 月

国家“双一流”建设学科简介：世界一流大学和一流学科，简称“双一流”。建设世界一流大学和一流学科，是中共中央、国务院作出的重大战略决策，也是中国高等教育领域继“211 工程”“985 工程”之后的又一国家战略。

2017 年 9 月 21 日,教育部、财政部、国家发展和改革委员会公布世界一流大学和一流学科建设高校及建设学科名单,首批“双一流”建设高校共计 137 所,其中世界一流大学建设高校 42 所(A 类 36 所,B 类 6 所),世界一流学科建设高校 95 所;双一流建设学科共计 465 个(其中自定学科 44 个)。

厦门大学入选 36 所 A 类一流大学建设高校,海洋科学以及化学、生物学、生态学和统计学等五个学科入选“双一流”建设学科名单。

二、全国高校特色专业

专业名称:厦门大学海洋科学全国高等学校特色专业

入选时间:2008 年

全国高校特色专业简介:国家级特色专业是中国高校在一定的办学思想指导下和长期的办学实践中逐步形成的具有特色的专业,在教育目标、师资队伍、课程体系、教学条件和培养质量等方面,具有较高的办学水平和鲜明的办学特色,是“人无我有,人有我优,人优我新”的专业。

2008 年 9 月 28 日,教育部、财政部发布《关于批准第三批高等学校特色专业建设点的通知》,批准 691 个专业点为第三批高等学校特色专业建设点,厦门大学海洋科学、法学、历史学等三个专业入选第三批高等学校特色专业建设点。

三、国家级重点学科

1. 学科名称:海洋生物学国家重点学科、海洋化学国家重点学科

入选时间:2002 年

2. 学科名称:海洋科学一级学科国家重点学科

入选时间:2007 年

国家重点学科简介:国家重点学科是国家根据发展战略与重大需求,择优确定并重点建设的培养创新人才、开展科学研究的重要基地,在高等教育学科体系中居于骨干和引领地位,满足经济建设和社会发展对高层次创新人才的需求,为建设创新型国家提供高层次人才和智力支撑,充分体现全国各高校科学研究和人才培养的实力和水平。到目前为止,教育部共组织了三次重点学科的评选工作。

2002 年,在第二次重点学科评选中,教育部共评选出 964 个高等学校重点学科。厦门大学海洋生物学、海洋化学等 13 个专业进入重点学科名单。

2007 年,在第三次评选工作中,教育部按"服务国家目标,提高建设效益,完善制度机制,建设一流学科"的指导思想,在按二级学科设置的基础上,增设一级学科国家重点学科。本轮教育部共评选出 286 个一级学科国家重点学科,厦门大学海洋科学以及理论经济学、应用经济学、化学、工商管理等五个一级学科获批重点学科。

四、福建省省级重点学科

学科名称:海洋科学福建省省级重点学科

入选时间:2012 年 12 月

福建省省级重点学科简介:根据"统筹规划、分类指导、突出重点、带动整体"的原则,福建省教育厅组织在本科高校遴选建设一批省级重点学科,推动高校认真研究制订学科发展规划,进一步明确学科建设目标和重点,形成学科特色和优势,提升学科建设水平和社会效益。

2012 年 10 月 28 日,福建省教育厅、福建省财政厅公布确定 210 个学科为"福建省省级重点学科"建设项目。厦门大学海洋科学等 46 个学科入选福建省省级重点学科名单。

五、福建省人才培养模式创新实验区

创新实验区名称:福建省海洋科学人才培养模式创新实验区

入选时间:2007 年 10 月

福建省人才培养模式创新实验区简介:2007 年起,福建省人才培养模式创新实验区建设由省统一立项,支持高等学校创建高等学校本科教育人才培养模式创新实验区,组织开展重大教育教学改革课题研究和实践,推进教育教学理念、培养和就业模式及管理机制创新。项目采取学校先行建设,由省教育厅组织评审、与财政厅联合批复立项的方式进行。

2007 年 10 月,福建省教育厅评选出 2007 年度省级人才培养模式创新实验区 40 个,厦门大学海洋科学等七个人才培养模式创新实验区入选省级人才培养模式创新实验区。

六、福建省高校优势学科创新平台

平台名称:福建省海洋学科优势学科创新平台

入选时间:2012 年 12 月

福建省高校优势学科创新平台简介:福建省高校优势学科创新平台是福建省为进一步提高高校学科创新能力和创新水平,推进高水平大学建设,更好地为建设创新型省份服务而设立的学科建设项目,对于全面提升高校学科建设和创新能力,服务创新型强省建设,具有重要意义。

2012 年 12 月 9 日,省教育厅、省财政厅、省科技厅、省发展改革委、省经贸委共评出 11 个"福建省高校优势学科创新平台"。厦门大学获批海洋科学、生命科学技术和能源化学与化工等三个福建省高校优势学科创新平台。

第五节 教学团队

2007 年,教育部、财政部实施"高等学校本科教学质量与教学改革工程",设立教学团队建设项目,加强本科教学团队与高水平教师队伍建设。

2010 年以来,厦门大学海洋学科获批国家级教学团队 1 个、福建省级教学团队 1 个。

序号	获批时间	级别	教学团队名称
1	2010	国家级	海洋科学创新性人才培养国家级教学团队
2	2011	省级	海洋化学福建省省级教学团队

一、国家级教学团队

团队名称:海洋科学创新性人才培养国家级教学团队

团队带头人:曹文清

团队成员:郑爱榕、陈敏、戴民汉、杨圣云、许肖梅、蔡明刚、黄凌风、陈明茹、

张彩云、李超、蔡平河、王德祥、杨伟峰、李炎、郑连明、刘志宇、刘丽华

获批年份:2010 年

团队简介:团队由本专业 18 位教学一线的骨干教师组成,团队共有 4 个功能组群,分别由省级教学名师和长江学者等领衔,第一组群:海洋科学专业核心与特色课程教学组(带头人:曹文清、陈敏),第二组群:创新性人才实践教育设计与实施组(带头人:郑爱榕),第三组群:教学体系改革设计与质量工程项目督查组(带头人:杨圣云),第四组群:海洋科学创新性人才国际化教育实施组(带头人:戴民汉)。该团队依托厦门大学海洋科学国家重点学科和重点实验室等优质资源,利用国际一流的科研平台和国际化研究与教育理念,以海洋科学创新性人才培养为目标,构建与国际接轨的海洋科学创新性人才培养模式。

二、福建省省级教学团队

团队名称:海洋化学福建省省级教学团队

团队带头人:陈敏

团队成员:郑爱榕、戴民汉、邢娜、王德利、蔡毅华、邓永智、杨伟锋、柯宏伟、郭卫东、蔡明刚、王宪、刘广山、蔡平河、高树基、郭劳动

获批年份:2011 年

团队简介:团队由海洋化学专业 16 位教学一线的骨干教师组成,形成了以陈敏教授为带头人的核心与特色课程教学组、以郑爱榕教授为带头人的实践性教育教学组和以戴民汉教授为带头人的海洋化学人才国际化教育教学组等三个功能组群。该团队依托学科优势,在教学改革、课程建设、实验教学、创新人才培养等方面取得丰富成果,成为一支优势互补、团结协作的优秀教学团队。

第六节　教材建设

一、教材出版

厦门大学海洋学科重视教材建设,鼓励教师积极参加编撰教材,1957 年至今已参与编写或翻译的教材 30 余部。

序号	教材名	作者	出版单位	出版年
1	浮游生物	郑重	科学出版社	1957
2	浮游生物学概论	郑重	科学出版社	1964
3	海洋化学	美国 Horne 著/李法西等译	科学出版社	1976
4	化学海洋学	美国 W. S. Broecker 著/刘光、胡明辉译	科学出版社	1981
5	海洋环境化学	吴瑜端编著	科学出版社	1982
6	化学海洋学(第一至六卷)	英国 J. P. Riley 等著/吴瑜端、杨逸萍、刘光译	海洋出版社	1982—1986
7	海洋浮游生物学	郑重、李少菁、许振祖	海洋出版社	1984
8	水生微生物学实验	陈绍铭、郑福寿	海洋出版社	1985
9	Marine Planktology	Zheng Zhong et al	China Ocean Press Springer-Verlag	1989
10	同位素海洋化学	[美]戈德堡、[日]堀部纯男、猿桥胜子 编 黄奕普、施文远、邹汉阳、龚书春、程汉良 译	海洋出版社	1990
11	海洋浮游生物学(第一、二版)	郑重、李少菁、许振祖	基隆：水产出版社	1992 1996
12	化学海洋学	郭锦宝主编	厦门大学出版社	1997
13	海洋科学导论	冯士筰、李凤歧、李少菁	高等教育出版社	1999
14	海洋技术概论	许肖梅	科学出版社	2000
15	声学基础	许肖梅	科学出版社	2003
16	海水养殖水化学	王宪	厦门大学出版社	2006
17	海洋微型生物生态学	焦念志	科学出版社	2006
18	鱼类学	王军、陈明茹、谢仰杰	厦门大学出版社	2008
19	化学海洋学	陈敏	海洋出版社	2009

续表

序号	教材名	作者	出版单位	出版年
20	海洋放射性核素测量方法	刘广山	海洋出版社	2009
21	海洋地质学(第二版)	徐茂泉、陈友飞	厦门大学出版社	2010
22	海洋生态学(第三版)	沈国英、黄凌风、郭　丰、施并章	科学出版社	2010
23	同位素海洋学	刘广山	郑州大学出版社	2010
24	台湾海峡常见鱼类图谱	苏永全、王　军、戴天元、阮五崎、廖正信等	厦门大学出版社	2011
25	海洋磷虾类生物学	郑　重、李少菁、郭东晖	厦门大学出版社	2011
26	海洋生物学专业英语(第1版)	王桂忠、吴荔生、李少菁	厦门大学出版社	2011
27	台湾海峡及其邻近海域鱼类图鉴	陈明茹、杨圣云	中国科学技术出版社	2013
28	中国福建南部海洋鱼类图鉴(第一卷)	刘　敏、陈　骁、杨圣云	海洋出版社	2013
29	中国福建南部海洋鱼类图鉴(第二卷)	刘　敏、陈　骁、杨圣云	海洋出版社	2014
30	中国刺胞动物门水螅虫总纲(上、下册)	许振祖、黄加祺、林　茂、郭东晖、王春光	海洋出版社	2014
31	物理海洋学基础教程	胡建宇	厦门大学出版社	2015
32	海洋生物学专业英语(第2版)	王桂忠、吴荔生、李少菁	厦门大学出版社	2017

二、教材获奖或入选国家级规划教材

《海洋浮游生物学》于1988年荣获国家教委高校优秀教材特等奖，《海洋科学导论》于2002年荣获全国普通高等学校优秀教材一等奖，《海洋生态学》（第三版）入选教育部第二批“十二五”普通高等教育本科国家级规划教材书目。

序号	获奖年份	奖项等级	教材名称	编著者	出版社
1	1988	国家教委高校优秀教材特等奖	海洋浮游生物学	郑　重、李少菁、许振祖	海洋出版社
2	2002	全国普通高等学校优秀教材一等奖	海洋科学导论	冯士筰、李凤歧、李少菁	高等教育出版社
3	2014	入选教育部第二批普通高等教育“十二五”国家级规划教材书目	海洋生态学（第三版）	沈国英、黄凌风、郭　丰、施并章	高等教育出版社

1. 教材名称：《海洋浮游生物学》

编著者：郑重、李少菁、许振祖

出版社：海洋出版社

出版年份：1984年

获奖情况：1988年荣获国家教委高校优秀教材特等奖

教材简介：《海洋浮游生物学》内容共分为四部分，分别是海洋浮游植物、海洋浮游动物、海洋浮游生物的室内培养和浮游生物的采集、计数与定量方法。海洋浮游植物包括硅藻门、甲藻门、绿藻门、蓝藻门、金藻门、黄藻门、裸藻门和隐藻门；海洋浮游动物包括原生动物、轮虫、枝角类、桡足类、介形类、毛颚类、被囊类和珊瑚浮浪幼虫；海洋浮游生物的室内培养包括单胞藻的室内培养和浮游动物的室内培养；浮游生物的采集、计数与定量方法包括浮游植物的采集、计数与定量方法和浮游动物生物量的测定方法。

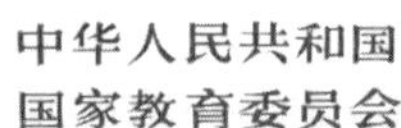
中华人民共和国
国家教育委员会

荣誉证书

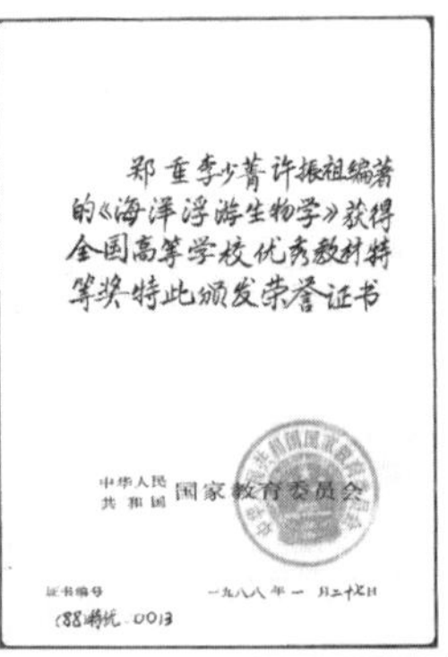
郑重 李少菁 许振祖编著的《海洋浮游生物学》获得全国高等学校优秀教材特等奖 特此颁发荣誉证书

中华人民共和国国家教育委员会

证书编号

2. 教材名称:《海洋科学导论》

编著者:冯士筰、李凤岐、李少菁

出版社:高等教育出版社

出版年份:1999 年

获奖情况:2002 年荣获全国普通高等学校优秀教材一等奖

2002年

全国普通高等学校优秀教材

一等奖

教材名称：海洋科学导论

编著者姓名：冯士筰、李凤岐、李少菁

证书编号：01089

中华人民共和国教育部

二〇〇二年十月

教材简介:全书共分十二章,即绪论、地球系统与海底科学,海水的物理特性和世界大洋的层化结构,海水的化学组成和特性,海洋环流,海洋中的波动现象,潮汐,海洋与大气,海洋生物,海洋中的声、光传播及其应用,卫星海洋遥感、中国近海的区域海洋学。

3. 教材名称:《海洋生态学》(第三版)

编著者:沈国英、黄凌风、郭　丰、施并章

出版社:科学出版社

出版年份:2010 年

获奖情况:2014 年入选教育部第二批普通高等教育"十二五"国家级规划教材书目

教材简介:全书包括三个部分,共 14 章。第一部分为海洋生态学总论,以海洋生态系统生态学为中心,介绍海洋环境及生态因子对海洋生物的作用、海洋生态系统的生物组织(种群、群落)及其动态、初级生产力、能量流动和生物地化循环等内容。第二部分介绍浅海和深海各种生态系统类型的环境、生物组成特征以及相关的生态过程;第三部分介绍海洋面临的威胁及生物多样性保护、海洋管理的生态学基本原则和海洋保护的基本途径。

第七节　人才培养基地(中心)

序号	获批时间	批准部门	基地或中心名称
1	2008	教育部	海洋科学国家理科基础科学研究和教学人才培养基地
2	2009	教育部	海洋环境科学国家级实验教学中心
3	2020	教育部	海洋科学基础学科拔尖学生培养计划 2.0 基地
4	2013	国家自然科学基金委	长江口及邻近海域海洋生物与生态野外实践基地
5	2008	福建省教育厅	福建省研究生教育创新基地
6	2013	福建省教育厅	南方海洋科学理科实践教学基地
7	2014	福建省教育厅	福建省海洋科学类实验教学示范中心
8	2019	福建省教育厅	福建省海洋科学虚拟仿真实验教学省级培育中心

一、海洋科学国家理科基础科学研究和教学人才培养基地

批准部门:教育部

获批时间:2008年

基地简介:本基地在传承厦门大学海洋学科的传统优势与办学特色的基础上,搭建海洋人才培养基地科研训练平台,将科研资源有效地转化为教学资源,为基地学生营造良好的科研环境与国际化学术氛围,实施注重科研素质和能力培养的海洋科学研究型教育,先后承担国家基金委人才培养项目4项、省部级教学质量和改革项目2项及校级多项。2008年以来,基地教学成果丰硕,已获批国家级精品课程、国家精品视频公开课、国家精品资源共享课共4门,获评国家级教学成果奖1项,省级教学成果奖5项,基地建设进展明显,形成以科研带动教学,教学促进科研的良好格局,宽口径培养高素质综合创新性人才方面取得较显著成效,得到社会普遍认可和赞誉,形成了厦门大学海洋科学的人才培养特色。

二、海洋科学基础学科拔尖学生培养计划2.0基地

批准部门:教育部

获批时间:2020年

基地简介:2020年9月17日,教育部公布33所高校104个基地入选首批基础学科拔尖学生培养计划2.0基地名单。厦门大学海洋科学拔尖学生培养基地是厦门大学获批的4个基地(化学、生物科学、海洋科学、王亚南经济学)之一,也是海洋科学类全国唯一入选的基地。厦门大学海洋科学拔尖学生培养基地建立"小而精"的海洋科学精英教育荣誉计划,实施"小生源、大师资;小教室、大课堂;小实践、大投入;小交流、大收获"的教学模式,以独立的试验班招生、严格的分流机制、独立且富挑战性的课程设置、全程且多样化的实践和科研活动、全覆盖的国际研学机会,培养既有仰望星空之理想、又有脚踏实地之精神,具备扎实交叉学科基础、优异科研潜力、超前创新意识、开阔国际视野,兼有海洋情结、家国情怀、世界眼光的海洋科学拔尖人才。

基础学科拔尖学生培养计划2.0深入贯彻习近平新时代中国特色社会主义思想和党的十九大精神，全面落实立德树人根本任务，目标为建设一批国家青年英才培养基地，强化使命驱动、注重大师引领、创新学习方式、促进科教融合、深化国际合作，选拔培养一批基础学科拔尖人才，为新时代自然科学和哲学社会科学发展播种火种，为把我国建设成为世界主要科学中心和思想高地奠定人才基础。

三、海洋环境科学国家级实验教学示范中心

批准部门：教育部

获批时间：2009年

中心简介：该中心实行校院二级管理体系，承担着海洋和环境学科相关的实验和实践教学，负责国家海洋科学人才培养基地、国家级和省级野外实习等基地的运行和管理。现有实验室面积约7000 m^2，仪器设备2500多台件，下设8类教学实验室和10个功能实验室，拥有一支理论知识深厚、实验技能熟练、敬业爱岗的实验教学队伍。中心树立“以学生为本，知识－能力－素质协

调发展，以创新和研究能力培养为核心”的实验教学理念，实行创新开放共享管理运行机制，利用学科优势，建立了“分层次、多学科、重研究”的实践教学课程体系。教学以学生为中心，实行主辅修、考核多元化；设立“创新研究计划”，鼓励学生低年级就进入科研实验室，增强学生自主创新意识和实践能力。

四、福建省海洋科学研究生教育创新基地

批准部门：福建省教育厅

获批时间：2008 年

基地简介：福建省研究生教育创新基地是指经省教育厅、省财政厅、省学位委员会联合批准的高等学校与企业、科研院所共同建设的研究生教育创新基地。海洋科学研究生教育创新基地由厦门大学与国家海洋局第三海洋研究所（现为自然资源部第三海洋研究所）共建，2008 年入选福建省首批建设的省级研究生教育创新基地。基地作为共建双方科技合作的纽带和平台，通过有效整合双方的资源优势，培养高层次海洋科学人才。自创建以来，共建双方在研究生课程共享、建立导师团队联合培养研究生以及联合申请、承担科研项目等方面开展了卓有成效的工作，取得显著效果。

五、长江口及邻近海域海洋生物与生态野外实践基地

批准部门：国家自然科学基金委

获批时间：2013 年

基地简介：长江口及邻近海域海洋生物与生态野外实践基地是我国首个以海洋生物与生态学为特色的海洋科学野外实践基地。2013 年获国家基金委人才培养基金批准成立，由厦门大学、中国海洋大学和浙江海洋大学三校共同建设，厦门大学为牵头单位，挂靠浙江海洋大学。基地于 2014—2018 年开展了“厦门大学海洋科学野外实践能力提高项目”，面向全国涉海 16 所高校开放，受益师生约 1600 人。项目选择长江口及邻近海域（包括舟山群岛）作为首期建设的海洋生物与生态野外综合实习基地，构建了较完备的野外实习教学和科研训练相结合的海洋生物与生态野外实践教学体系，提高了学生野外综合实践能力与科

研创新能力，强化了教师实习指导能力，充分体现野外实践基地的资源共享与辐射示范作用。

六、南方海洋科学理科实践教学基地

批准部门：福建省教育厅

获批时间：2013 年

基地简介：该基地以“海洋 2 号”教学实习船为载体，依托国家实验教学示范中心和国家重点实验室的东山临海实验观测站，组织学生进行海洋科学海上综合训练和联合实习，培养学生海上综合调查的原位观测能力，获取和分析数据及解决问题的能力，磨炼意志，培养团结协作和适应海上工作环境的能力。构建的多学科交叉和综合的海洋科学校外实践教学模式，充分体现了南方海洋特色，可全方位多角度强化学生的海洋综合调查研究能力和团队协作能力。获批以来，每年组织 120 多位学生参与海洋科学野外综合实习，开展了厦门九龙江河口-东山湾海上综合调查、潮间带海洋底栖生物调查、水声通信实训、红树林-海洋观测站-水产养殖基地考察、急救知识培训等方面的野外综合实践。

七、福建省海洋科学类实验教学示范中心

批准部门:福建省教育厅

获批时间:2014 年

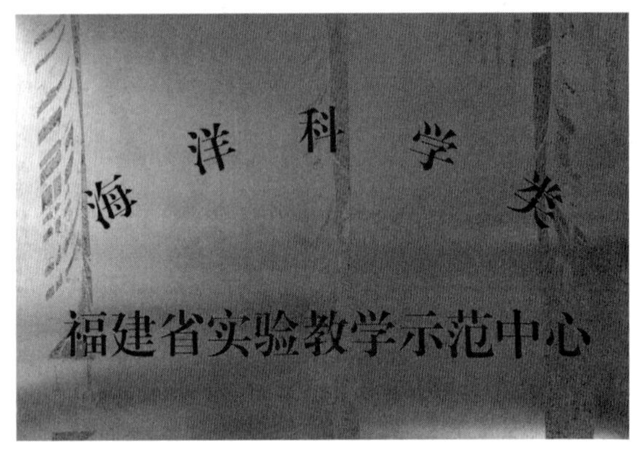

中心简介:该中心以国家海洋战略和服务福建省经济社会发展需求为目标,围绕"海洋科学研究型教育和海洋创新性人才培养"之核心,在"海洋环境科学国家实验教学示范中心"建设的基础上,构建了研究性教育的海洋科学类实践教学体系,有效整合实验室资源,搭建了"以学生为中心,以科研训练为主线,以能力提高为目的"的科研训练平台,开展渐进式科研训练,在实践中培训学生的海洋科学研究方法、思维方式、科学态度和团队意识。中心具有海洋特色鲜明、人才质量优秀、社会发展急需、功能集约优化、运行开放高效、国际化教育程度较高的特点,是福建省和国家海洋科学人才培养的重要示范基地,为全省乃至全国同类型高校相关专业建设与改革起示范和辐射作用。

八、福建省海洋科学虚拟仿真实验教学省级培育中心

批准部门:福建省教育厅

获批时间:2019 年

中心简介:虚拟仿真实验教学中心通过把现代信息技术融入实验教学项目,进一步拓展实验教学内容广度和深度、延伸实验教学时间和空间、提升实验教学质量和水平。其中,海洋浮游动物生态调查虚拟仿真实验教学项目是开发完备且颇具代表性的虚拟仿真实验教学项目之一。该项目模拟海洋浮游动物生态调查的出海备航、海上采样、样品分析、生态评价四个模块的情景实验,并在练习与考核过程中随机抽取样品资料库中真实浮游动物样品图像进行识别、计数、统计

分析，最终达到培养学生在现场生态调查中独立操作的能力，以及利用已有资料进行样品分析和统计的能力。海洋科学虚拟仿真实验教学中心网络化的实验教学平台为学生提供了丰富的教学资源，包括虚拟仿真实验教学项目、动画教学资源库等。该中心的建成为我院优化实验教学资源及提高实验教学质量提供了新平台，促进了我院大学生创新精神、实践能力和综合素质的培养与提高。

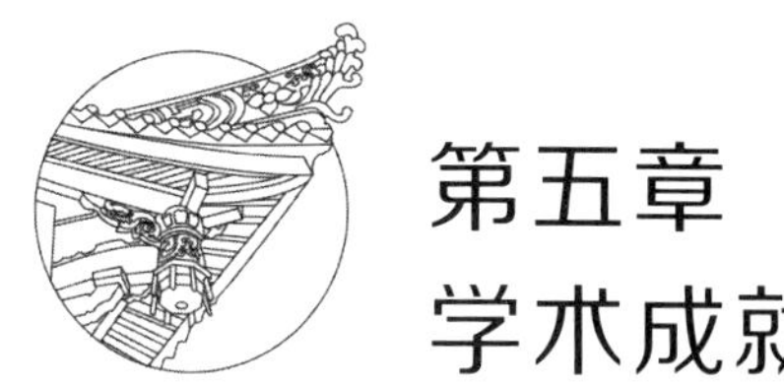

第五章 学术成就

第一节　获奖科研成果

一、国家级科研成果奖①

序号	获奖年份	奖项	等级	成果名称	成果完成人
1	1988	国家科学技术奖	三等奖	台风暴潮数值预报方法研究	陈金泉、商少平、张洪进、林　克、陈　光、胡建宇
2	1995	国家科学技术奖	三等奖	闽南-台湾浅滩渔场上升流区生态系研究	洪华生、丘书院、阮五崎、洪港船、朱长寿
3	2006	国家科学技术奖	二等奖	海洋初级生产力结构及微型生物生态学研究	焦念志、王　荣、杨燕辉、张　瑶、曾永辉
4	2015	国家科学技术奖	二等奖	微型生物在海洋碳储库及气候变化中的作用	焦念志、张　瑶、骆庭伟、张　锐、郑　强

1. 学术成果：台风暴潮数值预报方法研究

完成人：陈金泉、商少平、张洪进、林　克、陈　光、胡建宇

获奖等级：国家科学技术奖三等奖

获奖年份：1988 年

成果简介：本成果不仅建立了用于一般岸段的实时数值预报模型和数值预报诺模图方法，而且建立了可用于特殊岸段（有潮河段和海湾）的台风暴潮数值预报模型，从而组成了一个比较完整的适用各种岸段的数值预报模型系列。此外，本项研究在进行业务预报时，实施了包含省、市防汛指挥部预报及海堤管理站

① 说明：以成果获奖时间为序

临场预报在内的多层次预报。各预报系列及多层次预报并用,可互相补充,因而可更进一步提高预报的可靠性。本成果已完成了“预报操作快捷化”、防范岸段“测报防范网的建立”、“天文潮补充预报”、“海堤水准点标定、高程测量”及“淹没图测绘”等有关预报产品业务化的措施,为预报产品用于指导防灾活动提供充分条件。

2. 学术成果:闽南-台湾浅滩渔场上升流区生态系研究

完成人:洪华生、丘书院、阮五崎、洪港船、朱长寿

获奖等级:国家科学技术奖三等奖

获奖年份:1995 年

成果简介:闽南-台湾浅滩渔场位于台湾海峡这一著名的海上走廊的南口,是我国东南海域重要的大陆架渔场。该海区属于亚热带型季风气候区,海底地形极为复杂,加上多种水系在该处交汇,形成其独特复杂的海洋环境,在我国东南沿海工业、农业、交通运输业的发展中占有极为重要的经济地位。

本研究揭示了闽南-台湾浅滩渔场渔业资源与生态环境变化之间的规律,从多个学科角度有力地证实闽南近岸及台湾浅滩南部海区有多处上升流存在;并从上升流区与中心渔场的时、空变化以及上升流区生态系的结构和功能特征,首次肯定了闽南-台湾浅滩渔场为上升流渔场;以生产力为基础对渔业资源量进行了估算,为该渔场渔业资源的合理开发和管理提供科学依据。本研究不论在广度或深度上与以往国内同类研究相比有所发展和创新,被誉为我国海洋学史上的一个里程碑。本研究出版我国首部近海渔场上升流生态系研究专著。

为表彰在促进科学技术进步工作中做出重大贡献，特颁发此证书，以资鼓励。

奖励日期：一九九五年十二月

证书号：13-3-036-01

获奖项目：闽南——台湾浅滩渔场上升流区生态系

获奖者：洪华

奖励等级：三等

国家科学技术委员会

3. 学术成果：海洋初级生产力结构及微型生物生态学研究

完成人：焦念志、王　荣、杨燕辉、张　瑶、曾永辉

获奖等级：国家科学技术奖二等奖

获奖年份：2006 年

成果简介：该成果针对初级生产力这个核心问题，瞄准“海洋微型生物”这一 20 世纪末新崛起的国际前沿科学问题，通过方法创新、理论深化，以及近 10 年系统的现场实测研究，获取了我国东海、南海等代表性海区大量的第一手资料，形成了关于海洋初级生产力形成机制、微型生物在海洋生态系统中地位和作用的系统成果。提出了“海洋初级生产力结构”新概念，深入细致地刻画了初级生产力的内涵，表达了不同类群生产者对总初级生产力的贡献、不同粒级生产者所形成的初级生产力的能流途径、不同形式的初级生产力产品(例如颗粒有机碳和溶解有机碳的生产力)在生态系统中的作用，以及总初级生产力中反映海洋净固碳能力部分(新生产力)等重要信息。

国家自然科学奖

证 书

为表彰国家自然科学奖获得者，特颁发此证书。

项目名称：海洋初级生产力结构及微型生物生态学研究

奖励等级：二等

获 奖 者：焦念志(厦门大学)

证书号：2006-Z-104-2-05-R01

4. 学术成果：微型生物在海洋碳储库及气候变化中的作用

完成人：焦念志、张　瑶、骆庭伟、张　锐、郑　强

获奖等级：国家科学技术奖二等奖

获奖年份：2015 年

成果简介：微型生物是海洋生态系统中“看不见的主角”，在全球变化中扮演着举足轻重的角色。该成果以海洋碳循环为主线，从宏观效应着眼、从微观过程着手，系统研究了海洋微型生物的生态过程与环境效应，创新性提出了“海洋微型生物碳泵（MCP）”海洋储碳新机制，诠释海洋调节气候变化的新认识。MCP 被 Science 杂志评论为“巨大碳库的幕后推手”。成果被 Nature Reviews Microbiology 作为 Featured Article 发表，并在其网站首页、期刊封面、及目录做了突出展示，美国科学院院刊 PNAS 文章指出，“MCP 机制研究有助于理解古代海洋和现代海洋碳循环对于未来气候变化的响应”；国际海洋科学委员会为此设立了以 MCP 为命名的科学工作组 WG134，促进了学科发展，显著提升了我国在该领域的国际影响力。

国家自然科学奖

证　书

为表彰国家自然科学奖获得者，特颁发此证书。

项目名称：微型生物在海洋碳储库及气候变化中的作用

奖励等级：二等

获 奖 者：焦念志（厦门大学）

中华人民共和国国务院

2015年12月16日

证书号：2015-Z-104-2-03-R01

二、省部级科研成果奖[①]

序号	获奖年份	奖项	等级	成果名称	成果完成人
1	1988	福建省科学技术奖	三等奖	数字时间相关积累信号处理及其应用	许天增、何恩典、梁筠莲、许水源、黄衍镇、黄锡明
2	1991	福建省科学技术奖	二等奖	福建近海及临近海区经济鱼类生物学研究	丘书院、张其永、江素菲、徐旭才、杨圣云

① 说明：以成果获奖时间为序。

续表

序号	获奖年份	奖项	等级	成果名称	成果完成人
3	1991	国家教委科技进步奖	二等奖	罗源湾濂沃鱼虾贝综合开发研究	许振祖、杨圣云、高世和、傅子琅、胡建宇、洪华生、郭劳动、李文权、黄加祺、沈国英、周时强、蔡爱智、江素菲、林大鹏、陈天奇
4	1992	国家教委科技进步奖	三等奖	福建九龙江口红树区大型底栖动物的群落生态及其开发应用研究	李复雪、高世和、周时强、蔡立哲、柯才焕
5	1992	国家教委科技进步奖	二等奖	海洋环境中铀系不平衡的研究	黄奕普、施文远、罗尚德、陈绍勇
6	1992	国家教委科技进步奖	二等奖	湄洲湾海域污染场迁移扩散自净能力及其利用研究	陈金泉、商少平、陈祥彬、潘伟然、吴瑜端
7	1992	国家教委科技进步奖	一等奖	福建省湄洲湾新经济开发区环境规划	陈金泉(第3获奖人)、商少平(第12获奖人)
8	1996	福建省科学技术奖	三等奖	福建若干港湾和台湾海峡南部上升流区初级生产力研究	李文权、王宪、蔡阿根、郑爱榕
9	1996	福建省科学技术奖	二等奖	锯缘青蟹生殖生物学和人工育苗技术研究	李少菁、王桂忠、林琼武、曾朝曙、刘正瑞
10	1997	山东省科技进步	二等奖	风暴潮客观分析、四维同化和数值预报产品研究	冯士筰、孙文心、汪景镛,商少平、史峰岩

续表

序号	获奖年份	奖项	等级	成果名称	成果完成人
11	1999	教育部科学技术进步奖	三等奖	香港和厦门港湾污染沉积物的来源及变化过程研究	洪华生、徐立、张珞平、薛雄志、黄邦钦、王新红、陈伟棋、商少凌、彭兴跃、蔡立哲、李玉柱、林庆梅、郑天凌、洪丽玉、黄建东
12	2001	福建省科学技术进步奖	三等奖	UNIX系统下的电子邮件安全防护系统	商少平、陈曦、田耕、傅明德、陈晓筹
13	2002	福建省科学技术奖	三等奖	南沙海域核素分布规律的研究	黄奕普、陈敏
14	2003	福建省科学技术奖	三等奖	大黄鱼养殖病害防治技术研究	苏永全、王军、鄢庆枇、池信才、杨文川
15	2004	福建省科学技术奖	二等奖	福建近岸海域持久性有机污染物的迁移转化规律及生物毒性效应研究	洪华生、王新红、徐立、陈伟琪、张珞平、张祖麟、林建清
16	2005	福建省科学技术奖	二等奖	福建典型海水养殖区富营养化的生物修复技术研究	焦念志、梁红星、汤坤贤、钱鲁闽、方少华、徐永健、袁东星
17	2005	福建省科学技术奖	三等奖	中华鲟移地人工养殖技术研究	林金忠、苏永全、肖懿哲、周永灿、林星
18	2006	教育部高等学校科学研究优秀成果奖	二等奖	台湾海峡微型浮游生物生态研究	洪华生、黄邦钦、郑天凌、王大志、高亚辉、张钒、王海黎、黄家琪、李少菁、阮五琦、柯林、陈钢、朱长寿、林元烧、林学举、王斐

续表

序号	获奖年份	奖项	等级	成果名称	成果完成人
19	2006	教育部科学技术进步奖	一等奖	中国下一代互联网示范工程CNGI示范网络核心网CNGI-CERNET2/6IX	商少平(第22完成人)
20	2006	福建省科学技术奖	二等奖	大弹涂鱼生产性育苗技术研究及规范化养殖	洪万树、张其永、江国强、叶启旺、蔡珠金、王昌各、李雅璀、詹仁帮、林来吉、俞云灿
21	2006	福建省科学技术奖	二等奖	新型升降式抗风浪网箱研制及养殖技术研究	郑国富、戴天元、洪明苇、黄桂芳、朱健康、李善贞、许肖梅
22	2007	福建省科学技术奖	三等奖	两种石斑鱼引种及人工育苗技术研究	苏永全、王军、周永灿、罗颖辉、池信才
23	2008	福建省科学技术奖	二等奖	杂色鲍的遗传改良及中试示范	柯才焕、王志勇、潘太平、周时强、王艺磊、张子平、蔡明夷、游伟伟、郭峰、王鹭骁
24	2008	福建省科技进步奖	二等奖	九龙江流域非点源污染机理与控制研究	洪华生、张珞平、曹文志、陈伟琪、黄金良、张玉珍、阮伏水、王钦建、陈能汪、王卫平
25	2009	教育部高等学校科学研究优秀成果奖	一等奖	低纬度近海碳的源汇格局与调控机理	戴民汉、翟惟东、蔡平河、郭香会、陈蔚芳
26	2009	福建省科学技术奖	二等奖	鲍多倍体育种技术的研究	严正凛、陈昌生、梁红星、曹文清、颜素芬、张钒、杜庆红
27	2010	福建省标准贡献奖	二等奖	《卵形鲳鲹配合饲料》(DB35/ T 848-2008)	陈庆堂、艾春香、张焦南

续表

序号	获奖年份	奖项	等级	成果名称	成果完成人
28	2011	福建省标准贡献奖	二等奖	玻璃鳗配合饲料（DB 35/T 981-2010）	陈庆堂、艾春香、张蕉南、胡兵、张蕉霖
29	2012	教育部科学技术进步奖	一等奖	我国近海重要头足类规模化繁育和资源养护技术研究与示范	吴常文、陈四清、林祥志、张秀梅、毛勇、吕振明、徐梅英、郑小东、迟长凤、张建设、朱爱意、高天翔、常抗美、夏灵敏
30	2012	福建省科学技术奖	二等奖	台湾海峡及周边海域业务化海洋防灾减灾决策支持系统	刘修德、林海华、林法玲、洪华生、商少平、张友权、郭小钢
31	2012	福建省科学技术奖	二等奖	两岸联合开展台湾海峡主要渔业资源利用与养护	戴天元、苏永全、阮五崎、沈长春、颜尤明、王军、庄庆达
32	2012	福建省科学技术奖	三等奖	鳗鱼药残控制技术与环保高效配合饲料技术	关瑞章、樊海平、艾春香、林天龙、江兴龙
33	2013	教育部高等学校科学研究优秀成果奖	二等奖	“东优1号”杂色鲍新品种的培育及推广应用	柯才焕、游伟伟、骆轩、潘太平、林壮炳、毕卫萍、王德祥、虞晋晋、黄妙琴、陈敬严
34	2013	福建省科学技术奖	三等奖	海洋桡足类滞育生物学研究	王桂忠、李少菁、吴荔生、姜晓东
35	2014	福建省科学技术奖	二等奖	石斑鱼种业创新与产业化工程建设	黄种持、王涵生、方琼珊、郑乐云、林克冰、蔡良候、丁少雄
36	2014	福建省科学技术奖	三等奖	台湾海峡重要渔业资源渔场形成机制及可持续利用关键技术与示范	戴天元、林龙山、王军、张静、苏永全

续表

序号	获奖年份	奖项	等级	成果名称	成果完成人
37	2014	福建省科学技术奖	一等奖	微型生物在海洋碳储库及气候变化中的作用	焦念志、张瑶、骆庭伟、张锐、郑强
38	2014	福建省标准贡献奖	三等奖	鳗鲡配合饲料(SC/T 1004-2010)	艾春香、张蕉南、陈人弼、胡兵、张蕉霖
39	2016	福建省科学技术奖	二等奖	基于高效信道匹配的浅海水声通信技术	童峰、许肖梅、陶毅、陈友淦、陈东升
40	2016	福建省科学技术奖	二等奖	南沿海浅海五中特色经济底栖生物资源恢复技术集成与示范	曾志南、柯才焕、陈丕茂、柴雪良、高如承、林国清、尤颖哲
41	2016	福建省科学技术奖	三等奖	高效鳗鲡配合饲料的开发及其在鳗鲡健康养殖全过程中的应用	张蕉南、艾春香、陈庆堂、胡兵、张蕉霖
42	2016	福建省科学技术奖	一等奖	海洋酸化对初级生产过程的影响、机制及其生态效应	高坤山、徐军田、高光、金鹏、吴亚平
43	2017	福建省专利奖	三等奖	一种西氏鲍与皱纹盘鲍种间杂交制种方法	骆轩、柯才焕、游伟伟
44	2018	福建省科学技术奖	三等奖	浮游植物营养代谢、珊瑚共生及赤潮生消的生态过程及基因调控	林森杰、林昕
45	2018	福建省科学技术奖	三等奖	基于精准营养的高效环境友好型大黄鱼系列配合饲料的研发与应用	张蕉南、艾春香、陈加成、胡兵、杨欢

续表

序号	获奖年份	奖项	等级	成果名称	成果完成人
46	2019	福建省科学技术奖	三等奖	多重环境压力下海洋酸化的生理生态影响及其食物链效应	高坤山、金　鹏、徐军田、李富田、陈善文

1. 学术成果：数字时间相关积累信号处理及其应用

完成人：许天增、何恩典、梁筠莲、许水源、黄衍镇、黄锡明

获奖等级：福建省科学技术奖三等奖

获奖年份：1988 年

成果简介：1978 年，海洋物理科研组承担了国家海洋局水声释放器研制任务。次遥控仪要求检测概率趋于 1，虚警概率趋于 0，以免造成水下待回收设备的丢失，设计有相当的难度。此释放器的水声遥控通信机采用与数字时间相关的积累信号处理方式。它利用了海中遥控脉冲信号有远大于海洋噪声的相关性，对发射一定个数的脉冲序列进行相关检测后积累，经与一确知的门限电平进行比较、判决，较大地提高整机的信噪比，实现了预期的研究目标。数字时间相关积累信号处理除了可用于低速率的水声通信、遥测、遥控外，尚可应用于主动声呐，进行水中目标的探测，同样具有优良的抗噪声性能。在探鱼群、测海深及二者兼用的主动声呐研制中，证明了此结论。

2. 学术成果：福建近海及临近海区经济鱼类生物学研究

完成人：丘书院、张其永、江素菲、徐旭才、杨圣云

获奖等级：福建省科学技术奖二等奖

获奖年份：1991 年

成果简介：该项目较全面地研究了福建近海及临近海区主要经济鱼类及其生物学特征。主要成果包括构成渔业资源主体的经济鱼类如金色沙丁鱼、蓝圆鲹、二长棘鲷、多齿蛇鲻、大头狗母鱼、鲻鱼、大弹涂鱼、带鱼、赤点石斑鱼、斑纹犁头鳐等种类的年龄结构、生长、摄食习性、生殖力、种群鉴别、渔业资源群聚特点；该海区主要经济鱼类鱼卵、仔鱼、稚鱼形态及发育特征等内容。研究发现，分布于该海域的沙丁鱼类不是原来记录的 4 种，而有 10 种之多；闽南-台湾浅滩鱼类多达 512 种，鱼种之间的食物网关系复杂；鱼种之间存在摄食与被摄食关系、种内竞争和种间竞争的关系。该研究成果为深入分析该海区渔业资源结构、评估

渔业潜在资源量和可持续产量以及渔业管理决策提供了充分的科学依据。

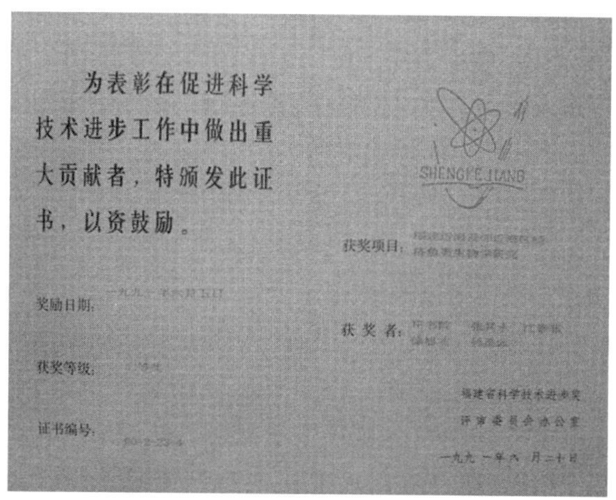
为表彰在促进科学技术进步工作中做出重大贡献者，特颁发此证书，以资鼓励。

奖励日期：

获奖等级：

证书编号：

SHENGKE JIANG

获奖项目：

获 奖 者：

福建省科学技术进步奖评审委员会办公室

一九九一年六月二十日

3. 学术成果：罗源湾濂沃鱼虾贝综合开发研究

完成人：许振祖、杨圣云、高世和、傅子琅、胡建宇、洪华生、郭劳动、李文权、黄加祺、沈国英、周时强、蔡爱智、江素菲、林大鹏（连江县）、陈天奇（罗源县）

获奖等级：国家教委科技进步奖二等奖

获奖年份：1991 年

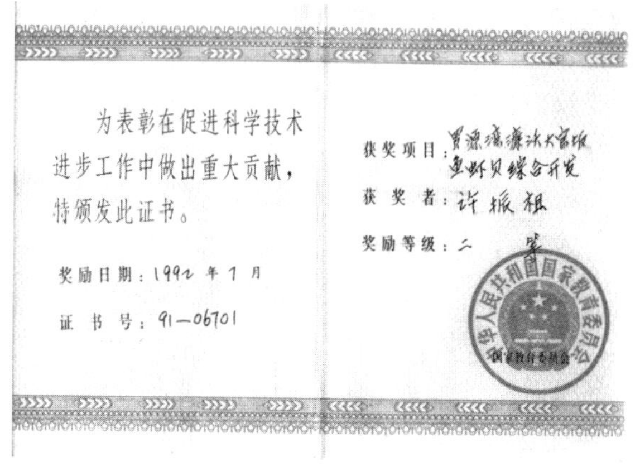
为表彰在促进科学技术进步工作中做出重大贡献，特颁发此证书。

奖励日期：1992 年 1 月

证 书 号：91—06701

获奖项目：罗源湾濂沃大官坂鱼虾贝综合开发

获 奖 者：许振祖

奖励等级：二 等

中华人民共和国国家教育委员会

成果简介：1985 年，厦门大学牵头，并与连江县、罗源县合作，主持承担了国家科委《罗源湾濂沃大官坂鱼虾贝综合开发》项目。该项目共分罗源湾鱼虾贝资源开发的部分基础研究、罗源湾大官坂鱼虾混养和太平洋牡蛎增养殖技术开发、罗源湾濂沃垦区太平洋牡蛎半人工育苗及海区养成技术开发 3 个课题。通过三年共同努力，项目组出版了《福建省罗源湾海域综合调查研究专辑》，提出“罗源湾生物资源开发设想”为罗源湾的综合技术开发提供了很有价值的科学依据。

项目组举办4期培训班,培训人员达457人次,推动了大官坂万亩虾池综合利用和太平洋牡蛎增养殖工作的开展。该项目是基础研究、开发研究和人才培训三者紧密结合的成功范例,充分体现了厦门大学跨学科团队的大协作精神。

4. 学术成果:福建九龙江口红树区大型底栖动物的群落生态及其开发应用的研究

完成人:李复雪、高世和、周时强、蔡立哲、柯才焕

获奖等级:国家教委科技进步奖三等奖

获奖年份:1992年

成果简介:本项目研究福建九龙江口红树区大型底栖动物的群落生态学、资源学及其开发利用,探索这些动物与红树林生境的特殊关系。鉴定了底相和树上动物100多种,阐述了以甲壳类和软体动物为主的群落结构、群落成因及其生态环境和现状。发现九龙江口红树区底栖动物群落基本无季节演替现象,仅有生物量的变化。划分了九龙江口三个生物分布带。对九龙江口和香港红树区贝类的区系性质作了比较研究。发现钻孔动物是九龙江口红树的重要敌害生物,针对敌害动物的生态特点,提出保护红树林的三项措施和开展水产增养殖的建议。本研究还提供了海水增养殖对象的食物链基础数据,可供生产开发时参考。这是国内有关红树区底栖动物生态的开创性工作,成果达到国内领先水平。

5. 学术成果:海洋环境中铀系不平衡的研究

完成人:黄奕普、施文远、罗尚德、陈绍勇

获奖等级:国家教委科技进步奖二等奖

获奖年份:1992年

成果简介:本项研究运用海洋环境中铀钍锕系不平衡研究一系列重大海洋学问题,先后获如下成果:(1)研究建立了一整套海洋物质中铀钍锕系重要核素的分离测定法,方法简便、准确、有独创性,尤其是分离铀、钍、铁的单柱法,简便、准确、回收率高、成本低,已在国外应用。(2)运用单柱法重新评价东澳珊瑚礁的铀系年龄,纠正国外学者的错误结论。(3)深海锰结核生长动力学及其成因的研究:建立了测定大洋锰结核生长速率的三种方法;在国内首次报道了大洋锰结核的生长速率和翻转时间;在国际上首次就Ni、V、Zn等微量元素在锰结核中的深度分布特征,提出了扩散模式;建立了锰结核生长与沉积环境关系的更普遍、更符合实际的经验公式。(4)近岸及陆架区沉积动力学的研究:建立分离^{210}Pb的新程序,提出沉积物压实和盐效应校正的精密方法;确立湄州湾的^{210}Pb年代学模式;实测东海陆架、厦门港、湄州湾的沉积速率等。(5)在全国铀系标样比对中,提出独特的分离流程,获得最佳的比对结果和最佳的α能谱分辨率27 kev。

经专家鉴定，一致认为："该项研究内容丰富，系统性强，理论分析有据，填补了我国的空白，创新点达到国际先进水平，其中部分研究达到国际领先水平，对我国海洋地球化学水平的提高起到重要的推动作用。"

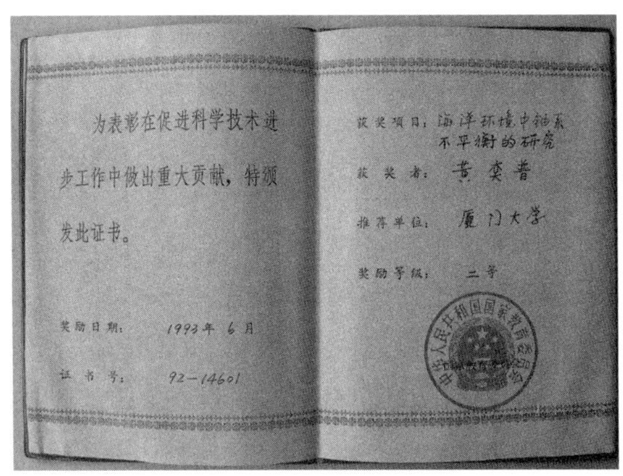

为表彰在促进科学技术进步工作中做出重大贡献，特颁发此证书。

奖励日期：1993年6月

证书号：92-14601

获奖项目：海洋环境中铀系不平衡的研究

获奖者：黄奕普

推荐单位：厦门大学

奖励等级：二等

中华人民共和国国家教育委员会

6. 学术成果：湄洲湾海域污染场迁移扩散自净能力及其利用研究

完成人：陈金泉、商少平、陈祥彬、潘伟然、吴瑜端

获奖等级：国家教委科技进步奖二等奖

获奖年份：1992 年

成果简介：本成果在湄洲湾海域建立了更为严格的二维拉格朗日水质数值预测模型，并用多种水质模型预测同一方案的水质，取得一致的结果。提出海湾水质"浓度响应系数"及"排污速率响应系数"的概念，以"排污速率响应系数"作为量度海湾各区迁移扩散能力的物理量，并编绘其分布图。提出海湾"排放总量集"的概念，并导出求其准确解的方法，从而提出了水质控制管理系统。为湄洲湾的合理开发及今后的水质管理提供了科学依据。

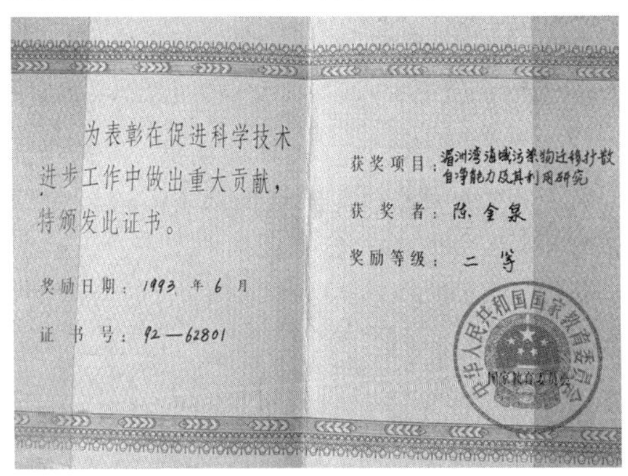

为表彰在促进科学技术进步工作中做出重大贡献，特颁发此证书。

奖励日期：1993年6月

证书号：92—62801

获奖项目：湄洲湾海域污染物迁移扩散自净能力及其利用研究

获奖者：陈金泉

奖励等级：二等

中华人民共和国国家教育委员会

国家教育委员会

7. 学术成果：福建省湄洲湾新经济开发区环境规划

完成人：陈金泉（第 3 获奖人），商少平（第 12 获奖人）

获奖等级：国家教委科技进步奖一等奖

获奖年份：1992 年

成果简介：本项目划分为七个课题开展研究，大气课题指出秀屿与肖厝有可能出现污染叠加的问题，提出了秀屿不建钢厂、肖厝控制石油化工规模的建议；海洋生态综合整治课题提出了七个优化排污口的建议，得出了这七个排污口对海域环境质量影响的浓度响应系数，并明确提出了七个排污口的优劣排序；生态课题提出了防止赤潮可能出现的控制指标及具体的指标值，同时明确提出了滩涂养殖业在湄洲湾地区工业发展中的协调对策；水、土课题指出湄洲湾地区陆域有大量适宜于工业开发用的土地，同时还指出该地区水资源短缺是发展的一大限制因素，对拟定的三期开发规模采取适当的调水措施；规划课题提出了环境规划的理论出发点——环境承载力的概念、定义和表示方法，并在此基础上把各微观研究成果有机地统一起来，从而对该地区环境-经济的协调发展提出了充分、实用性强的决策建议和在福建省可以实行的、能保证规划目标实现的管理政策和措施建议。

8. 学术成果：福建若干港湾和台湾海峡南部上升流区初级生产力研究

完成人：李文权、王　宪、蔡阿根、郑爱榕

获奖等级：福建省科学技术奖三等奖

获奖年份：1996 年

成果简介：该成果采用^{14}C 示踪法测定了福建省沿岸罗源湾和湄州湾海域水

体，漳浦沿岸对虾养殖池和台湾海峡南部上升流区的初级生产力，分析了不同海区初级生产力与主要环境因子的相互关系，并总结了相应的数学模式。采用实验生态的方法研究了光照、营养盐、温度和一些金属元素对初级生产力的影响；发现海水 N/P 为 16/1 时，三角褐指藻蛋白质合成相对量最高；模拟研究了光照强度对海水中叉鞭金藻生长的影响，得出了一级速率常数；测定两种藻类的光合作用速率、计算其平均活化能；研究重金属对藻类生长的影响，发现有机络合铁、胶态铁具有促进初级生产力的提高。该成果对生物资源开发和水产养殖有一定指导意义，为预估自然海区渔业生产量提供了科学依据。

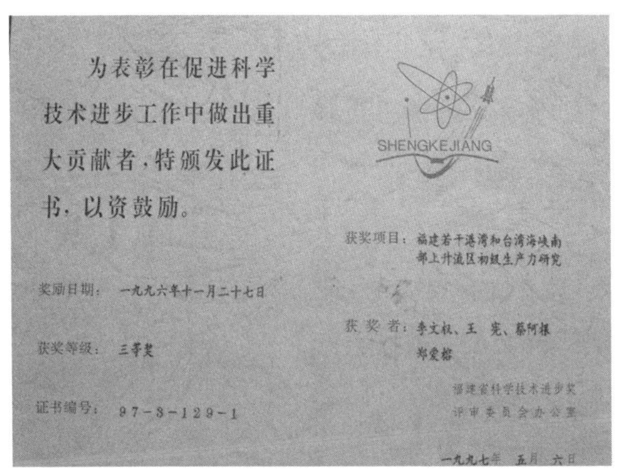

为表彰在促进科学技术进步工作中做出重大贡献者，特颁发此证书，以资鼓励。

SHENGKEJIANG

获奖项目：福建若干港湾和台湾海峡南部上升流区初级生产力研究

奖励日期：一九九六年十一月二十七日

获奖者：李文权、王　宪、蔡阿根、郑爱榕

获奖等级：三等奖

福建省科学技术进步奖评审委员会办公室

证书编号：97-3-129-1

一九九七年　五月　六日

9. 学术成果：锯缘青蟹生殖生物学和人工育苗技术研究

完成人：李少菁、王桂忠、林琼武、曾朝曙、刘正瑞

获奖等级：福建省科学技术奖二等奖

获奖年份：1996 年

成果简介：该项目系统地开展了青蟹生殖生物学、幼体实验生态和人工育苗技术的研究。1986 年 7 月在实验室首次成功地培育出仔蟹。随后，育苗技术日臻完善，在小水体高密度培育下，大眼幼体可达 1 万只/m^3，第一期仔蟹可达 4000 只/m^3。1993 年春季和秋季在中尺度水体进行人工育苗获得成功。1994 年成功地进行了生产性人工育苗，一次就收获仔蟹 214.5 万只，育苗成活率达 21.8%，这是国内外首例的青蟹生产性人工育苗。1993 年开展土池放养人工培育的仔蟹跟踪实验及仔蟹越冬实验，结果表明，人工培育的蟹苗存活率高，可顺利越冬。在秋、冬季青蟹非繁殖和生长季节进行人工育苗和蟹苗越冬在生产上

有重要意义。根据所获得的研究结果，提出了青蟹人工育苗和养成的工艺流程，经应用获得了明显的经济和社会效益。

为表彰在促进科学技术进步工作中做出重大贡献者，特颁发此证书，以资鼓励。

奖励日期：一九九六年十一月二十七日

获奖等级：二等奖

证书编号：97-2-04-4

SHENGKEJIANG

获奖项目：锯缘青蟹生殖生物学和人工育苗技术研究

获 奖 者：李少菁、王桂忠、林琼武、曾朝曙、刘正琮

福建省科学技术进步奖评审委员会办公室

一九九七年五月六日

10. 学术成果：风暴潮客观分析、四维同化和数值预报产品研究

完成人：冯士筰、孙文心、汪景镛，商少平、史峰岩

获奖等级：山东省科技进步二等奖

获奖年份：1997 年

成果简介：国家“八五”科技攻关项目“风暴潮客观分析、四维同化和数值预报产品研究”的模型型预报功能，与“七五”时期的预报功能相比，已扩大到包括风暴和天文潮非线性耦合增水预报和海水范围的漫滩预报（英国和美国当时模型预报的功能仅分别具有前者和后者）。在此项目中，使用了自行研制的“交序

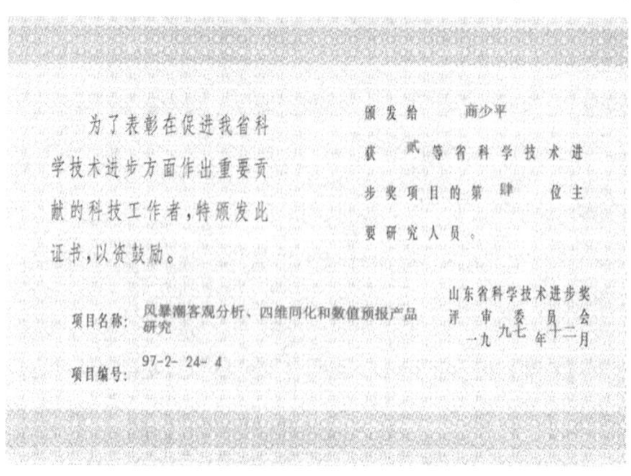
为了表彰在促进我省科学技术进步方面作出重要贡献的科技工作者，特颁发此证书，以资鼓励。

项目名称：风暴潮客观分析、四维同化和数值预报产品研究

项目编号：97-2-24-4

颁发给　商少平

获贰等省科学技术进步奖项目的第肆位主要研究人员。

山东省科学技术进步奖评审委员会

一九九七年十二月

法”、“有限时间解析各式”和自适应坐标变换变边界数值模型，并且在国内首先使用了变边界模型对黄河三角洲的风暴潮漫滩进行了数值模拟研究。这一研究采用了国际上的干湿网格和代数坐标变换模型，并在国内外率先使用了自行研制的坐标变换模型。经过对上述 5 种数值模型的计算比较，最终选定了适于黄河口的预报模式。

11. 学术成果：香港和厦门港湾污染沉积物的来源及变化过程研究

完成人：洪华生，徐立，张珞平，薛雄志，黄邦钦，王新红，陈伟棋，商少凌，彭兴跃，蔡立哲，李玉柱，林庆梅，郑天凌，洪丽玉，黄建东

获奖等级：国家教育部科学技术进步奖三等奖

获奖年份：1999 年

成果简介：沿海是经济发展速度最快的地区，发展所带来的污染问题日益严重。人类所产生的污染物通过不同途径汇集到河口港湾，许多污染物通过絮凝或吸附于颗粒物质而沉降到海底，沉积物通常被认为是污染物的最终归宿。但近年来的研究表明，对陆源排污的控制虽有加强，但河口港湾所累积的污染沉积物可以成为二次污染源，将污染物再次释放进入水体，产生生态毒理效应，还能通过食物链传递和富集，对人类健康构成威胁。

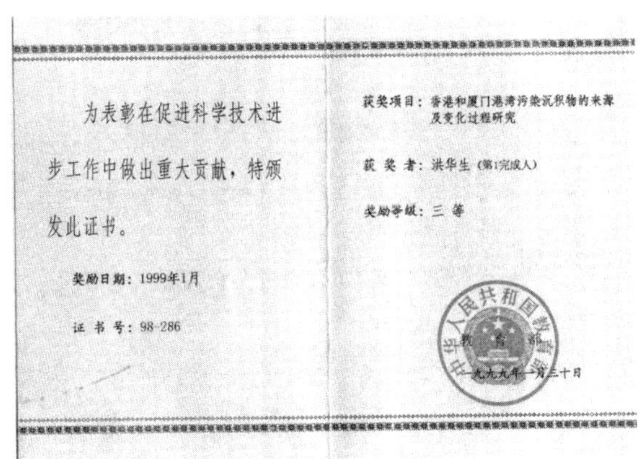

为表彰在促进科学技术进步工作中做出重大贡献，特颁发此证书。

奖励日期：1999年1月

证 书 号：98-286

获奖项目：香港和厦门港湾污染沉积物的来源及变化过程研究

获 奖 者：洪华生（第1完成人）

奖励等级：三 等

中华人民共和国教育部

一九九九年一月三十日

本研究比较全面深入地研究沉积污染物的来源、分布特征及变化动力学过程，研究沉积物对上覆水的影响及对生物的效应，为环境管理、港湾工程提供科学依据。取得如下创新性成果：(1)首次全面、系统地研究了香港维多利亚港和厦门西港的有机污染状况，比较详细地研究了它们在沉积物中的分布特征、来源和变化过程；(2)建立了沉积物中有机标记物脂肪酸和甾醇的分析鉴定方法；

(3)深入研究了厦门西海域沉积物中的磷循环过程,并初步建立了磷循环模式;(4)首次对香港维多利亚港和厦门西港沉积物碱性磷酸酶活性进行研究;(5)探讨了微生物生态、大型底栖动物生态和底栖硅藻与沉积物水体污染的关系;(6)从港湾的生态环境特点探讨了填海工程的影响。

12. 学术成果:UNIX 系统下的电子邮件安全防护系统

完成人:商少平、陈　曦、田　耕、傅明德、陈晓筹

获奖等级:福建省科学技术进步奖三等奖

获奖年份:2001 年

成果简介:采用来信触发式过滤技术和基于邮件内容及地址的关键词逻辑组合判断技术,可自动拦截国家明令禁止传播的有害信息与邮件型病毒;可依据国家政策法规,制订拦截信息内容策略,可处理 512 组关键词的"与"、"或"、"与非"组合判断;可对进入服务器的邮件自动解码分析,识别伪装技术,确保信息内容的安全;对符合关键词组合的文本型、页面型及附件形式(含压缩文档)的有害邮件,本系统的拦截成功率大于 99%。可移植性好,支持 Solaris、Linux、AIX 等操作系统平台;获国家管理部门推荐,在全国七个省二十多所院校推广使用。

为表彰在促进科学技术进步工作中做出重大贡献者，特颁发此证书，以资鼓励。

SHENGKEJIANG

获奖项目：UNIX 系统下的电子邮件安全防护系统

奖励日期：二〇〇一年一月十九日

获 奖 者：商少平、陈 曦、田 耕、傅明德、陈晓筹

奖励等级：三 等 奖

证书编号：2000-3-113-1

福建省科学技术进步奖评审委员会办公室

二〇〇一年三月十三日

13. 学术成果:南沙海域核素分布规律的研究

完成人:黄奕普、陈敏

获奖等级:福建省科学技术奖三等奖

获奖年份:2002 年

成果简介:本研究成果主要研究南沙群岛海域中固有的^{2}H(D)、^{226}Ra、

^{228}Ra、^{234}Th、^{234}U、^{238}U 等放射与稳定同位素的分布特征、分布规律及其揭示的重要海洋学信息。具体分为两部分：(1)海洋水体运动的研究：利用氘(^{2}H 或 D)、镭同位素(^{226}Ra、^{228}Ra)在南沙海域的分布特征和分布规律及其与水体运动、气象状况、地貌特征等的关系，着重揭示南沙水体运动(环流、氘-盐相关性、水平与垂直涡动扩散等)的规律。(2)真光层颗粒动力学：利用^{234}Th/^{238}U 不平衡在南沙海域的时空分布特征，研究南沙海域真光层的层化结构、颗粒清除模式、颗粒物清除与除去速率、海域的新生产力以及^{234}Th 在实际海区中的固/液分配规律。研究特点：藉助海区中微观粒子-核素的观测，洞悉大时空尺度的宏观海洋过程的规律性，将核素分布与水体运动、生物活动等巧妙地、紧密地、成功地结合起来。由于涉及到海水中极其痕量的核素的富集与测定，因而工作量及难度都很大。国家教委主持的专家鉴定认为："该项研究成果对我国海洋科学的发展具有重要意义和价值，对于海域的环境保护与资源的持续开发利用也有实际的意义。"

14. 学术成果：大黄鱼养殖病害防治技术研究

完成人：苏永全、王　军、鄢庆枇、池信才、杨文川

获奖等级：福建省科学技术奖三等奖

获奖年份：2003 年

成果简介：建立大黄鱼细菌病的单抗夹心 ELISA、间接 ELISA 和荧光抗体等病原快速检测方法；提取溶藻弧菌脂多糖对大黄鱼免疫保护率达 40%；诱变筛选出对 2 种病原菌同时具有明显拮抗作用的海洋放线菌；鉴定出 5 种贝尼登虫病原，首次明确新贝尼登虫为大黄鱼贝尼登虫病主要病原，完成其生活史及流

行病学研究，提出了“回流过滤除卵法”等生物防治方法；筛选出中药“灭虫灵2B”取代有机磷农药“敌百虫”，有效减少药物对水体和养殖鱼的污染；首次在大黄鱼体内检出2种病毒病病原；2000年116个试验网箱，幼鱼未发病，成活率高于87%。成鱼发病率低于20%，成活率达到98%，减少发病率50%；2001年在罗源湾推广317个大黄鱼养殖网箱取得很好效果，新增利润89.6万元。

为表彰福建省科学技术奖获得者，特颁发此证书。

获奖项目：大黄鱼养殖病害防治技术研究

获 奖 者：苏永全、王 军、鄢庆枇、池信才、杨文川

奖励等级：三等奖

奖励日期：2003年12月7日

证书编号：2003—3—034—1

福建省人民政府 2003年12月

15. 学术成果：福建近岸海域持久性有机污染物的迁移转化规律及生物毒性效应研究

完成人：洪华生、王新红、徐　立、陈伟琪、张珞平、张祖麟、林建清

获奖等级：福建省科学技术奖二等奖

获奖年份：2004年

成果简介：海洋环境中持久性有机污染物(Persistant Organic Pollutants，简称POPs)具有长期残留、生物蓄积和高毒的特性，对生态环境和人体健康的不良影响具有长期性、隐蔽性和滞后性等特点。本项目的研究包括：(1)对福建近岸海域重要河口港湾的持久性有机污染物进行了全面、系统的研究，揭示了POPs在福建河口港湾环境不同储圈中(表层水、底层水、间隙水、沉积物、生物体)的来源、时空分布特征及迁移转化规律，不仅填补了福建近岸海域该研究的空白，还为深入开展我国近岸POPs的研究奠定了基础。(2)建立了具有国际先进水平的测定海洋经济动物(鱼和贝)中多种生物标志物的方法，包括抗氧化防御系统、EROD、乙酰胆碱酯酶Ache、鱼卵胚胎异常、血细胞DNA损伤等、贻贝生长指数、微核试验、代谢产物等，开拓了生物标记物在近岸海域水体监测中的应用前景。(3)探讨了有机污染物(主要为PAHs、PCBs和DDTs)对养殖鱼类和贝类在分子和生物化学水平、细胞遗传学

为表彰福建省科学技术奖获得者，特颁发此证书。

获奖项目：福建近岸海域持久性有机污染物的迁移转化规律及生物毒性效应研究

获 奖 者：洪华生、王新红、徐　立、陈伟琪、张珞平、张祖麟、林建清

奖励等级：二等奖

奖励日期：2004年12月5日

证书编号：2004—2—039—1

福建省人民政府 2004年12月

水平和生理学水平上的生物毒性效应及其与水体污染程度的相关性，为建立养殖水体污染的早期预警指标和防治提供科学依据。

16. 学术成果：福建典型海水养殖区富营养化的生物修复技术研究

完成人：焦念志、梁红星、汤坤贤、钱鲁闽、方少华、徐永健、袁东星

获奖等级：福建省科学技术奖二等奖

获奖年份：2005 年

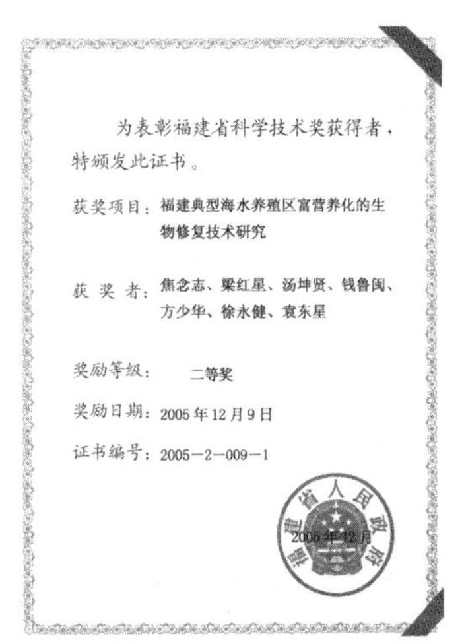

为表彰福建省科学技术奖获得者，特颁发此证书。

获奖项目：福建典型海水养殖区富营养化的生物修复技术研究

获 奖 者：焦念志、梁红星、汤坤贤、钱鲁闽、方少华、徐永健、袁东星

奖励等级：二等奖

奖励日期：2005 年 12 月 9 日

证书编号：2005—2—009—1

成果简介：海水养殖区环境被污染，会造成鱼虾发病死亡，经济损失严重。焦念志课题组科技人员进行了“典型养殖海区富营养化生物修复科技工程”课题的研究攻关，先后在东山西埔湾、八尺门海区、东山湾和杏陈、前楼等多处海区，指导鱼虾农试养从台湾等地引进的菊花心江蓠等良种和先进养殖技术，共试验养殖江蓠 3000 多亩，并进行鱼虾与江蓠混养、封闭性养殖等多种实验。经过课题组的攻关试验，研究证明，经修复的池塘藻类养殖区中海水的无机氮、无机磷、溶解氧的含量达到国家海水水质标准Ⅱ类要求，具有良好的生态效益；经生物修复后，实验区对虾成活率提高了 32%，池塘综合养殖产值提高了 30%～40%，网箱养鱼成活率提高了 40%～45%，具有明显的经济效益。

17. 学术成果：台湾海峡微型浮游生物生态研究

完成人：洪华生、黄邦钦、郑天凌、王大志、高亚辉、张　钒、王海黎、黄家琪、李少菁、阮五琦、柯　林、陈　钢、朱长寿、林元烧、林学举、王　斐

获奖等级：教育部高等学校科学研究优秀成果奖二等奖

获奖年份：2006 年

成果简介：近年来，许多大型国际研究计划如 JGOFS、GLOBEC 均将微型生物的研究作为其重要的研究内容。然而，由于微型生物（特别是微微型生物）个体极其微小，研究难度较大，以往对该领域的认识十分肤浅甚至空白。本成果系统、全面地研究了台湾海峡及其邻近海域微型浮游生物各个主要功能类群的生态学特征，基本阐明了该海域微型浮游生物群落的生态特点，取得一系列创新性成果。(1)揭示并阐明了台湾海峡浮游细菌生物量和生产力时空波动性较大的生态特征；(2)阐明了台湾海峡及厦门海域胞外酶活性—葡萄糖苷酶和碱性磷

酸酶的分布特性及其作用机制；(3)系统深入地研究了台湾海峡浮游植物生态结构，揭示该海域微型和微微型浮游植物的生态结构特征和环境影响机制；(4)首次运用自行建立的特征光合色素为标志物的生物标志方法，对台湾海峡浮游植物的类群组成、生产过程和生理状况进行了研究；(5)比较系统地开展了台湾海峡原生动物(纤毛虫和鞭毛虫)多样性及生态学研究，并采用改进的荧光标记技术研究了一种优势纤毛虫-具沟急游虫的摄食速率及其影响因子；(6)在国内率先开展中小型浮游动物的种类组成和生态特征的研究，揭示台湾海峡中小型浮游动物种多样性高、数量较大的特征。

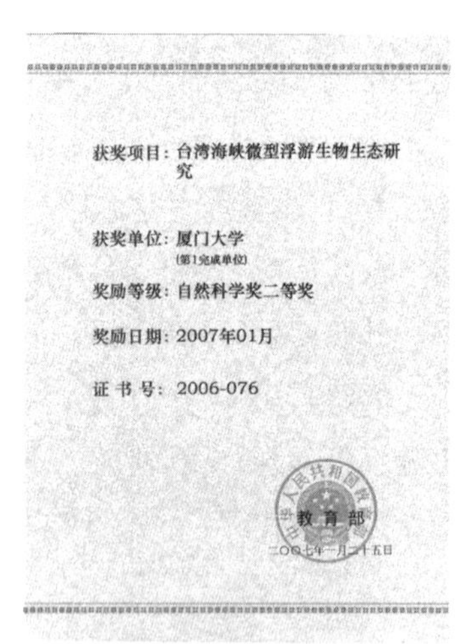
获奖项目：台湾海峡微型浮游生物生态研究

获奖单位：厦门大学
(第1完成单位)

奖励等级：自然科学奖二等奖

奖励日期：2007年01月

证书号：2006-076

本成果不仅填补了我国海域的多项研究空白，而且还针对目前国际上该领域研究的薄弱环节，取得了多项创新性突破。此成果不仅丰富了海洋生态学的内容，而且为台湾海峡及其邻近海域的生物资源评估、开发及管理提供了科学依据。

18. 学术成果：中国下一代互联网示范工程 CNGI 示范网络核心网 CNGI-CERNET2/6IX

完成人：商少平(第 22 完成人)

获奖等级：教育部科学技术进步奖一等奖

获奖年份：2006 年

成果简介：CNGI-CERNET2/6IX 基于 CERNET 高速传输网，建成连接我国 20 个城市、25 个核心节点、传输速率为 2.5G～10G 的全国学术性下一代互联网 CNGI-CERNET2 主干网。它是目前世界最大的纯 IPv6 互联网主干网。自主设计和建设了以国产关键设备为主的大型下一代互联网主干网。项目取得了四项重大成果：(1)建成并稳定运行全球第一个，也是规模最大的纯 IPV6 互联网主干网；(2)在国际上首次提出 IPv6 源地址认证互联新体系结构；(3)在国际上首次提出 IPv6overIPv4 的过渡技术方案，解决了向下一代互联网过渡的兼容性、可管理、可扩展、可靠性和自动配置等技术难题，为纯 IPv6 主干网建设和加快向 IPv6 过渡提供了重要解决方案；(4)首次在全国主干网大规模使用国产 IPV6 路由器，采用率达到 80%。

为表彰在促进科学技术进步工作中做出重大贡献，特颁发此证书。

获奖项目：中国下一代互联网示范工程CNGI示范网络核心网CNGI-CERNET2/6IX

获 奖 者：商少平（第22完成人）

奖励等级：科学技术进步奖一等奖

奖励日期：2007年01月

证 书 号：2006-145

二〇〇七年一月二十五日

19. 学术成果：大弹涂鱼生产性育苗技术研究及规范化养殖

完成人：洪万树、张其永、江国强、叶启旺、蔡珠金、王昌各、李雅璀、詹仁帮、林来吉、俞云灿

获奖等级：福建省科学技术奖二等奖

获奖年份：2006 年

成果简介：主要研究成果：(1)掌握了促进亲鱼性腺发育成熟技术和产卵规律；(2)明确仔、稚、幼鱼各发育阶段的适口饵料；(3)查明了仔、稚、幼鱼各发育阶段的适宜环境条件；(4)形成了大弹涂鱼生产性人工育苗技术工艺；(5)改造了养殖池结构，扩大了底栖硅藻培养面积；(6)掌握了合理的养殖密度；(7)改进了底栖硅藻的培养方法；(8)提出了寄生鱼蛭及其他病敌害的生态防治方法；(9)改进了成鱼的捕捞方法；(10)建立大弹涂鱼养殖管理操作模式。该研究成果总体达国际先进水平，其中规模化土池育苗达国际领先水平。推广大弹涂鱼规范化养殖面积 2.2 万亩，新增产量 114 万公斤，新增产值 10948 万元，新增纯利润 7110 万元，新增就业人员 4000 多人，取得了明显的经济和社会效益。

为表彰福建省科学技术奖获得者，特颁发此证书。

获奖项目：大弹涂鱼生产性育苗技术研究及规范化养殖

获 奖 者：洪万树、张其永、江国强、叶启旺、蔡珠金、王昌各、李雅璀

奖励等级：　二等奖

奖励日期：2006 年 12 月 31 日

证书编号：2006—2—015—1

20. 学术成果：新型升降式抗风浪网箱研制及养殖技术研究

完成人：郑国富、戴天元、洪明韦、黄桂芳、朱健康、李善贞、许肖梅

获奖等级：福建省科学技术奖二等奖

获奖年份:2006 年

成果简介:"新型升降式抗风浪网箱研制及养殖技术研究"是省科技厅 2002 年下达的重大科研项目,2006 年通过鉴定,总体达国际先进水平。

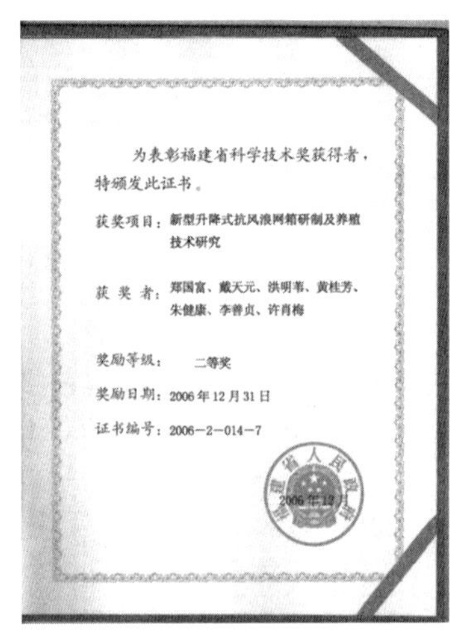

为表彰福建省科学技术奖获得者,
特颁发此证书。

获奖项目:新型升降式抗风浪网箱研制及养殖技术研究

获 奖 者:郑国富、戴天元、洪明苇、黄桂芳、朱健康、李善贞、许肖梅

奖励等级: 二等奖

奖励日期:2006 年 12 月 31 日

证书编号:2006—2—014—7

2006 年 12 月

项目实现了"HDPE 大型升降式抗风浪网箱"产业化生产,安全可靠,多次成功经受了 12 级以上强台风的正面袭击(或影响)。沉浮方便、操作简单,养殖与管理技术研究满足生产要求;自主研制成功"不对称双圆台抗风浪流网箱",解决抗海流问题,遥控沉浮保证应急时能安全下沉;研制成功"鱼群安全声学监控仪"、"棱台形鱼规格自动分级设备"和"渔用多功能投饵机"等关键配套设施;筛选出效果达 6 个月以上的防附着物涂料。有力推动了我省近海抗风浪网箱养殖业发展。厦门大学许肖梅为"鱼群安全声学监测仪"子任务负责人。

21. 学术成果:两种石斑鱼引种及人工育苗技术研究

完成人:苏永全、王　军、周永灿、罗颖辉、池信才

获奖等级:福建省科学技术奖三等奖

获奖年份:2007 年

成果简介:针对石斑鱼育苗中"有效开口饲料缺乏、相互蚕食和疾病难控"等难题,以常规方法与现代生物技术相结合,研制出 60μm～1250μm 微胶囊仔稚幼鱼饲料,单批次培育鞍带石斑(体长 33.8 mm,成活率 5.7%)和斜带石斑鱼苗鱼苗(38.3 mm,成活率 11.7%)各 4.03 万和 33.6 万尾;率先建立石斑鱼 NNV RT-PCR 快速检测法,并应用于厦门口岸进出境鱼类检疫;首次建立"石斑鱼数据库",为石斑鱼的科研与生产提供信息资料;在《中国科学 C 辑》等期刊上发表论文 14 篇(其中 SCI 收录 3 篇),在 GenBank 上登录 178 个基因片断序列、率先登录 2 种石斑

为表彰福建省科学技术奖获得者,
特颁发此证书。

获奖项目:两种石斑鱼引种及人工育苗技术研究

获 奖 者:苏永全、王 军、周永灿、罗颖辉、池信才

奖励等级: 三等奖

奖励日期:2007年12月29日

证书编号:2007—3—035—1

2007年12月

鱼线粒体基因组全序列(序列号:EU043376 和 EU043377)。雷霁霖院士为首的鉴定委员会认为,该项目总体水平达国内领先,其中遗传背景研究达国际先进水平。

22. 学术成果:杂色鲍的遗传改良及中试示范

完成人:柯才焕、王志勇、潘太平、周时强、王艺磊、张子平、蔡明夷、游伟伟、郭　峰、王鹭骁

获奖等级:福建省科学技术奖二等奖

获奖年份:2008 年

成果简介:在国家 863 计划课题的支持下,采用选育、杂交与分子标记辅助选育相结合的方法,项目组培育出两个杂交品系和一个抗“脱板症”选育系,其中培育出杂色鲍台湾种群与日本种群杂交鲍苗 143.0 万只,在病害流行的情况下,杂交种养殖成活率较同池对照组杂色鲍台湾种群提高 63.8%,杂种优势十分显著。此外,项目组确认了杂色鲍与盘鲍杂交后代为第二极体抑制型异精雌核发育的产物,杂色鲍与“九孔鲍”二者间为种群间差异,并筛选出了若干分子标记。杂色鲍杂交育种和相配套的技术已具备大规模生产应用的条件,适于在亚热带和热带沿海地区推广,该成果为南方低迷的杂色鲍养殖业注入新的活力,创造良好的社会和经济效益。

福建省科学技术奖

证书

为表彰福建省科学技术奖获得者,特颁发此证书。

获奖项目:杂色鲍的遗传改良及中试示范

获 奖 者:柯才焕、王志勇、潘太平、周时强、王艺磊、张子平、蔡明夷

奖励等级:二等奖

奖励日期:2009年2月5日

证书编号:2008-2-016-4

23. 学术成果:九龙江流域非点源污染机理与控制研究

完成人:洪华生、张珞平、曹文志、陈伟琪、黄金良、张玉珍、阮伏水、王钦建、陈能汪、王卫平

获奖等级:福建省科技进步奖一等奖

获奖年份:2008 年

成果简介:本项目利用多学科综合、技术集成和耦合等国内外先进的研究手段,采用定位试验、模型模拟、同位素示踪等方法对九龙江流域农业非点源污染进行系统研究,探明了流域氮磷、农药和畜禽养殖废弃物的产生、迁移、转化和流失机理,定量模拟和示踪流域氮磷及泥沙等的来源、贡献和分布,识别了污染物关键源区和污染控制的重点区域,并在氮磷和农药区域环境风险评价、案例研究及环境经济分析的基础上,提出九龙江流域农业非点源污染的最佳管理措施(BMPs)和控制策略。基于上述研究和水环境容量模拟的结果,以地理信息系统、网络和数据库技术为支撑,按河段划分控制单元,建立了以污染物总量控制为目标、面向管理和决策层的可视化动态信息管理系统。本项目丰富和发展了国内流域农业非点源污染机理与控制研究的方法体系,提供的九龙江流域非点源污染现状与趋势的第一手可靠的基础数据和管理信息平台,已成为九龙江流域污染综合整治、相关规划与管理决策的科学依据和技术支撑。

24. 学术成果:低纬度近海碳的源汇格局与调控机理

完成人:戴民汉、翟惟东、蔡平河、郭香会、陈蔚芳

获奖等级:教育部高等学校科学研究优秀成果奖一等奖

获奖年份:2009 年

成果简介:针对近海系统在调控大气 CO_2 以及地球气候系统的作用这一重大科学前沿问题,以珠江口、南海等低纬度近海系统为研究示范区域,较为系统开展了海-气 CO_2 通量及其生物地球化学调控过程研究。首次报道了中国河口水体游离 CO_2 超过 10 倍过饱和的现象,并通过碳氮氧耦合的化学计量关系综合分析阐明,在珠江口上游高 CO_2 分压(pCO_2)主要由有机物好氧分解和硝化作用维持,通过比较研究,发现世界河口所普遍存在的高 CO_2 现象的调控机制不尽相同;在国际上首次明确提出南海北部是大气 CO_2 的源,南海海域 pCO_2 的分布和季节变化主要由表层水温所控制;改进了示踪海洋输出生产力的 ^{234}Th 分析方法,获得高分辨率的南海输出生产力的空间分布图像,揭示了南海具有较低生物泵效率的特征,进而从机制上部分解释了南海为什么在总体上是大气 CO_2 弱源;

发现传统的基于 MnO_2 纤维柱富集测定海水^{234}Th方法可能高估海洋输出生产力达10倍之多的错误，引发国际同行讨论并重新审视相关历史数据的可靠性；质疑了Thomas等(2004)发表在Science上的结果，并对其仅从北海的研究结果简单外推至全球陆架提出了批评，进而提出不同陆架边缘海可能存在着不同的碳源碳汇格局和控制机制。

为表彰在促进科学技术进步工作中做出重大贡献，特颁发此证书。

获奖项目：低纬度近海碳的源汇格局与调控机理

获 奖 者：戴民汉(第1完成人)

奖励等级：自然科学奖一等奖

奖励日期：2010年01月

证 书 号：2009-028

教育部

25. 学术成果：《卵形鲳鲹配合饲料》(DB35/ T 848-2008)

完成人：陈庆堂、艾春香、张蕉南

获奖等级：福建省标准贡献奖三等奖

获奖年份：2010年

成果简介：该成果是标准起草小组在经过多年的试验研究，成功研发并推广卵形鲳鲹配合饲料的基础上，结合国内外有关卵形鲳鲹各生长发育阶段的生物学特性和营养需求等的研究文献而制定的福建省地方标准《卵形鲳鲹配合饲料》(DB35/T 848-2008)。该标准从术语和定义、要求(包括外观与性状、理化指标和卫生指标)、试验方法、检验规则、判定规则，以及产品的包装、标志与标签、运输、贮存及保质期等方面进行了规范；该标准技术水平较高，营养指标合理，可操作性强；该标准的实施，有助于规范卵形鲳鲹配合饲料生产、监管，对卵形鲳鲹养殖的绿色发展具有重要意义。

荣誉证书

福建省标准贡献奖

为表彰福建省标准贡献奖获得者，特颁发此证书。

标准项目名称：DB35/T 848-2008卵形鲳鲹配合饲料

奖 励 等 级：三等奖

获 得 者：陈庆堂、艾春香、张蕉南

证 书 编 号：FJBZGXJ2010GR017

福建省标准贡献奖评审委员会

二〇一〇年十月十一日

26. 学术成果:玻璃鳗配合饲料(DB 35/T 981-2010)

完成人:陈庆堂、艾春香、张蕉南、胡兵、张蕉霖

获奖等级:福建省标准贡献奖二等奖

获奖年份:2011 年

成果简介:该成果是标准起草小组在经过 3 年多的试验研究,成功研发并推广玻璃鳗配合饲料的基础上,结合国内外有关玻璃鳗的生物学特性和营养需求等的研究文献而制定的福建省地方标准《玻璃鳗配合饲料》(DB35/T 981-2010)。该标准从术语和定义、要求(包括外观与性状、理化指标和卫生指标)、试验方法、检验规则、判定规则,以及产品的包装、标志与标签、运输、贮存及保质期等方面进行了规范,该标准技术水平较高,营养指标合理,可操作性强,属国内首次鱼糜状鱼类配合饲料标准;该标准的实施,有助于规范玻璃鳗配合饲料生产、监管,实现鳗鲡养殖全程使用配合饲料,对鳗鲡养的绿色发展具有重要意义。

27. 学术成果:我国近海重要头足类规模化繁育和资源养护技术研究与示范

完成人:吴常文、陈四清、林祥志、张秀梅、毛　勇、吕振明、徐梅英、郑小东、迟长风、张建设、朱爱意、高天翔、常抗美、夏灵敏

获奖等级:教育部科技进步奖一等奖

获奖年份:2012 年

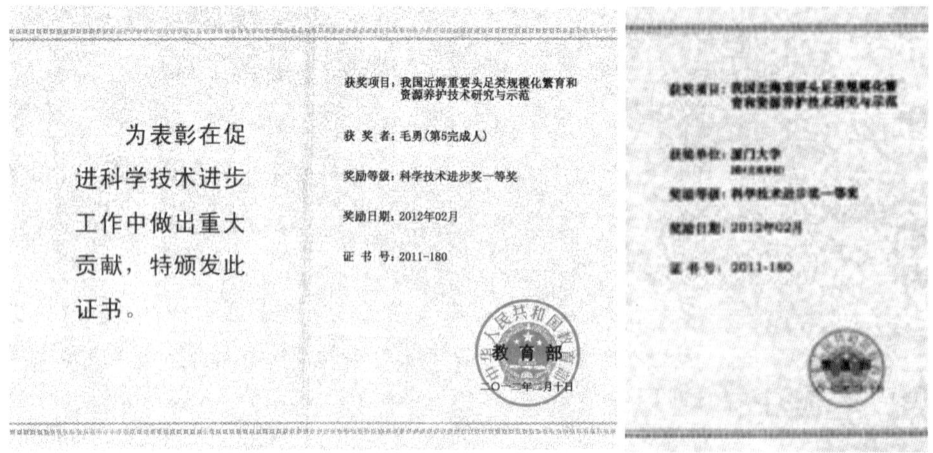
为表彰在促进科学技术进步工作中做出重大贡献,特颁发此证书。

获奖项目:我国近海重要头足类规模化繁育和资源养护技术研究与示范

获 奖 者:毛勇(第5完成人)

奖励等级:科学技术进步奖一等奖

奖励日期:2012年02月

证 书 号:2011-180

教育部

二〇一二年二月十日

获奖项目:我国近海重要头足类规模化繁育和资源养护技术研究与示范

获奖单位:厦门大学

奖励等级:科学技术进步奖一等奖

奖励日期:2012年02月

证 书 号:2011-180

成果简介:该成果瞄准修复我国重要头足类资源的战略目标,面对茫茫大海

亲本难觅、产卵场生态环境破坏以及特殊的繁殖和生态习性、自相残食、应急喷墨等增养殖技术面临的世界性难题，项目组突破了生殖调控和规模化全人工繁殖技术，弄清了繁殖生物学特性，阐明了性成熟神经内分泌机制，首创了重要头足类资源修复的理论、方法和技术；开发了开口饵料系列，构建了优质健康苗种培育工艺，构建了网箱、围塘、工厂化三种养殖模式等，发明了规模繁育、增殖放流及生境修复等全程关键技术，促使绝迹23年的曼氏无针乌贼资源迅速恢复、金乌贼资源成倍增长及真蛸、虎斑乌贼、拟目乌贼等养殖业逐步形成，走在了世界头足类增养殖技术研发领域的前列，达到国际先进水平。

28. 学术成果：台湾海峡及周边海域业务化海洋防灾减灾决策支持系统

完成人：刘修德、林海华、林法玲、洪华生、商少平、张友权、郭小钢

获奖等级：福建省科学技术奖二等奖

获奖年份：2012年

成果简介：项目围绕我省海洋综合管理、防灾减灾、国家海洋监测高新技术发展和国防安全等需求，集成构建了5套大浮标、14套生态浮标、2套海床基、2套实时传输潜标、1套中程高频地波雷达、1套卫星遥感系统及8个岸基台站等组成的业务化运行的台湾海峡及周边海域海洋环境立体实时监测系统，研发了我省海洋防灾减灾重点关注的台风暴潮灾害、海堤漫堤风险、赤潮风险、海难落水人员搜救、溢油扩散等业务化海洋防灾减灾决策支持系统，在国内率先形成从海洋环境实时监测、数据接收集成与管理、海洋预警报等信息产品制作、发布、服务到防灾减灾决策支持的完整、一体化的业务链，实现“产、学、研、用”目标。

为表彰福建省科学技术进步奖获得者，特颁发此证书。

获奖项目：台湾海峡及周边海域业务化海洋防灾减灾决策支持系统

获奖者：刘修德、林海华、林法玲、洪华生、商少平、张友权、郭小钢

奖励等级：二等奖

奖励日期：2012年4月28日

证书编号：2011-J-2-002-5

福建省人民政府

二〇一二年四月

29. 学术成果：两岸联合开展台湾海峡主要渔业资源利用与养护

完成人：戴天元、苏永全、阮五崎、沈长春、颜尤明、王　军、庄庆达

获奖等级：福建省科学技术奖二等奖

获奖年份：2012年

成果简介：通过渔业活动资料、生物采样、卫星遥测和GIS等，将卫星遥测的表层水温及水色影像图，配合各标本船渔业活动数据，以GIS加以整合，提出

福建海区灯光围网、光诱敷网作业的新渔场；利用卫星遥测、边缘侦测法、歧异度与均匀度指数等，明确了光诱渔业与海况变动的关系；应用营养动态模型、剩余量模式、生物学特性分析等方法，以 GIS 整合，研究台湾海峡渔业资源现状，提出养护与管理方案；两岸首次联合编撰《台湾海峡常见鱼类图谱》、首次联合编写渔具分类命名及渔法用词对照、首次签订合作建立渔业资源养护试验区；建立台湾海峡渔业资源地理信息系统；出版专著 2 本；雷霁霖院士为首的专家鉴定委员会认为，该项目总体水平达国内领先。

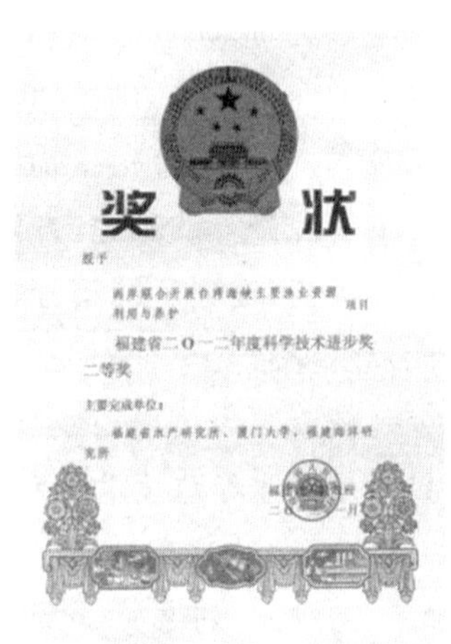

奖状

授予

两岸联合开展台湾海峡主要渔业资源利用与养护 项目

福建省二〇一二年度科学技术进步奖二等奖

主要完成单位：

福建省水产研究所、厦门大学、福建海洋研究所

30. 学术成果：鳗鱼药残控制技术与环保高效配合饲料技术

完成人：关瑞章、樊海平、艾春香、林天龙、江兴龙

获奖等级：福建省科学技术奖三等奖

获奖年份：2012 年

成果简介：该成果以鳗鱼（即鳗鲡）为实验对象，研究了磺胺甲噁唑和盐酸沙拉沙星等 10 种药物在鳗鲡体内的代谢规律，构建鳗鱼免疫球蛋白单链抗体噬菌体库，筛选一株抗鳗鲡主要病原菌的单克隆抗体株，成功地开发了致病菌快速检测试剂盒、鳗鲡致病菌中西药复方药物；成功地开发了国产化高效低耗鳗鲡循环水养殖污水处理系统，鳗鲡池塘底质改良、藻相控制及水质改良综合技术；成功开发了国产化的玻璃鳗开口配合饲料、鳗鲡高效环保配合饲料及鳗鲡原籍益生菌大规模发酵生产技术；优化了烟熏鳗鱼的生产技术和鳗鲡营养蛋白粉生产技术。本项目成果对于促进鳗鲡产业健康发展具有重大的现实意义和广阔的应用前景。

为表彰福建省科学技术进步奖获得者，特颁发此证书。

获奖项目：鳗鱼药残控制技术与环保高效配合饲料技术

获奖者：关瑞章、樊海平、艾春香、林天龙、江兴龙

奖励等级：三等奖

奖励日期：2013 年 1 月 11 日

证书编号：2012-J-3-060-3

福建省人民政府

二〇一三年一月

31. 学术成果：“东优 1 号”杂色鲍新品种的培育及推广应用

完成人：柯才焕、游伟伟、骆　轩、潘太平、林壮炳、毕卫萍、王德祥、虞晋晋、黄妙琴、陈敬严

获奖等级:高等学校科学研究优秀成果奖二等奖

获奖年份:2013 年

成果简介:在国家“863”等课题的支持下,针对我国南方杂色鲍养殖产业病害频发的问题,在国内率先引进杂色鲍日本群体,收集和培育了 5 个不同地理群体的杂色鲍,首次查清了杂色鲍重要经济性状的遗传参数,构建杂色鲍育种参数评估技术,项目组采用配套系育种技术,培育出福建省第一个国家水产新品种—“东优 1 号”杂色鲍,新品种养成期存活率较原有杂色鲍养殖种提高 30%以上,该新品种已在福建、广东和海南三省大面积推广,为重振杂色鲍养殖产业发挥关键作用。作为海峡两岸共有的鲍鱼养殖种,新品种因其高抗病力已在台湾杂色鲍养殖业界形成良好口碑,台湾地区已濒临破产的九孔养殖产业因新品种的引进呈明显回温态势,这也成为海峡两岸农业科技交流的一个新亮点。

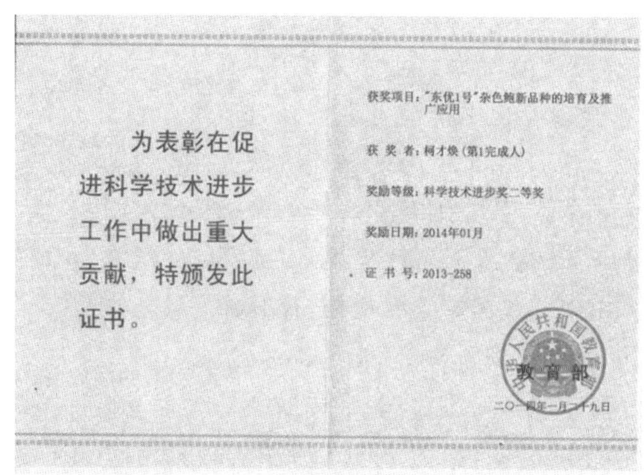

为表彰在促进科学技术进步工作中做出重大贡献,特颁发此证书。

获奖项目:"东优1号"杂色鲍新品种的培育及推广应用

获 奖 者:柯才焕(第1完成人)

奖励等级:科学技术进步奖二等奖

奖励日期:2014年01月

证 书 号:2013-258

教育部

二〇一四年一月二十九日

32. 学术成果:海洋桡足类滞育生物学研究

完成人:王桂忠、李少菁、吴荔生、姜晓东

获奖等级:福建省科学技术奖三等奖

获奖年份:2013 年

成果简介:该项目在国内率先开展了海洋桡足类滞育生物学的研究,主要研究桡足类滞育发生的规律、滞育与桡足类的季节演替、滞育卵与即孵卵的生化和生理学差异、桡足类在河口区的驻留机制与滞育发生的关系、桡足类的卵库及其与水层种群耦合动力学、桡足类滞育的生态遗传学及其与微进化关系等,是我国海洋浮游生物学研究中的领先工作。所阐明的海洋沉积物中桡足

类卵库与水层中桡足类种群的生物耦合理论填补了海洋生态学研究中的空白；所建立的滞育概率模型预测法和滞育指数量化法对研究滞育发生规律具有很重要的应用前景；应用生物信息学方法，研究桡足类滞育的生态遗传学及其与微进化的关系，对认识海区环境变迁及其生物的演化历史具有重要的理论意义。

为表彰福建省自然科学奖获得者，
特颁发此证书。
获奖项目：海洋桡足类滞育生物学研究
获奖者：王桂忠、李少菁、吴荔生、姜晓东
奖励等级：三等奖
奖励日期：2014年1月25日
证书编号：2013-Z-3-005-1

33. 学术成果：微型生物在海洋碳储库及气候变化中的作用

完成人：焦念志、张　瑶、骆庭伟、张　锐、郑　强

获奖等级：福建省科学技术奖一等奖

获奖年份：2014 年

成果简介：微型生物是海洋生态系统中“看不见的主角”，在全球变化中扮演着举足轻重的角色。该成果以海洋碳循环为主线，从宏观效应着眼、从微观过程着手，系统研究了海洋微型生物的生态过程与环境效应，创新性提出了“海洋微型生物碳泵（MCP）”海洋储碳新机制，诠释海洋调节气候变化的新认识。MCP 被 Science 杂志评论为“巨大碳库的幕后推手”。成果被 Nature Reviews Microbiology 作为 Featured Article 发表，并在其网站首页、期刊封面、及目录做了突出展示，美国科学院院刊 PNAS 文章指出：“MCP 机制研究有助于理解古代海洋和现代海洋碳循环对于未来气候变化的响应”；国际海洋科学委员会为此设立了以 MCP 为命名的科学工作组 WG134，促进了学科发展，显著提升了我国在该领域的国际影响力。

为表彰福建省自然科学奖获得者，
特颁发此证书。
获奖项目：微型生物在海洋碳储库及气候变化中的作用
获奖者：焦念志、张　瑶、骆庭伟、张　锐、郑　强
奖励等级：一等奖
奖励日期：2015年2月26日
证书编号：2014-Z-1-001-1

34. 学术成果：鳗鲡配合饲料（SC/T 1004-2010）

完成人：艾春香、张蕉南、陈人弼、胡　兵、张蕉霖

获奖等级：福建省标准贡献奖三等奖

获奖年份：2014 年

成果简介：该成果是标准起草小组经过3年多调研，在查阅、收集的国内外有关鳗鲡各生长发育阶段的生物学特性和营养需求等文献的基础上，结合鳗鲡饲养实验及其养殖生产实践成果修订的水产行业标准《鳗鲡配合饲料》（SC/T 1004-2010）。该标准取消了黏弹性和挥发性盐基氮指标，降低了粗蛋白质含量，提高了粗脂肪含量，取消了对钙的要求，降低总磷最低限量等；该标准更加切合实际，技术水平更高，营养指标更为合理，可操作性更强；该标准的实施，进一步规范了鳗鲡配合饲料生产，为我国新形势下的鳗鲡配合饲料开发提供了更有力的技术支持，为鳗鲡配合饲料质量监管提供了依据，对促进我国鳗鲡配合饲料规模化生产以及鳗鲡养殖的绿色发展具有重要意义。

35. 学术成果：基于高效信道匹配的浅海水声通信技术

完成人：童　峰、许肖梅、陶　毅、陈友淦、陈东升

获奖等级：福建省科学技术奖二等奖

获奖年份：2016年

成果简介："基于高效信道匹配的浅海水声通信技术"项目针对浅海水声通信中克服多径、时变影响以及同步捕获难题开展，采用时-空时间反转、调频、恶劣条件下高可靠同步捕获等技术进行通信系统与浅海信道的匹配，突破浅海可靠通信技术瓶颈，研发高可靠浅海水声通信系统并推广应用。

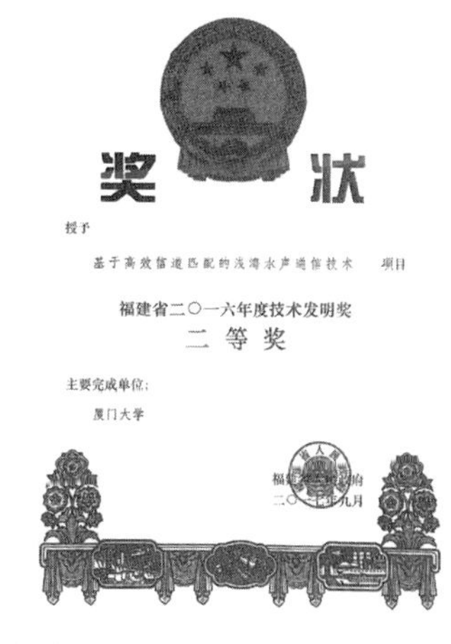

项目研究成果获国家发明专利授权6项，在本领域重要SCI期刊发表论文10篇，形成了从功率发射、帧同步、信道匹配解调到系统实现、具有自主知识产权的浅海水声通信核心技术体系。研发的系列化水声通信机已批量应用于海洋工程、水文测量、国防安全等领域，特别是配套国产海底管道检测器实现浅海遥测遥控，助力我国"打破国外在该领域的长期技术垄断"。项目成果为国产海工装备研制、国防科研提供了有力的水下信息支持。

36. 学术成果:东南沿海浅海五种特色经济底栖生物资源恢复技术集成与示范

完成人:曾志南、柯才焕、陈丕茂、柴雪良、高如承、林国清、尤颖哲

获奖等级:福建省科学技术奖二等奖

获奖年份:2016 年

成果简介:在国家海洋公益性行业科研专项的支持下,项目组查明并评价了波纹巴非蛤、紫海胆、斧文蛤、泥东风螺和西施舌 5 种特色经济底栖动物的资源、栖息环境及渔业生产现状,建立了此 5 种特色经济底栖动物人工育苗技术与工艺,培育出苗种 1.63 亿粒,建立了 5 个资源资源恢复示范区,基于生物学、生态学和遗传多样性研究结果,首次建立了增殖放流、资源恢复和效果评估和生态风险评价技术体系,成果在我国东南沿海广泛推广应用,对其他底栖动物开展资源保护、增殖放流具示范作用,并产生了显著的生态、经济和社会效益。

37. 学术成果:高效鳗鲡配合饲料的开发及其在鳗鲡健康养殖全过程中的应用

完成人:张蕉南、艾春香、陈庆堂、胡　兵、张蕉霖

获奖等级:福建省科学技术奖三等奖

获奖年份:2016 年

成果简介:该成果以鳗鲡为对象,应用"鳗鲡保健营养理论、系统营养技术、精准配方技术以及饲料关键技术",经过 10 年的研发,创新性地研发了玻璃鳗配合饲料和高效鳗鲡膨化颗粒配合饲料,优化鳗鲡高效系列粉状配合饲料产品,建立了鳗鲡养殖全程投喂技术,提高了鳗鲡"肝肠健康、机体健康和饲料转化率",

从饲料角度为解决“养鳗安全、食品安全、行业发展安全和养殖环境安全”这些关键问题提供了技术支持，实现了鳗鲡养殖全程使用配合饲料，提升了鳗鲡品质，提高了养鳗业的经济、社会和生态效益。制定了地准《玻璃鳗配合饲料（DB35/T 981-2010）》1 项，修订行标《鳗鲡配合饲料（SC/T 1004-2010）》1 项。

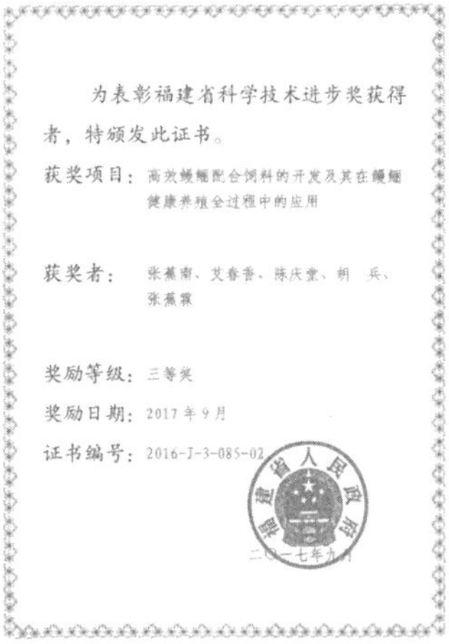

38. 学术成果：海洋酸化对初级生产过程的影响、机制及其生态效应

完成人：高坤山、徐军田、高光、金鹏、吴亚平

获奖等级：福建省科学技术奖一等奖

获奖年份：2016 年

成果简介：在国家自然科学基金委重点项目与科技部“973”项目课题等的支持下，发现了海洋酸化对硅藻类等的正负效应，阐明了 CO_2 浓度升高与高光协同降低南海表层初级生产力的机制；发现了海洋酸化与太阳 UV 辐射的协同效应：酸化减少钙质藻类钙化量，使其更易受 UV 辐射的伤害。该研究成果，在包括 Nature Climate Change，Global Change Biology 等 top 刊物上发表 30 余篇论文；被包括 IPCC（政府间气候变化专门委员会）报告、UNEP（联合国环境规划署）报告、IGBP（国际地圈-生物圈计划）报告、政府间海洋委员会与海洋研究科学指导委员会海洋酸化报告、美国科学院海洋酸化战略报告等采纳，并被国内外学者广泛用于阐释海洋酸化胁迫与 CO_2“施肥”效应的对立性观点。

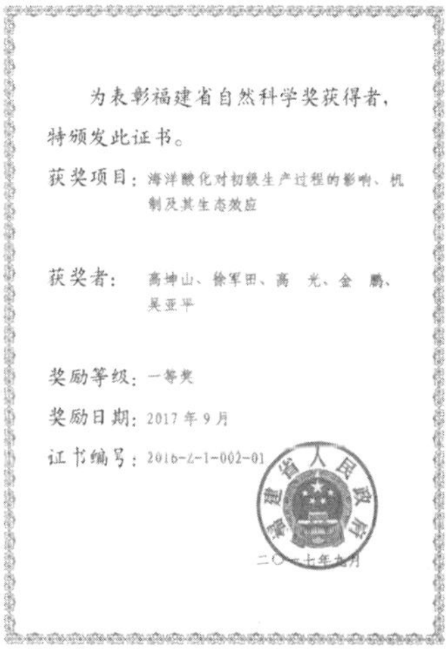

39. 学术成果：一种西氏鲍与皱纹盘鲍种间杂交制种方法

完成人：骆　轩、柯才焕、游伟伟

获奖等级：福建省专利奖三等奖

获奖年份：2017 年

成果简介：本项目引进日本产西氏鲍，用于改良现有养殖种皱纹盘鲍，以提

高皱纹盘鲍的耐高温特性和抗病性。通过优化西氏鲍与皱纹盘鲍杂交技术，突破了种间杂交低受精率的难关，成功培育出种间杂交种多个品系，并进行苗种量化生产和养殖中试。研究结果表明，杂交种的养殖成活率比对照组提高15%以上，耐高温性能也有所提高，生长速度与皱纹盘鲍相当。该杂交种已在福建省福州、泉州和漳州等鲍鱼养殖区进行生产性对比试验，取得了良好的养殖效果，推广应用前景广阔。

福建省专利奖

三等奖

为表彰福建省专利奖获得者，特颁发此证书。

专利名称：一种西氏鲍与皱纹盘鲍种间杂交制种方法

专 利 号：ZL200710009897．4

发 明 人：骆　轩、柯才焕、游伟伟

二〇一八年十月二十四日

40. 学术成果：浮游植物营养代谢、珊瑚共生及赤潮生消的生态过程及基因调控

完成人：林森杰、林　昕

获奖等级：福建省科学技术奖三等奖

获奖年份：2018 年

成果简介：项目以甲藻和其他主要浮游植物类群为研究对象，破译了虫黄藻的基因组密码，为甲藻生物学和珊瑚-虫黄藻共生生态系统的深入研究奠定了坚实的分子生物学基础，有助于研究全球环境变化下珊瑚礁白化的诱因和分子机制，并为如何开展珊瑚礁生态系统的保护和修复工作提供科学依据。并在真核浮游植物磷营养代谢分子调控机制领域的取得了系列良好的科研成果，包括东海原甲藻磷限制下的细胞生理响应和 miRNA 调控表达机制；米氏凯伦藻利用有机磷的分子机制；赤潮异弯藻引发的赤潮环境样本中细胞的磷营养机制和细胞周期。研究成果发表于 PNAS，Science，Nature 子刊等顶级期刊，是自 2000 年以来发表的有关甲藻论文的最主要贡献者之一。本项目开展期间，共发表文章 24 篇，其中 2 篇入选 2016 年中国海洋十大科技进展。

为表彰福建省自然科学奖获得者，特颁发此证书。

获奖项目：浮游植物营养代谢、珊瑚共生及赤潮生消的生态过程及基因调控

获 奖 者：林森杰、林　昕

奖励等级：三等奖

奖励日期：2019年9月

证书编号：2018-Z-3-009-01

二〇一九年九月

41. 学术成果:基于精准营养的高效环境友好型大黄鱼系列配合饲料的研发与应用

完成人:张蕉南、艾春香、陈加成、胡　兵、杨　欢

获奖等级:福建省科学技术奖三等奖

获奖年份:2018 年

成果简介:该成果以大黄鱼为对象,创新性地综合运用精准营养、营养免疫、鱼类能量生物学等理论和精准投喂理念,融合精准配方、精选原料、精细加工等饲料研发关键技术,开展了甘露寡糖、抗菌肽、姜黄素和牛磺酸等对大黄鱼生长、免疫和健康的影响研究,开发了其功能性配合饲料;开发了大黄鱼苗种微粒子配合饲料及养殖各阶段配合饲料;开发了大黄鱼软颗粒配合饲料,实现了100%取代冰鲜杂鱼直接投喂;建立了大黄鱼配合饲料全程投喂策略,实现了大黄鱼养殖全程使用配合饲料,促进了其养殖的绿色发展,推进了海洋生态文明建设和乡村振兴战略实施;制定了国标《大黄鱼配合饲料(GB/T 36206-2018)》。

为表彰福建省科学技术进步奖获得者,特颁发此证书。

获奖项目:基于精准营养的高效环境友好型大黄鱼系列配合饲料的研发与应用

获 奖 者:张蕉南、艾春香、陈加成、胡　兵、杨　欢

奖励等级:三等奖

奖励日期:2019年9月

证书编号:2018-J-3-074-02

42. 学术成果:多重环境压力下海洋酸化的生理生态影响及其食物链效应

完成人:高坤山、金　鹏、徐军田、李富田、陈善文

获奖等级:福建省科学技术奖三等奖

获奖年份:2019 年

成果简介:该研究成果揭示了多重环境压力下(温度、营养盐、紫外辐射、光等)海洋酸化对浮游植物与浮游动物的生理生态学影响,发现其食物链效应,并阐明了相关机制。研究成果表明,海洋酸化可通过影响细胞表面的氧化还原活性或病毒与细菌的相互作用,加剧病毒对其宿主的侵染作用,进而影响微生物介导的碳循环等生地化过程。研究成果已发表相关论文 26 篇,包括 Nature Communications, Global Change Biology 等顶级期刊论文。该成果被包括 IPCC(联合国政府间气候变化专门委员会)诺贝尔和平奖获奖主要成员 P. Brewer 等国内外著名学者正面引证,并被美国国家海洋和大气管理局(NOAA)海洋酸化研究报告等发起的海岸栖息地保护报告及 UNEP(联合国环境规划署)年度报告等所采纳。

三、其他科研成果获奖

序号	奖励类别	等级	获奖项目名称	获奖人	年度
1	国家环保局环境保护科技进步奖	三等奖	港湾、河口污染场数值预测方法及其应用	陈金泉、吴瑜端、刘用泉、曾仁昌、丁顺清	1986
2	国家环保局环境保护科技进步奖	三等奖	亚热带海水养殖污染环境的生物修复技术研究	汤坤贤、焦念志、梁红星、徐永健、沈东煜	2004
3	中科院科技进步奖	三等奖	长江口至北部湾风暴潮数值预报产品研究	陈金泉(第 2 获奖人),商少平(第 5 获奖人)	1992
4	国家海洋局海洋科学技术奖	三等奖	海水痕量元素分析	陈国珍	1990
5	国家海洋局海洋科学技术奖	三等奖	SY-2 型水层深度遥测仪	傅仰大、粘宝卿、曾添基、王清池	1994
6	国家海洋局海洋科学技术奖	三等奖	大弹涂鱼资源增殖基础研究	张其永、洪万树、张杰、戴庆年	1994
7	国家海洋局海洋科学技术奖	二等奖	我国海洋浮游桡足类的研究	郑重、李少菁、李松、张淑莲、方金钏	1994
8	国家海洋局海洋科学技术奖	三等奖	我国河流主要离子化学和河口生物元素行为	胡明辉、杨逸萍、张群英、林峰	1994
9	国家海洋局海洋科学技术奖	二等奖	海洋初级生产力结构、新生产力及微型生物生产过程与机制	焦念志、王荣、朱明远、杨燕辉、王永华、王勇、李瑞香、陈念红、李炜、柳承璋	2002

续表

序号	奖励类别	等级	获奖项目名称	获奖人	年度
10	国家海洋局海洋科学技术奖	二等奖	台湾海峡初级生产力及其调控机制研究	洪华生、黄邦钦、阮五崎、张钒、王海黎、吴丽云、郑天凌、彭兴跃、李少菁、梁红星、陈钢、黄加棋、陈岚	2003
11	国家海洋局海洋科学技术奖	二等奖	东风螺生产性人工育苗技术研究	柯才焕、周时强、朱建新、沈丽琼、郑燕玲、李复雪、郑怀平、王鹭骁	2006
12	国家海洋局海洋科学技术奖	二等奖	海洋动力环境立体监测动态信息服务集成示范系统	康寿岭、周智海、罗林、刘海行、陈崇成、李学坤、张冬生、商少平、吴自库、林宪坤	2006
13	国家海洋局海洋科学技术奖	二等奖	海洋桡足类滞育生物学研究	王桂忠、李少菁、吴荔生、姜晓东、商栩、何剑锋、郭东晖、林琼武、孔祥会	2010
14	国家海洋局海洋科学技术奖	二等奖	青蟹新型抗菌肽 Scygonadin 的分离鉴定、免疫机制与功能研究	王克坚、黄文树、许婉芳、彭会、乔琨、陈慧芸、陈芳奕	2012
15	国家海洋局海洋科学技术奖	一等奖	中国第三次北极科学考察与研究	张海生、袁绍宏、赵进平、陈立奇、何剑锋、陈建芳、卞林根、李志军、陈敏、谢周清、王汝建、程振波、高众勇、张光涛、王建忠	2013

续表

序号	奖励类别	等级	获奖项目名称	获奖人	年度
16	国家海洋局海洋科学技术奖	二等奖	台湾海峡及毗邻海域主要渔场重要渔业资源评价与应用	戴天元、林龙山、王军、张静、苏永全、刘勇、庄庆达、王德祥、李渊、廖正信	2014
17	国家海洋局海洋科学技术奖	特等奖	中国近海二氧化碳通量遥感监测与示范系统	白雁、戴民汉、何贤强、项有堂、刘仁义、何宜军、周斌、张远辉、乔然、陈艳拢、于培松、朱乾坤、黄海清、陶邦一、龚芳	2015
18	国家海洋局海洋科学技术奖	一等奖	北极快速变化与海洋生态系统响应——中国第四次北极科学考察与研究	余兴光、林龙山、吴军、何剑锋、卞林根、高众勇、谢周清、雷瑞波、赵进平、庄燕培、陈敏、吴日升、宋普庆、黄勇勇、林荣澄	2019
19	海洋工程科学技术奖	一等奖	海洋微型生物资源采集与国家海洋微型生物资源共享平台建设	焦念志	2013
20	海洋工程科学技术奖	二等奖	福建近海游泳动物资源变动及养护关键技术与应用	林龙山、苏永全、戴天元、黄良敏、李渊、刘敏、张静、宋普庆、王军、王家樵	2019

续表

序号	奖励类别	等级	获奖项目名称	获奖人	年度
21	厦门市科学技术奖	二等奖	大黄鱼养殖病害防治技术研究	苏永全、王军、鄢庆枇、池信才、扬文川、柯才焕、张纹、周化民、周永灿、张朝霞	2001
22	厦门市科学技术奖	三等奖	微污染水源水生物接触氧化-气浮工艺制水技术研究	陶有胜、郑天凌、林勇炮、潘彩德、洪丽玉	2001
23	厦门市科学技术奖	三等奖	厦门岛东南岸保滩护岸技术与工程措施的新方案研究	蔡爱智、陈丽英、石谦、张金城、吴晓琦、胡建勤、许文宗	2002
24	厦门市科学技术奖	二等奖	厦门海域使用管理技术的研究与应用	洪华生、薛雄志、江毓武、彭本荣、陈伟琪、张珞平、王春生、周鲁闽	2004
25	厦门市科学技术奖	三等奖	厦门市筼筜湖水质影响因素及水体良性运行方式研究	卢昌义、谢小青、林玉美、郑逢中、庄学山、张一可、孙飒梅、傅迅毅、张莉、陈国雄	2004
26	厦门市科学技术奖	二等奖	新型升降式抗风浪网箱研制及养殖技术研究	郑国富、戴天元、洪明苇、黄桂芳、朱健康、李善贞、许肖梅、魏观渊、曾庆民、唐衍力	2006
27	厦门市科学技术奖	二等奖	两种石斑鱼引种及人工育苗技术研究	苏永全、王军、周永灿、罗颖辉、池信才、丁少雄、郭丰、皮灵宝、王德祥、张朝霞	2006

续表

序号	奖励类别	等级	获奖项目名称	获奖人	年度
28	厦门市科学技术奖	重大贡献奖	海洋微型生物生态学研究	焦念志	2007
29	厦门市科学技术奖	三等奖	杂色鲍的遗传改良及中试示范	柯才焕、王志勇、潘太平、周时强、王艺磊、张子平、蔡明夷、游伟伟、郭峰、王鹭骁	2007
30	厦门市科学技术奖	二等奖	西氏鲍引种及杂交育种技术	柯才焕、骆轩、吴捷、游伟伟、王德祥、卢斌、周宗保	2008
31	厦门市科学技术奖	三等奖	鲍多倍体育种技术的研究	严正凛、陈昌生、梁红星、曹文清、颜素芬、张钒、杜庆红、姜永华、方旅平	2009
32	厦门市科学技术奖	二等奖	鳗鱼药残控制技术与环保高效配合饲料技术	关瑞章、樊海平、艾春香、林天龙、江兴龙、黄种持、谢仰杰、林学文	2012
33	厦门市科学技术奖	三等奖	厦门西海域及同安湾海域面积(围填海)总量控制	郭允谋、江毓武、彭本荣、赵东波、杨顺良	2013
34	厦门市科学技术奖	二等奖	石斑鱼种业创新与产业化工程建设	黄种持、王涵生、方琼珊、郑乐云、林克冰、蔡良候、丁少雄、林建斌	2014
43	厦门市科学技术奖	二等奖	台湾海峡及毗邻海域主要渔场重要渔业资源评价与利用	戴天元、林龙山、王军、张静、苏永全、蔡建堤、王德祥、宋普庆	2014

续表

序号	奖励类别	等级	获奖项目名称	获奖人	年度
44	厦门市科学技术奖	三等奖	智能化声纹检测技术及其应用	童峰、洪青阳、余洪涌、汤跃鹏、雷文钿、周跃海	2017

第二节 学术著作

厦门大学海洋学科自1965年以来,已出版各类学术著作70余部。

序号	著作名	作者	出版单位	年度
1	海水分析化学	陈国珍主编	科学出版社	1965
2	中国海洋浮游硅藻类	金德祥、陈金环、黄凯歌	上海科学技术出版社	1965
3	中国海洋浮游桡足类(上卷)	郑重、张松踪、李松、方金钏、赖瑞卿、张淑莲、李少菁、许振祖	上海科学技术出版社	1965
4	海洋调查规范(海水化学要素调查)	胡明辉等	海洋出版社	1975
5	福建海洋经济鱼类	丘书院、张其永等	福建科技出版社	1978
6	海洋污染调查规范	胡明辉、吴瑜端等	海洋出版社	1980
7	海洋环境化学	吴瑜端	科学出版社	1982
8	中国海洋浮游桡足类(中卷)	郑重、李松、李少菁、陈柏云	上海科学技术出版社	1982
9	中国海洋底栖硅藻类(上卷)	金德祥、程兆弟、林为民、刘师成	海洋出版社	1982
10	福建鱼类志(上卷)	朱元鼎(主编)、张其永、丘书院等	福建科学技术出版社	1984

续表

序号	著作名	作者	出版单位	年度
11	鱼类行为	何大仁译	科学出版社	1984
12	海洋浮游生物生态学文集	郑重	厦门大学出版社	1986
13	海洋生物综合利用	郑微云译	海洋出版社	1986
14	中国海岸带的现代沉积	任美锷、蔡爱治等	海洋出版社	1986
15	海洋枝角类生物学	郑重、曹文清	厦门大学出版社	1987
16	郑重文集	郑重	海洋出版社	1987
17	金德祥文集	金德祥	海洋出版社	1988
18	中国海洋浮游桡足类幼体	李松、方金钏	海洋出版社	1990
19	海水痕量元素分析	陈国珍主编	海洋出版社	1990
20	闽南-台湾浅滩渔场上升流区生态系研究	洪华生、丘书院	科学出版社	1991
21	生产自动过程分析	陈国珍	海洋出版社	1991
22	中国海洋底栖硅藻类(下卷)	金德祥、程兆北、刘师成、马俊享	海洋出版社	1991
23	海洋硅藻学	金德祥	厦门大学出版社	1991
24	海洋桡足类生物学	郑重、李少菁、连光山	厦门大学出版社	1992
25	郑重文集(续)	郑重	海洋出版社	1993
26	海洋生物地球化学研究论文集:1986—1993	洪华生等	厦门大学出版社	1994
27	化学海洋学	郭锦宝	厦门大学出版社	1997
28	香港与厦门港湾污染沉积物研究	洪华生等	厦门大学出版社	1997

续表

序号	著作名	作者	出版单位	年度
29	中国海洋学文集 7,台湾海峡初级生产力及其调控机制研究	洪华生等	海洋出版社	1997
30	虾类的健康养殖	苏永全、王军、柯才焕、蔡心一	海洋出版社	1998
31	海洋的故事	王桂芝、刘建新、马洪波、张芳	海南出版社	2002
32	福建省志·海洋志	胡明辉(主编)、许天增、傅子琅、郭卫东、江锦祥、张水浸、周定成等 14 人	方志出版社	2002
33	福建省海洋生物优良种质及生物活性物质	方永强、李少菁、方金瑞、傅天宝、王桂忠等	海洋出版社	2004
34	大黄鱼养殖	苏永全、张彩兰、王军	海洋出版社	2004
35	四维球理论	许昆明	厦门大学出版社	2005
36	海岸带生态系统服务价值评估	彭本荣、洪华生	海洋出版社	2006
37	海水养殖水化学	王宪	厦门大学出版社	2006
38	海洋化学研究文集	黄奕普、胡明辉、李文权、杨逸萍	海洋出版社	2006
39	海洋微型生物生态学	焦念志	科学出版社	2006
40	厦门海岸带综合管理十年回眸	洪华生、薛雄志	厦门大学出版社	2006
41	同位素海洋学研究文集 1～5 卷	黄奕普、陈敏、刘广山等	海洋出版社	2006
42	湿地生态与工程	卢昌义、叶勇	厦门大学出版社	2006

续表

序号	著作名	作者	出版单位	年度
43	海洋与环境科学教学研究论文集	杨圣云、曹文清	海洋出版社	2007
44	九龙江五川流域农业非点源污染研究	洪华生、张玉珍、曹文清	科学出版社	2007
45	锯缘青蟹生物学及人工育苗和养成技术	李少菁、王桂忠	厦门大学出版社	2007
46	北部湾海洋科学研究论文集第1辑	胡建宇、杨圣云	海洋出版社	2008
47	大弹涂鱼和中华乌塘鳢生物学论文集	张其永、洪万树	厦门大学出版社	2008
48	福建省海湾数模与环境研究：福清湾	张珞平、胡建宇、江毓武、陈伟琪、万振文等	海洋出版社	2008
49	福建省海湾围填海规划环境影响回顾性评价	张珞平(主编)	科学出版社	2008
50	海洋管理研究	张珞平	厦门大学出版社	2008
51	鱼类学	王军、陈明茹、谢仰杰	厦门大学出版社	2008
52	北部湾海洋科学研究论文集第2辑—物理海洋与海洋气象专辑	李炎、胡建宇	海洋出版社	2009
53	福建省海湾数模与环境研究：厦门湾	张珞平、江毓武、陈伟琪、万振文、胡建宇等	海洋出版社	2009
54	海洋放射性核素测量方法	刘广山	海洋出版社	2009
55	海洋微型生物生态学	焦念志	现代教育出版社	2009
56	化学海洋学	陈敏	海洋出版社	2009
57	台湾海峡初探	蔡爱智、石谦	厦门大学出版社	2009

续表

序号	著作名	作者	出版单位	年度
58	The Law of Nature—Advances in Medicine and Biology	Kunming Xu（许昆明）	Nova Science Publishers Inc，New York	2010
59	海洋生态学	沈国英、黄凌风、郭丰、施并章	科学出版社	2010
60	水声数字通信	许天增、许鹭芬	海洋出版社	2010
61	Microbial Carbon Pump in the Ocean	Nianzhi Jiao（焦念志），Farooq Azam，Sean Sanders	Science / The American Association for The Advancement Of Science Business Office	2011
62	北部湾海洋科学研究论文集第3辑—海洋生物与生态专辑	林元烧、蔡立哲	海洋出版社	2011
63	海洋磷虾类生物学	郑重、李少菁、郭东晖	厦门大学出版社	2011
64	台湾海峡常见鱼类图谱	苏永全、王军、戴天元、阮五崎、廖正信等	厦门大学出版社	2011
65	台湾海峡及邻近海域渔业资源养护与管理	戴天元、苏永全、阮五崎、廖正信等	厦门大学出版社	2011
66	应对气候变化的红树林北移生态学	卢昌义等	海洋出版社	2012
67	< Encyclopedia of ocean metagneomics >，Chapter：Microbial Communities in a Shallow-Sea Hydrothermal System	Kai Tang(汤凯)	Springer	2013

续表

序号	著作名	作者	出版单位	年度
68	Impacts of Global Warming on Biogeochemical Cycles in Natural Waters	Khan M G Mostofa、Cong-qiang Liu、Kun-shan Gao(高坤山)、Shijie Li、Davide Vione、M Abdul Mottaleb	Springer	2013
69	北部湾海洋科学研究论文集第4辑—海洋化学专辑	郑爱榕、陈敏	海洋出版社	2013
70	大黄鱼主要病害临床诊断和防治手册	王国良、毛勇、鄢庆枇、苏永全	厦门大学出版社	2013
71	厦门湾海域环境质量评价和环境容量研究	张珞平、陈伟琪、江毓武、黄金良、方秦华等著	海洋出版社	2013
72	台湾海峡及其邻近海域鱼类图鉴	陈明茹	中国科学技术出版社	2013
73	藻类固碳—理论、进展与发展	高坤山主编	科学出版社	2013
74	中国福建南部海洋鱼类图鉴(第一卷)	刘敏、陈骁、杨圣云	海洋出版社	2013
75	中国区域海洋学:化学海洋学	洪华生(编著)	海洋出版社	2012
76	中国刺胞动物门水螅虫总纲(上、下册)	许振祖、黄加祺、林茂、郭东晖、王春光	海洋出版社	2014
77	河口区海洋环境监测与评价一体化研究—以珠江口为例	叶璐、张珞平	海洋出版社	2015
78	中国福建南部海洋鱼类图鉴(第二卷)	刘敏、陈骁、杨圣云	海洋出版社	2016

续表

序号	著作名	作者	出版单位	年度
79	中华乌塘鳢生物学与养殖技术	洪万树、何超贤、陈仕玺、张其永	厦门大学出版社	2016
80	Influence of Tropical Cyclones in the Western North Pacific, in Recent Developments in Tropical Cyclone Dynamics, Prediction, and Detection	Wenzhou Zhang（张文舟）	London Intech Open Limited	2016
81	蓝碳行动在中国	焦念志等	科学出版社	2018
82	水色学概览	李忠平	厦门大学出版社	2019

第三节　学术论文

部分学术论文(JCR 一区)

序号	文章	发表时间
1	DAI M, KELLEY J M, BUESSELER K O. Sources and migration of plutonium in groundwater at the Savannah River Site [J]. Environ Sci Technol, 2002, 36(17): 3690-3699.	2002
2	HU J Y, KAWAMURA H, TANG D L. Tidal front around the Hainan Island, northwest of the South China Sea [J]. Journal of Geophysical Research-Oceans, 2003, 108(C12)	2003
3	CAI W J, DAI M. Comment on "Enhanced open ocean storage of CO2 from shelf sea pumping" [J]. Science, 2004, 306 (5701): 1477.	2004

续表

序号	文章	发表时间
4	JIAO N Z, ZHANG Y, ZENG Y, et al. Distinct distribution pattern of abundance and diversity of aerobic anoxygenic phototrophic bacteria in the global ocean [J]. Environmental Microbiology, 2007, 9(12): 3091-3099.	2007
5	LI N, SHANG S P, SHANG S L, et al. On the consistency in variations of the South China Sea Warm Pool as revealed by three sea surface temperature datasets [J]. Remote Sensing of Environment, 2007, 109(1): 118-125.	2007
6	YANG M, WANG K-J, CHEN J-H, et al. Genomic organization and tissue-specific expression analysis of hepcidin-like genes from black porgy (Acanthopagrus schlegelii B.) [J]. Fish & Shellfish Immunology, 2007, 23(5): 1060-1071.	2007
7	CAI P H, CHEN W F, DAI M H, et al. A high-resolution study of particle export in the southern South China Sea based on Th-234: U-238 disequilibrium [J]. Journal of Geophysical Research-Oceans, 2008, 113(C4).	2008
8	SHANG S L, LI L, SUN F Q, et al. Changes of temperature and bio-optical properties in the South China Sea in response to Typhoon Lingling, 2001 [J]. Geophysical Research Letters, 2008, 35(10).	2008
9	YAN X H, JO Y H, JIANG L, et al. Impact of the Three Gorges Dam water storage on the Yangtze River outflow into the East China Sea [J]. Geophysical Research Letters, 2008, 35 (5).	2008
10	FENG D Q, KE C H, LI S J, et al. Pyrethroids as Promising Marine Antifoulants: Laboratory and Field Studies [J]. Marine Biotechnology, 2009, 11(2): 153-160.	2009
11	CHEN F Y, LIU H P, BO J, et al. Identification of genes differentially expressed in hemocytes of Scylla paramamosain in response to lipopolysaccharide [J]. Fish & Shellfish Immunology, 2010, 28(1): 167-177.	2010

续表

序号	文章	发表时间
12	GAO K S, ZHENG Y Q. Combined effects of ocean acidification and solar UV radiation on photosynthesis, growth, pigmentation and calcification of the coralline alga Corallina sessilis (Rhodophyta) [J]. Global Change Biology, 2010, 16(8): 2388-2398.	2010
13	HUANG S J, WILHELM S W, JIAO N Z, et al. Ubiquitous cyanobacterial podoviruses in the global oceans unveiled through viral DNA polymerase gene sequences [J]. Isme Journal, 2010, 4(10): 1243-1251.	2010
14	HUANG W B, REN H L, GOPALAKRISHNAN S, et al. First molecular cloning of a molluscan caspase from variously colored abalone (Haliotis diversicolor) and gene expression analysis with bacterial challenge [J]. Fish & Shellfish Immunology, 2010, 28(4): 587-595.	2010
15	JIAO N Z, HERNDL G J, HANSELL D A, et al. Microbial production of recalcitrant dissolved organic matter: long-term carbon storage in the global ocean [J]. Nature Reviews Microbiology, 2010, 8(8): 593-599.	2010
16	JIAO N Z, ZHANG F, HONG N. Significant roles of bacteriochlorophylla supplemental to chlorophylla in the ocean [J]. Isme Journal, 2010, 4(4): 595-597.	2010
17	KAO S J, DAI M H, SELVARAJ K, et al. Cyclone-driven deep sea injection of freshwater and heat by hyperpycnal flow in the subtropics [J]. Geophysical Research Letters, 2010, 37.	2010
18	LIU H P, CHEN F Y, GOPALAKRISHNAN S, et al. Antioxidant enzymes from the crab Scylla paramamosain: Gene cloning and gene/protein expression profiles against LPS challenge [J]. Fish & Shellfish Immunology, 2010, 28(5-6): 862-871.	2010
19	XIE X L, HU Y H, WANG L L, et al. Inhibitory kinetics of citric acid on beta-N-acetyl-D-glucosaminidase from prawn (Litopenaeus vannamei) [J]. Fish & Shellfish Immunology, 2010, 29(4): 674-678.	2010

续表

序号	文章	发表时间
20	HE M, WANG W X. Factors Affecting the Bioaccessibility of Methylmercury in Several Marine Fish Species [J]. Journal of Agricultural and Food Chemistry, 2011, 59(13): 7155-7162.	2011
21	JIAO N Z, TANG K, CAI H, et al. Increasing the microbial carbon sink in the sea by reducing chemical fertilization on the land [J]. Nature Reviews Microbiology, 2011, 9(1).	2011
22	JIAO N Z, HERNDL G J, HANSELL D A, et al. The microbial carbon pump and the oceanic recalcitrant dissolved organic matter pool [J]. Nature Reviews Microbiology, 2011, 9(7).	2011
23	XU W F, QIAO K, HUANG S P, et al. Quantitative gene expression and in situ localization of scygonadin potentially associated with reproductive immunity in tissues of male and female mud crabs, Scylla paramamosain [J]. Fish & Shellfish Immunology, 2011, 31(2): 243-251.	2011
24	BAI R Y, YOU W W, CHEN J, et al. Molecular cloning and expression analysis of GABA (A) receptor-associated protein (GABARAP) from small abalone, Haliotis diversicolor [J]. Fish & Shellfish Immunology, 2012, 33(4): 675-682.	2012
25	CAO Z M, FRANK M, DAI M H, et al. Silicon isotope constraints on sources and utilization of silicic acid in the northern South China Sea [J]. Geochim Cosmochim Ac, 2012, 97(88-104).	2012
26	GAO K S, XU J T, GAO G, et al. Rising CO2 and increased light exposure synergistically reduce marine primary productivity [J]. Nat Clim Change, 2012, 2(7): 519-523.	2012
27	HUANG S J, WILHELM S W, HARVEY H R, et al. Novel lineages of Prochlorococcus and Synechococcus in the global oceans [J]. Isme Journal, 2012, 6(2): 285-297.	2012
28	HUANG S J, WANG K, JIAO N Z, et al. Genome sequences of siphoviruses infecting marine Synechococcus unveil a diverse cyanophage group and extensive phage-host genetic exchanges [J]. Environmental Microbiology, 2012, 14(2): 540-558.	2012

续表

序号	文章	发表时间
29	HUANG S J, WILHELM S W, HARVEY H R, et al. Novel lineages of Prochlorococcus and Synechococcus in the global oceans [J]. Isme Journal, 2012, 6(2): 285-297.	2012
30	LIU H P, CHEN R Y, ZHANG Q X, et al. Characterization of two isoforms of antiliopolysacchride factors (Sp-ALFs) from the mud crab Scylla paramamosain [J]. Fish & Shellfish Immunology, 2012, 33(1): 1-10.	2012
31	MAO M G, LEI J L, ALEX P M, et al. Characterization of RAG1 and IgM (mu chain) marking development of the immune system in red-spotted grouper (Epinephelus akaara) [J]. Fish & Shellfish Immunology, 2012, 33(4): 725-735.	2012
32	MAO M G, LEI J L, ALEX P M, et al. Characterization of RAG1 and IgM (mu chain) marking development of the immune system in red-spotted grouper (Epinephelus akaara) [J]. Fish & Shellfish Immunology, 2012, 33(4): 725-735.	2012
33	SELVARAJ K, WEI K Y, LIU K K, et al. Late Holocene monsoon climate of northeastern Taiwan inferred from elemental (C, N) and isotopic (delta C-13, delta N-15) data in lake sediments [J]. Quaternary Sci Rev, 2012, 37(48-60).	2012
34	SHANG S L, LI L, LI J, et al. Phytoplankton bloom during the northeast monsoon in the Luzon Strait bordering the Kuroshio [J]. Remote Sensing of Environment, 2012, 124(38-48).	2012
35	SHI X F, ZHANG Z W, QU M, et al. Genomic organization, promoter characterization and expression analysis of the leukocyte cell-derived chemotaxin-2 gene in Epinephelus akaraa [J]. Fish & Shellfish Immunology, 2012, 32(6): 1041-1050.	2012
36	XU J T, GAO K S. Future CO2-Induced Ocean Acidification Mediates the Physiological Performance of a Green Tide Alga [J]. Plant Physiol, 2012, 160(4): 1762-1769.	2012
37	ZHAN X, FAN F L, YOU W W, et al. Construction of an Integrated Map of Haliotis diversicolor Using Microsatellite Markers [J]. Marine Biotechnology, 2012, 14(1): 79-86.	2012

续表

序号	文章	发表时间
38	DAI M H, CAO Z M, GUO X H, et al. Why are some marginal seas sources of atmospheric CO_2? [J]. Geophysical Research Letters, 2013, 40(10): 2154-2158.	2013
39	DI G L, ZHANG Z X, KE C H. Phagocytosis and respiratory burst activity of haemocytes from the ivory snail, Babylonia areolata [J]. Fish & Shellfish Immunology, 2013, 35(2): 366-374.	2013
40	DONG Q, SHANG S L, LEE Z. An algorithm to retrieve absorption coefficient of chromophoric dissolved organic matter from ocean color [J]. Remote Sensing of Environment, 2013, 128(259-267).	2013
41	JIN P, GAO K S, VILLAFANE V E, et al. Ocean Acidification Alters the Photosynthetic Responses of a Coccolithophorid to Fluctuating Ultraviolet and Visible Radiation [J]. Plant Physiol, 2013, 162(4): 2084-2094.	2013
42	NIU S F, JIN Y, XU X, et al. Characterization of a novel piscidin-like antimicrobial peptide from Pseudosciaena crocea and its immune response to Cryptocaryon irritans [J]. Fish & Shellfish Immunology, 2013, 35(2): 513-524.	2013
43	ZHENG A R, CHEN D, LIAN Z L. Effects of colloids on the nitrogen fixation rates in surface water in Beibu Gulf of China [J]. Adv Mater Res-Switz, 2013, 610-613(15-19).	2013
44	ZHOU K B, DAI M H, KAO S J, et al. Apparent enhancement of Th-234-based particle export associated with anticyclonic eddies [J]. Earth Planet Sc Lett, 2013, 381(198-209).	2013
45	CAI P H, SHI X M, MOORE W S, et al. Ra-224:Th-228 disequilibrium in coastal sediments: Implications for solute transfer across the sediment-water interface [J]. Geochim Cosmochim Ac, 2014, 125(68-84).	2014
46	LIANG S, LUO X, YOU W W, et al. The role of hybridization in improving the immune response and thermal tolerance of abalone [J]. Fish & Shellfish Immunology, 2014, 39(1): 69-77.	2014

续表

序号	文章	发表时间
47	LUO L Z, KE C H, GUO X Y, et al. Metal accumulation and differentially expressed proteins in gill of oyster (Crassostrea hongkongensis) exposed to long-term heavy metal-contaminated estuary [J]. Fish & Shellfish Immunology, 2014, 38(2): 318-329.	2014
48	YANG W F, GUO L D. Abundance, distribution, and isotopic composition of particulate black carbon in the northern Gulf of Mexico [J]. Geophysical Research Letters, 2014, 41(21): 7619-7625.	2014
49	YANG X Y, YUAN X J. The Early Winter Sea Ice Variability under the Recent Arctic Climate Shift [J]. J Climate, 2014, 27(13): 5092-5110.	2014
50	YANG Y N, BAO C C, LIU A, et al. Immune responses of prophenoloxidase in the mud crab Scylla paramamosain against Vibrio alginolyticus infection: In vivo and in vitro gene silencing evidence [J]. Fish & Shellfish Immunology, 2014, 39(2): 237-244.	2014
51	ZHANG R, WEI W, CAI L L. The fate and biogeochemical cycling of viral elements [J]. Nature Reviews Microbiology, 2014, 12(12):	2014
52	ZHOU Q J, SU Y Q, NIU S F, et al. Discovery and molecular cloning of piscidin-5-like gene from the large yellow croaker (Larimichthys crocea) [J]. Fish & Shellfish Immunology, 2014, 41(2): 417 420.	2014
53	CAI P H, SHI X M, HONG Q Q, et al. Using Ra-224/Th-228 disequilibrium to quantify benthic fluxes of dissolved inorganic carbon and nutrients into the Pearl River Estuary [J]. Geochim Cosmochim Ac, 2015, 170(188-203.	2015
54	CHEN B, FAN D Q, ZHU K X, et al. Mechanism study on a new antimicrobial peptide Sphistin derived from the N-terminus of crab histone H2A identified in haemolymphs of Scylla paramamosain [J]. Fish & Shellfish Immunology, 2015, 47(2): 833-846.	2015

续表

序号	文章	发表时间
55	CHEN R N, SU Y Q, WANG J, et al. Molecular characterization and expression analysis of interferon-gamma in the large yellow croaker Larimichthys crocea [J]. Fish & Shellfish Immunology, 2015, 46(2): 596-602.	2015
56	CHEN S W, GAO K S, BEARDALL J. Viral attack exacerbates the susceptibility of a bloom-forming alga to ocean acidification [J]. Global Change Biology, 2015, 21(2): 629-636.	2015
57	JIAO N Z, LEGENDRE L, ROBINSON C, et al. Comment on "Dilution limits dissolved organic carbon utilization in the deep ocean" [J]. Science, 2015, 350(62-67).	2015
58	JIN P, WANG T F, LIU N N, et al. Ocean acidification increases the accumulation of toxic phenolic compounds across trophic levels [J]. Nat Commun, 2015, 6.	2015
59	LEE Z P, SHANG S L, HU C M, et al. Secchi disk depth: A new theory and mechanistic model for underwater visibility [J]. Remote Sensing of Environment, 2015, 169(139-149).	2015
60	LIN S J, CHENG S F, SONG B, et al. The Symbiodinium kawagutii genome illuminates dinoflagellate gene expression and coral symbiosis [J]. Science, 2015, 350(6261): 691-694.	2015
61	LIU H T, WANG J, MAO Y, et al. Identification and expression analysis of a novel stylicin antimicrobial peptide from Kuruma shrimp (Marsupenaeus japonicus) [J]. Fish & Shellfish Immunology, 2015, 47(2): 817-823.	2015
62	SU H, WU X B, YAN X H, et al. Estimation of subsurface temperature anomaly in the Indian Ocean during recent global surface warming hiatus from satellite measurements: A support vector machine approach [J]. Remote Sensing of Environment, 2015, 160(63-71).	2015
63	WANG G Z, WANG Z Y, ZHAI W D, et al. Net subterranean estuarine export fluxes of dissolved inorganic C, N, P, Si, and total alkalinity into the Jiulong River estuary, China [J]. Geochim Cosmochim Ac, 2015, 149(103-114).	2015

续表

序号	文章	发表时间
64	WANG S P, CHEN F Y, DONG L X, et al. A novel innexin2 forming membrane hemichannel exhibits immune responses and cell apoptosis in Scylla paramamosain [J]. Fish & Shellfish Immunology, 2015, 47(1): 485-499.	2015
65	YANG W F, GUO L D, CHUANG C-Y, et al. Influence of organic matter on the adsorption of Pb-210, Po-210, Be-7 and their fractionation on nanoparticles in seawater [J]. Earth Planet Sc Lett, 2015, 423(193-201).	2015
66	ZHANG W Z, XUE H J, CHAI F, et al. Dynamical processes within an anticyclonic eddy revealed from Argo floats [J]. Geophysical Research Letters, 2015, 42(7): 2342-2350.	2015
67	HUANG X W, WANG W, DONG Y W. Complex ecology of China's seawall.SCIENCE 2015,347 (6226) , pp.107-1078	2015
68	ZHENG C Q, JESWIN J, SHEN K L, et al. Detrimental effect of CO2-driven seawater acidification on a crustacean brine shrimp, Artemia sinica [J]. Fish & Shellfish Immunology, 2015, 43(1): 181-190.	2015
69	CAI Y H, SHIM M J, GUO L D, et al. Floodplain influence on carbon speciation and fluxes from the lower Pearl River, Mississippi [J]. Geochim Cosmochim Ac, 2016, 186(189-206).	2016
70	CAO Z M, SIEBERT C, HATHORNE E C, et al. Constraining the oceanic barium cycle with stable barium isotopes [J]. Earth Planet Sc Lett, 2016, 434(1-9).	2016
71	CHANG X J, ZHENG C Q, WANG Y W, et al. Differential protein expression using proteomics from a crustacean brine shrimp (Artemia sinica) under CO2-driven seawater acidification [J]. Fish & Shellfish Immunology, 2016, 58(669-677).	2016
72	DANG H Y, LOVELL C R. Microbial Surface Colonization and Biofilm Development in Marine Environments [J]. Microbiol Mol Biol R, 2016, 80(1): 91-138.	2016

续表

序号	文章	发表时间
73	HU J Y，WANG X H. Progress on upwelling studies in the China seas [J]. Rev Geophys，2016，54(3)：653-673.	2016
74	JESWIN J，XIE X L，JI Q L，et al. Proteomic analysis by iTRAQ in red claw crayfish，Cherax quadricarinatus，hematopoietic tissue cells post white spot syndrome virus infection [J]. Fish & Shellfish Immunology，2016，50(288-296).	2016
75	JIANG L K，YOU W W，ZHANG X J，et al. Construction of the BAC Library of Small Abalone (Haliotis diversicolor) for Gene Screening and Genome Characterization [J]. Marine Biotechnology，2016，18(1)：49-56.	2016
76	LEE Z，SHANG S L，QI L，et al. A semi-analytical scheme to estimate Secchi-disk depth from Landsat-8 measurements [J]. Remote Sensing of Environment，2016，177(101-106).	2016
77	LI Z，HONG W S，QIU H T，et al. Cloning and expression of two hepcidin genes in the mudskipper (Boleophthalmus pectinirostris) provides insights into their roles in male reproductive immunity [J]. Fish & Shellfish Immunology，2016，56(239-247).	2016
78	LIN F Y，GAO Y，WANG H，et al. Identification of an anti-lipopolysacchride factor possessing both antiviral and antibacterial activity from the red claw crayfish Cherax quadricarinatus [J]. Fish & Shellfish Immunology，2016，57(213-221).	2016
79	LIU H P，CHEN R Y，XIE X L，et al. White spot syndrome virus entry is dependent on multiple pathways [J]. Fish & Shellfish Immunology，2016，53(62).	2016
80	LIU H T，WANG J，MAO Y，et al. Identification and expression analysis of a new invertebrate lysozyme in Kuruma shrimp (Marsupenaeus japonicus) [J]. Fish & Shellfish Immunology，2016，49(336-343).	2016
81	LUO L，YAO X H，GAO H W，et al. Nitrogen speciation in various types of aerosols in spring over the northwestern Pacific Ocean [J]. Atmos Chem Phys，2016，16(1)：325-341.	2016

续表

序号	文章	发表时间
82	QIAO K, XU W F, CHEN H Y, et al. A new antimicrobial peptide SCY2 identified in Scylla Paramamosain exerting a potential role of reproductive immunity [J]. Fish & Shellfish Immunology, 2016, 51(251-262).	2016
83	SHAN Z G, ZHU K X, CHEN F Y, et al. In vivo activity and the transcriptional regulatory mechanism of the antimicrobial peptide SpHyastatin in Scylla paramamosain [J]. Fish & Shellfish Immunology, 2016, 59(155-165).	2016
84	SHANG S L, LEE Z, SHI L H, et al. Changes in water clarity of the Bohai Sea: Observations from MODIS [J]. Remote Sensing of Environment, 2016, 186(22-31).	2016
85	WANG J, DU H H, XU Y, et al. Environmental and Ecological Risk Assessment of Trace Metal Contamination in Mangrove Ecosystems: A Case from Zhangjiangkou Mangrove National Nature Reserve, China [J]. Biomed Res Int, 2016.	2016
86	WANG P, WANG J, SU Y Q, et al. Transcriptome analysis of the Larimichthys crocea liver in response to Cryptocaryon irritans [J]. Fish & Shellfish Immunology, 2016, 48(1-11).	2016
87	YAN X H, BOYER T, TRENBERTH K, et al. The global warming hiatus: Slowdown or redistribution? [J]. Earths Future, 2016, 4(11): 472-482.	2016
88	YANG X-Y, YUAN X, TING M. Dynamical Link between the Barents-Kara Sea Ice and the Arctic Oscillation [J]. J Climate, 2016, 29(14): 5103-5122.	2016
89	ZHANG S, ZHANG Y, GUO Y J, et al. Realization of Subwavelength Asymmetric Acoustic Transmission Based on Low-Frequency Forbidden Transmission [J]. Phys Rev Appl, 2016, 5(3).	2016
90	ZHAO M R, MENG C, XIE X L, et al. Characterization of microRNAs by deep sequencing in red claw crayfish Cherax quadricarinatus haematopoietic tissue cells after white spot syndrome virus infection [J]. Fish & Shellfish Immunology, 2016, 59(469-483).	2016

续表

序号	文章	发表时间
91	ZHENG J B, MAO Y, SU Y Q, et al. Effects of nitrite stress on mRNA expression of antioxidant enzymes, immune-related genes and apoptosis-related proteins in Marsupenaeus japonicus [J]. Fish & Shellfish Immunology, 2016, 58(239-252).	2016
92	ZHOU Q J, WANG J, LIU M, et al. Identification, expression and antibacterial activities of an antimicrobial peptide NK-lysin from a marine fish Larimichthys crocea [J]. Fish & Shellfish Immunology, 2016, 55(195-202).	2016
93	BAO H Y, KAO S J, LEE T Y, et al. Distribution of organic carbon and lignin in soils in a subtropical small mountainous river basin [J]. Geoderma, 2017, 306(81-88).	2017
94	BAO H Y, NIGGEMANN J, LUO L, et al. Aerosols as a source of dissolved black carbon to the ocean [J]. Nat Commun, 2017, 8.	2017
95	HONG Q Q, CAI P H, SHI X M, et al. Solute transport into the Jiulong River estuary via pore water exchange and submarine groundwater discharge: New insights from Ra-224/Th-228 disequilibrium [J]. Geochim Cosmochim Ac, 2017, 198(338-359).	2017
96	LI D W, ZHENG L W, JACCARD S L, et al. Millennial-scale ocean dynamics controlled export productivity in the subtropical North Pacific [J]. Geology, 2017, 45(7): 651-654.	2017
97	LI F T, BEARDALL J, COLLINS S, et al. Decreased photosynthesis and growth with reduced respiration in the model diatom Phaeodactylum tricornutum grown under elevated CO2 over 1800 generations [J]. Global Change Biology, 2017, 23(1): 127-137.	2017
98	LIN S, SHI X, LIN X. Transcriptomic and Micrornaomic Profiling Reveals Multi-Faceted Mechanisms to Cope with Phosphate Stress in a Dinoflagellate [J]. Phycologia, 2017, 56(4): 118-119).	2017
99	LIU Z Y, LIAN Q, ZHANG F T, et al. Weak Thermocline Mixing in the North Pacific Low-Latitude Western Boundary Current System [J]. Geophysical Research Letters, 2017, 44(20): 10530-10539.	2017

续表

序号	文章	发表时间
100	LUO H, LIN X, LI L, et al. Transcriptomic and physiological analyses of the dinoflagellate Karenia mikimotoi reveal non-alkaline phosphatase-based molecular machinery of ATP utilisation [J]. Environmental Microbiology, 2017, 19(11): 4506-4518.	2017
101	LYU K W, ZHANG X B, CHURCH J A, et al. Distinguishing the Quasi-Decadal and Multidecadal Sea Level and Climate Variations in the Pacific: Implications for the ENSO-Like Low-Frequency Variability [J]. J Climate, 2017, 30(13): 5097-5117.	2017
102	MA X W, HOU L, CHEN B, et al. A truncated Sph(12-38) with potent antimicrobial activity showing resistance against bacterial challenge in Oryzias melastigma [J]. Fish & Shellfish Immunology, 2017, 67(561-570).	2017
103	PINTADO-HERRERA M G, WANG C C, LU J T, et al. Distribution, mass inventories, and ecological risk assessment of legacy and emerging contaminants in sediments from the Pearl River Estuary in China [J]. J Hazard Mater, 2017, 323(128-138).	2017
104	QIU D J, LIN L X, LIN S J. REPLY TO JOHNSON ET AL.: Functionally active cryptophyte cell membrane and cytoplasm indicate intact symbionts within Mesodinium [J]. P Natl Acad Sci USA, 2017, 114(7): E1043-E1044.	2017
105	SHANG S L, LEE Z P, LIN G, et al. Sensing an intense phytoplankton bloom in the western Taiwan Strait from radiometric measurements on a UAV [J]. Remote Sensing of Environment, 2017, 198(85-94).	2017
106	XU J, LI J T, JIANG Y L, et al. Genomic Basis of Adaptive Evolution: The Survival of Amur Ide (Leuciscus waleckii) in an Extremely Alkaline Environment [J]. Mol Biol Evol, 2017, 34(1): 145-159.	2017
107	ZHAO Z, GONSIOR M, LUEK J, et al. Picocyanobacteria and deep-ocean fluorescent dissolved organic matter share similar optical properties [J]. Nat Commun, 2017, 8.	2017

续表

序号	文章	发表时间
108	ZHENG L W, DING X D, LIU J T, et al. Isotopic evidence for the influence of typhoons and submarine canyons on the sourcing and transport behavior of biospheric organic carbon to the deep sea [J]. Earth Planet Sc Lett, 2017, 465(103-111).	2017
109	ZHONG S P, MAO Y, WANG J, et al. Transcriptome analysis of Kuruma shrimp (Marsupenaeus japonicus) hepatopancreas in response to white spot syndrome virus (WSSV) under experimental infection [J]. Fish & Shellfish Immunology, 2017, 70(710-719).	2017
110	HE Y B, PENG H, LIU J, et al. Chlorella sp transgenic with Scy-hepc enhancing the survival of Sparus macrocephalus and hybrid grouper challenged with Aeromonas hydrophila [J]. Fish & Shellfish Immunology, 2018, 73(22-29).	2018
111	HONG Q Q, CAI P H, GEIBERT W, et al. Benthic fluxes of metals into the Pearl River Estuary based on Ra-224/Th-228 disequilibrium: From alkaline earth (Ba) to redox sensitive elements (U, Mn, Fe) [J]. Geochim Cosmochim Ac, 2018, 237(223-239).	2018
112	JIAN X, GUAN P, ZHANG W, et al. Late Cretaceous to early Eocene deformation in the northern Tibetan Plateau: Detrital apatite fission track evidence from northern Qaidam basin [J]. Gondwana Res, 2018, 60(94-104).	2018
113	JIAO N Z, CAI R H, ZHENG Q, et al. Unveiling the enigma of refractory carbon in the ocean [J]. Natl Sci Rev, 2018, 5(4): 459-463.	2018
114	JIAO N Z, WANG H, XU G H, et al. Blue carbon on the rise: challenges and opportunities [J]. Natl Sci Rev, 2018, 5(4): 464.	2018
115	KANG B, LIU M, HUANG X-X, et al. Fisheries in Chinese seas: What can we learn from controversial official fisheries statistics? [J]. Reviews in Fish Biology and Fisheries, 2018, 28(3): 503-519.	2018

续表

序号	文章	发表时间
116	LIANG S, LUO X, YOU W W, et al. Hybridization improved bacteria resistance in abalone: Evidence from physiological and molecular responses [J]. Fish & Shellfish Immunology, 2018, 72(679-689).	2018
117	LUO L, KAO S J, BAO H Y, et al. Sources of reactive nitrogen in marine aerosol over the Northwest Pacific Ocean in spring [J]. Atmos Chem Phys, 2018, 18(9): 6207-6222.	2018
118	MO Y Y, ZHANG W J, YANG J, et al. Biogeographic patterns of abundant and rare bacterioplankton in three subtropical bays resulting from selective and neutral processes [J]. Isme Journal, 2018, 12(9): 2198-2210.	2018
119	TONG S Y, GAO K S, HUTCHINS D A. Adaptive evolution in the coccolithophore Gephyrocapsa oceanica following 1,000 generations of selection under elevated CO2 [J]. Global Change Biology, 2018, 24(7): 3055-3064.	2018
120	XU M N, ZHANG W J, ZHU Y F, et al. Enhanced Ammonia Oxidation Caused by Lateral Kuroshio Intrusion in the Boundary Zone of the Northern South China Sea [J]. Geophysical Research Letters, 2018, 45(13): 6585-6593.	2018
121	ZHANG C L, DANG H Y, AZAM F, et al. Evolving paradigms in biological carbon cycling in the ocean [J]. Natl Sci Rev, 2018, 5(4): 481-499.	2018
122	ZHANG M, ZHANG M F, CHEN F Y, et al. The transcriptional regulation of an antimicrobial peptide hepcidin1 in Oryzias melastigma upon EE2 exposure involved in a new pathway with a novel transcriptional regulatory element HepERE [J]. Fish & Shellfish Immunology, 2018, 82(421-431).	2018

续表

序号	文章	发表时间
123	ZHENG J B, CAO J W, MAO Y, et al. Identification of microRNAs with heat stress responsive and immune properties in Marsupenaeus japonicus based on next-generation sequencing and bioinformatics analysis: Essential regulators in the heat stress-host interactions [J]. Fish & Shellfish Immunology, 2018, 81(390-398).	2018
124	ZHENG L B, MAO Y, WANG J, et al. Excavating differentially expressed antimicrobial peptides from transcriptome of Larimichthys crocea liver in response to Cryptocaryon irritans [J]. Fish & Shellfish Immunology, 2018, 75(109-114).	2018
125	DONG EQ,ZHANG Y,SONG ZC, et al. Physical modeling and validation of porpoises' directional emission via hybrid metamaterials[J]. National Science Review,2019, 6 (5) , pp.921-928	2019
126	BO J, YANG Y, ZHENG R H, et al. Antimicrobial activity and mechanisms of multiple antimicrobial peptides isolated from rockfish Sebastiscus marmoratus [J]. Fish & Shellfish Immunology, 2019, 93(1007-1017).	2019
127	CHEN F Y, WANG K J. Characterization of the innate immunity in the mud crab Scylla paramamosain [J]. Fish & Shellfish Immunology, 2019, 93(436-448).	2019
128	CHEN X R, SHANG S L, LEE Z, et al. High-frequency observation of floating algae from AHI on Himawari-8 [J]. Remote Sensing of Environment, 2019, 227(151-161).	2019
129	CHEN X W, WEI W, WANG J N, et al. Tide driven microbial dynamics through virus-host interactions in the estuarine ecosystem [J]. Water Res, 2019, 160(118-129).	2019
130	DI G L, LI Y F, ZHAO X L, et al. Differential proteomic profiles and characterizations between hyalinocytes and granulocytes in ivory shell Babylonia areolata [J]. Fish & Shellfish Immunology, 2019, 92(405-420).	2019

续表

序号	文章	发表时间
131	GAO X L, KE C H, ZHANG M, et al. Effects of the probiotic Bacillus amyloliquefaciens on the growth, immunity, and disease resistance of Haliotis discus hannai [J]. Fish & Shellfish Immunology, 2019, 94(617-627).	2019
132	LEI X T, CHEN M, GUO L D, et al. Diurnal variations in the content and oxygen isotope composition of phosphate pools in a subtropical agriculture soil [J]. Geoderma, 2019, 337(863-870).	2019
133	LI M J, WANG M, WANG W L, et al. The immunomodulatory function of invertebrate specific neuropeptide FMRFamide in oyster Crassostrea gigas [J]. Fish & Shellfish Immunology, 2019, 88(480-488).	2019
134	LI Q H, XU L B, AO J Q, et al. Identification and bioactivity of a granulocyte colony-stimulating factor b homologue from large yellow croaker (Larimichthys crocea) [J]. Fish & Shellfish Immunology, 2019, 90(20-29).	2019
135	LI W D, CHANG X J, ZHENG S C, et al. A novel CQTRIM32 from red claw crayfish Cherax quadricarinatus inhibits white spot syndrome virus infection [J]. Fish & Shellfish Immunology, 2019, 91(401-402).	2019
136	LIAO E H, YAN X H, JIANG Y W, et al. New findings on the route of heat transport between the Indo-Pacific and Southern Ocean [J]. Clim Dynam, 2019, 52(9-10): 5145-5151.	2019
137	LIU H P, MENG C, LI D L, et al. White spot syndrome virus infection in a crustacean [J]. Fish & Shellfish Immunology, 2019, 91(470-470).	2019
138	MA X W, ZHAN W B, CHEN F Y, et al. Molecular characterization of a pattern recognition protein LGBP highly expressed in the early stages of mud crab Scylla paramamosain [J]. Fish & Shellfish Immunology, 2019, 91(400-400).	2019

续表

序号	文章	发表时间
139	SHI B, WANG T, ZENG Z, et al. The role of copper and zinc accumulation in defense against bacterial pathogen in the fujian oyster (Crassostrea angulata) [J]. Fish & Shellfish Immunology, 2019, 92(72-82).	2019
140	SHI X M, WEI L, HONG Q Q, et al. Large benthic fluxes of dissolved iron in China coastal seas revealed by Ra-224/Th-228 disequilibria [J]. Geochim Cosmochim Ac, 2019, 260(49-61).	2019
141	TUO P F, YU J Y, HU J Y. The Changing Influences of ENSO and the Pacific Meridional Mode on Mesoscale Eddies in the South China Sea [J]. J Climate, 2019, 32(3): 685-700.	2019
142	WANG H, TANG W, ZHANG R, et al. Analysis of enzyme activity, antibacterial activity, antiparasitic activity and physico-chemical stability of skin mucus derived from Amphiprion clarkii [J]. Fish & Shellfish Immunology, 2019, 86(653-661).	2019
143	WANG P P, XING C F, WANG J, et al. Evolutionary adaptation analysis of immune defense and hypoxia tolerance in two closely related Marsupenaeus species based on comparative transcriptomics [J]. Fish & Shellfish Immunology, 2019, 92(861-870).	2019
144	WU W L, LIN X S, WANG C F, et al. Transcriptome of white shrimp Litopenaeus vannamei induced with rapamycin reveals the role of autophagy in shrimp immunity [J]. Fish & Shellfish Immunology, 2019, 86(1009-1018).	2019
145	YOU W W, HEDGECOCK D. Boom-and-bust production cycles in animal seafood aquaculture [J]. Rev Aquacult, 2019, 11(4): 1045-1060.	2019
146	ZHANG Y Y, HE P M, LI H M, et al. Ulva prolifera green-tide outbreaks and their environmental impact in the Yellow Sea, China [J]. Natl Sci Rev, 2019, 6(4): 825-838.	2019

续表

序号	文章	发表时间
147	ZHAO Z, GONSIOR M, SCHMITT-KOPPLIN P, et al. Microbial transformation of virus-induced dissolved organic matter from picocyanobacteria: coupling of bacterial diversity and DOM chemodiversity [J]. Isme Journal, 2019, 13(10): 2551-2565.	2019
148	ZHENG S C, CHANG X J, LI W D, et al. A novel RING finger protein CqRNF152-like with self-ubiquitination activity inhibits white spot syndrome virus infection in a crustacean Cherax quadricarinatus [J]. Fish & Shellfish Immunology, 2019, 94 (934-943).	2019
149	ZHENG S C, LI W D, LIU H P. CQSIRT1 from red claw crayfish Cherax quadricarinatus promotes white spot syndrome virus infection VIA positively regulating PI3K-AKT-mTOR pathway [J]. Fish & Shellfish Immunology, 2019, 91(414-414).	2019
150	ZHENG S C, XU J Y, LIU H P. Cellular entry of white spot syndrome virus and antiviral immunity mediated by cellular receptors in crustaceans [J]. Fish & Shellfish Immunology, 2019, 93(580-588).	2019
151	BAI H Q, ZHOU T, ZHAO J, et al. Transcriptome analysis reveals the temporal gene expression patterns in skin of large yellow croaker (Larimichthys crocea) in response to Cryptocaryon irritans infection [J]. Fish & Shellfish Immunology, 2020, 99(462-472).	2020
152	CAI P H, WEI L, GEIBERT W, et al. Carbon and nutrient export from intertidal sand systems elucidated by Ra 224/Th-228 disequilibria [J]. Geochim Cosmochim Ac, 2020, 274(302-316).	2020
153	CAO Z M, YANG W, ZHAO Y Y, et al. Diagnosis of CO2 dynamics and fluxes in global coastal oceans [J]. Natl Sci Rev, 2020, 7(4): 786-797.	2020
154	FENG Y, CHEN X Y, TUNG K K. ENSO diversity and the recent appearance of Central Pacific ENSO [J]. Clim Dynam, 2020, 54(1-2): 413-433.	2020
155	FENG Y, TUNG K K. ENSO modulation: real and apparent; implications for decadal prediction [J]. Clim Dynam, 2020, 54(1-2): 615-629.	2020

续表

序号	文章	发表时间
156	GAO X L, KE C H, WU F C, et al. Effects of Bacillus linchenifor-mis feeding frequency on the growth, digestion and immunity of Haliotis discus hannai [J]. Fish & Shellfish Immunology, 2020, 96 (1-12).	2020
157	JIAN X, WEISLOGEL A, PULLEN A, et al. Formation and evo-lution of the Eastern Kunlun Range, northern Tibet: Evidence from detrital zircon U-Pb geochronology and Hf isotopes [J]. Gondwana Res, 2020, 83(63-79).	2020
158	JIAN X, ZHANG W, YANG S Y, et al. Climate-Dependent Sedi-ment Composition and Transport of Mountainous Rivers in Tectoni-cally Stable, Subtropical East Asia [J]. Geophysical Research Let-ters, 2020, 47(3).	2020
159	LI J S, DONG L X, ZHU D P, et al. An effector caspase Sp-caspase first identified in mud crab Scylla paramamosain exhibiting immune response and cell apoptosis [J]. Fish & Shellfish Immunol-ogy, 2020, 103(442-453).	2020
160	LIN Y, JIANG J J, RODENBURG L A, et al. Perfluoroalkyl sub-stances in sediments from the Bering Sea to the western Arctic: Source and pathway analysis [J]. Environ Int, 2020, 139.	2020
161	PAN F, GUO Z R, CAI Y, et al. Cyclical patterns and (im)mobili-zation mechanisms of phosphorus in sediments from a small creek estuary: Evidence from in situ monthly sampling and indoor experi-ments [J]. Water Res, 2020, 171.	2020
162	SHEN Y W, HE T T, LUO X, et al. Comparative immune re-sponse during the juvenile and adult stages of two abalones under Vibrio harveyi challenge [J]. Fish & Shellfish Immunology, 2020, 98(109-111).	2020
163	TAN E H, ZOU W B, ZHENG Z Z, et al. Warming stimulates sediment denitrification at the expense of anaerobic ammonium oxi-dation [J]. Nat Clim Change, 2020, 10(4): 349.	2020

续表

序号	文章	发表时间
164	WANG W, WANG J, CHOI F M P, et al. Global warming and artificial shorelines reshape seashore biogeography [J]. Global Ecol Biogeogr, 2020, 29(2): 220-231.	2020
165	WU Y Y, HE J J, YAO G Y, et al. Molecular cloning, characterization, and expression of two TNFRs from the pearl oyster Pinctada fucata martensii [J]. Fish & Shellfish Immunology, 2020, 98 (147-159).	2020
166	XU Z N, WEI Y J, GUO S L, et al. Short neuropeptide F enhances the immune response in the hepatopancreas of mud crab (Scylla paramamosain) [J]. Fish & Shellfish Immunology, 2020, 101(244-251).	2020
167	YANG X Y, WANG G H, KEENLYSIDE N. The Arctic sea ice extent change connected to Pacific decadal variability [J]. Cryosphere, 2020, 14(2): 693-708.	2020
168	ZHANG W B, LIU M, DE MITCHESON Y S, et al. Fishing for feed in China: Facts, impacts and implications [J]. Fish Fish, 2020, 21(1): 47-62.	2020
169	ZHANG Z L, CAO Z M, GRASSE P, et al. Dissolved silicon isotope dynamics in large river estuaries [J]. Geochim Cosmochim Ac, 2020, 273(367-382).	2020
170	ZHAO Y Y, LIU J, UTHAIPAN K, et al. Dynamics of inorganic carbon and pH in a large subtropical continental shelf system: Interaction between eutrophication, hypoxia, and ocean acidification [J]. Limnology and Oceanography, 2020, 65(6): 1359-1379.	2020
171	ZHENG Z Z, ZHENG L W, XU M N N, et al. Substrate regulation leads to differential responses of microbial ammonia-oxidizing communities to ocean warming [J]. Nat Commun, 2020, 11(1).	2020
172	CAO Z M,LI Y T,RAO X T, et al. Constraining barium isotope fractionation in the upper water column of the South China Sea[J]. Geochimica Et Cosmochimica Acta,2020(288) , pp.120-137	2020

续表

序号	文章	发表时间
173	CHEN J,LI H M,ZHANG Z H, et al. DOC dynamics and bacterial community succession during long-term degradation of Ulva prolifera and their implications for the legacy effect of green tides on refractory DOC pool in seawater[J]. Water Research,2020,185.	2020
174	DONG E Q,SONG Z C,ZhANG Y, et al. Bioinspired metagel with broadband tunable impedance matching[J]. Science Advances,2020, 6 (44)	2020
175	JIAO N Z,CHEN F H,HOU Z Q. Combating climate change in a post-COVID-19 era[J]. Science Bulletin,2020, 65 (23) , pp.1958-1960	2020
176	LIU L K,GAO Y,GAO, R L, et al. A barrier-to-autointegration factor promotes white spot syndrome virus infection in a crustacean Cherax quadricarinatus [J]. Fish & Shellfish Immunology, 2020 (105) , pp.244-252	2020
177	LUO J,CHAI J,WEN Y L, et al. From asymmetrical to balanced genomic diversification during rediploidization: Subgenomic evolution in allotetraploid fish[J]. Science Advances,2020, 6 (22)	2020
178	QU L Y,WU Y F,LI Y, et al. El Nino-Driven Dry Season Flushing Enhances Dissolved Organic Matter Export From a Subtropical Watershed[J].Geophysical Research Letters, 2020,47 (19)	2020
179	SHEN J M,JIAO N Z,DAI M H, et al. Laterally Transported Particles From Margins Serve as a Major Carbon and Energy Source for Dark Ocean Ecosystems[J]. Geophysical Research Letters,2020, 47 (18)	2020
180	ZHANG H Q,CHENG W Z,ZHENG L B, et al. Identification of a group D anti-lipopolysaccharide factor (ALF) from kuruma prawn (Marsupenaeus japonicus) with antibacterial activity against Vibrio parahaemolyticus[J]. Fish & Shellfish Immunology.2020, 102 , pp. 368-380	2020

续表

序号	文章	发表时间
181	ZHENG J B, WANG P P, MAO Y, et al. Full-length transcriptome analysis provides new insights into the innate immune system of Marsupenaeus japonicus[J]. Fish & Shellfish Immunology. 2020, 106, pp.283-295	2020

第四节　研究课题

部分研究课题

项目类型	项目编号	项目来源	项目名称	项目负责人	项目合同总经费(万元)	起始日期	结束日期
国家"973"计划	2009CB421200	国家"973"计划重大科研项目(首席)	中国近海碳收支、调控机理及生态效应研究	戴民汉	1,868.00	2009-1-1	2013-12-31
	2013CB955700	国家"973"全球变化国家重大科学研究计划(首席)	海洋微型生物碳泵储碳过程与机制研究	焦念志	2,900.00	2013-1-1	2017-8-31
	2015CB954000	国家"973"计划重大科研项目(首席)	南海碳循环过程、机理及其全球意义	戴民汉	2,500.00	2015-1-1	2019-8-31
	2007CB815904(前)	国家"973"计划重大科研项目课题	微型生物在碳储库及气候变化中的作用	焦念志	297.00	2007/7/1	2012/7/31
	2015CB452903	国家"973"计划重大科研项目课题	营养物质变化对海湾生物群落结构及其演替的影响机理(前2年)	陈敏	536.00	2015/1/1	2019/12/31

续表

项目类型	项目编号	项目来源	项目名称	项目负责人	项目合同总经费(万元)	起始日期	结束日期
国家“863”计划	2006AA09A302	国家“863”计划重点项目课题	卫星遥感信息反演软件	商少凌	300.00	2006-12-01	2010-12-31
	2006AA09A302-6	国家“863”计划重点项目课题	风暴潮漫滩预警系统	商少平	240.00	2007-4-1	2010-12-31
	2007AA091406	国家“863”计划重点项目课题	海洋动物抗菌类基因工程产品作为饲料添加剂的研发及其应用研究	王克坚	213.00	2007-12-01	2010-12-01
	2012AA092003	国家“863”计划重点项目课题	海洋生态环境高通量生物检测技术开发	张　锐	585.00	2012-6-1	2014-06-30
	/	国家“863”计划“十二五”重大项目(首席)	海洋环境监测设备适用性检验规范及海上试验研究(SB)	商少平	757.18	2013-1-1	2014-6-30
国家重点研发计划	2016YFA0601400	国家重点研发计划项目(首席)	近海生态系统碳汇过程、调控机制及增汇模式	张瑶	2,500.00	2016-7-1	2021-6-30
	2017YFC1403900	国家重点研发计划项目(首席)	海水总碱度在线监测仪器的研制及产业化	陈进顺	476.00	2017-7-1	2020-12-31
	2017YFC1404800	国家重点研发计划项目(首席)	区域海洋生态环境立体监测系统集成与应用示范	商少平	2,465.00	2017-7-1	2020-12-31
	2018YFC1407500	国家重点研发计划项目(首席)	滨海核电站取水区典型致灾生物立体监控系统及应用示范	商少凌	1,872.00	2018-8-1	2021-12-31
	2018YFD0901400	国家重点研发计划项目(首席)	重要养殖贝类种质创制与规模化制种	柯才焕	3,307.00	2018-12-1	2022-12-31
	2018YFE0110000	国家重点研发计划项目	面向海洋环境监测的信道感知水声传感网络技术	童峰	247.00	2019-11-1	2022-10-31

续表

项目类型	项目编号	项目来源	项目名称	项目负责人	项目合同总经费(万元)	起始日期	结束日期
国家重点研发计划	2019YFE012050	国家重点研发计划项目	鲤异源四倍体的性别决定基因鉴定及功能分化研究	徐鹏	239.00	2020-12-01	2023-11-30
	2020YFA0608300	国家重点研发计划项目(首席)	全球变化下近海微型生物脱氧过程与碳汇效应	汤凯	877.00	2020-11-01	2025-10-31
	2016YFC1400905	国家重点研发计划项目课题	主被动海洋光学遥感融合反演技术与示范	李忠平	461.00	2016-9-1	2020-12-31
	2016YFC0300709	国家重点研发计划项目课题	科学需求设计和环境生物研究	王海黎	361.00	2016-7-1	2020-12-31
	2018YFC1407502	国家重点研发计划项目课题	动力环境与致灾生物轨迹预测技术	江毓武	293.00	2018-8-1	2021-12-31
	2018YFC1406501	国家重点研发计划项目课题	重要岛礁及邻近海域浮游生物多样性及其关键生态过程	刘海鹏	212.00	2018-8-1	2021-12-31
	2018YFC1407504	国家重点研发计划项目课题	致灾生物声学与光谱成像探测技术	张宇	331.00	2018-8-1	2021-12-31
	2018YFC1406301	国家重点研发计划项目课题	人类活动影响下近海生物多样性维持机制	丁少雄	189.00	2018-8-1	2021-12-31
	2018YFA0605804	国家重点研发计划项目课题	海洋微型生物对惰性有机碳的转化和调控机理	郑强	278.00	2018-5-1	2023-04-30
农业部项目	200903029	农业部公益性行业(农业)科研专项经费项目	优质安全大黄鱼养殖产业链技术研究与示范	苏永全	1,046.00	2009-1-1	2013-12-31
	CARS-47	农业部产业技术体系岗位专家	国家虾产业技术体系岗位专家	王军	350.00	2011-1-1	2015-12-31
	CARS-47	农业部产业技术体系岗位专家	国家虾产业技术体系岗位专家项目	毛勇	350.00	2016-1-1	2020-12-31
	CARS-49	农业部产业技术体系岗位专家	国家贝类产业技术体系岗位科学家-鲍种质资源与品种改良	柯才焕	280.00	2017-1-1	2020-12-31

续表

项目类型	项目编号	项目来源	项目名称	项目负责人	项目合同总经费(万元)	起始日期	结束日期
自然资源部科研项目	200805068	国家海洋局海洋公益性行业科研专项	海洋微型生物的快速监测及其应用技术研究	焦念志	508.00	2008-7-1	2011-06-01
	201105027	国家海洋局海洋公益性行业科研专项(首席)	海洋生物功能肽类与海藻多糖降解酶的制备开发	王克坚	1,423.00	2011-1-1	2014-12-31
	201105021	国家海洋局海洋公益性行业科研专项(首席)	海洋藻类和细菌固碳(储碳)能力和潜力评估技术研究	焦念志	1,200.00	2011-1-1	2014-12-31
	201305016	国家海洋局海洋公益性行业科研专项(首席)	几种海洋医用和农用生物新材料及制品产业化关键技术研究与示范	柯才焕	1,463.00	2013-1-1	2016-12-31
	201505034	国家海洋局海洋公益性行业科研专项(首席)	近岸海域微纳米颗粒的生物生态效应评估技术及示范应用	陈敏	920.00	2015-1-1	2018-12-31
	GASI-03-01-02-05	国家海洋局全球变化与海气相互作用专项(首席)	南海及西太平洋海区微型生物海洋学及储碳过程与机制研究	焦念志	1,200.00	2014-1-1	2017-12-31
	GASI-03-01-02-04	国家海洋局全球变化与海气相互作用专项	海洋酸化趋势的预测及对生态系统的影响研究	高坤山	260.00	2013-1-1	2016-12-31
	GASI-03-01-02-03	国家海洋局全球变化与海气相互作用专项	热带海洋生态系统和碳循环的相互制约关系	张瑶	257.00	2013-1-1	2016-12-31
	GASI-03-01-02-02	国家海洋局全球变化与海气相互作用专项	海洋生物泵过程及其对上层海-气碳通量的调控作用	郭香会	260.00	2013-1-1	2016-12-31
	GASI-IPOVAI-01-04	国家海洋局全球变化与海气相互作用专项	海洋动力及海-气耦合过程对全球变暖的响应和反馈	严晓海	255.00	2016-1-1	2019-12-31
	DY135-E2-1-04	国家海洋局-大洋协会	u形区洋中脊热液区微生物生态系统的结构和功能	焦念志	480.00	2018-1-1	2020-12-31

续表

项目类型	项目编号	项目来源	项目名称	项目负责人	项目合同总经费(万元)	起始日期	结束日期
国家基金委科研项目	40521003	国家基金创新研究群体项目	海洋生物地球化学过程和机制	戴民汉	420.00	2006-1-1	2008-12-31
	40821063	国家基金创新研究群体项目	海洋生物地球化学过程和机制	戴民汉	450.00	2009-1-1	2011-12-31
	41121091	国家基金创新研究群体项目	海洋生物地球化学过程和机制	戴民汉	600.00	2012-1-1	2014-12-31
	41721005	国家基金创新研究群体项目	海洋氮循环与全球变化	高树基	1,050.00	2018-1-1	2023-12-31
	90711005	国家基金重大研究计划	中国邻近南海海域碳的源汇格局及其关键生物地球化学控制过程研究——深化与集成	戴民汉	220.00	2008/1/1	2011/12/31
	91028001	国家基金重大研究计划	南海微型生物生态过程及其在碳循环中的作用	焦念志	400.00	2011-1-1	2014-12-31
	91328202	国家基金重大研究计划	南海深部生物地球化学-物理耦合过程对海——气界面 CO2 通量的调控	戴民汉	420.00	2014-1-1	2017-12-31
	91328207	国家基金重大研究计划	南海水体硝酸盐动力学与水团示踪	高树基	320.00	2014-1-1	2017-12-31
	91328209	国家基金重大研究计划	南海化能自养微生物固碳过程和机理研究	党宏月	320.00	2014-1-1	2017-12-31
	91428308	国家基金重大研究计划	南海碳循环与生物学储碳机制集成研究	焦念志	345.00	2015-1-1	2018-12-31

续表

项目类型	项目编号	项目来源	项目名称	项目负责人	项目合同总经费(万元)	起始日期	结束日期
国家基金委科研项目	91751207	国家基金重大研究计划	微生物对近海典型海域碳源汇的调节机制及其环境效应	焦念志	320.00	2018-1-1	2021-12-31
	41890800	国家基金重大项目	海洋荒漠生物泵固碳机理及增汇潜力	戴民汉	1,984.90	2019-1-1	2023-12-31
	91851209	国家基金重大研究计划	陆海关键带(地上、地下河口)氮过程	高树基	290.00	2019-1-1	2022-12-31
	91858201	国家基金重大研究计划	西太平洋关键中小尺度过程能量串级与相互作用机理研究	刘志宇	253.00	2019-1-1	2022-12-31
	91858202	国家基金重大研究计划	热带西太平洋地形、环流和涡旋共同调控下的暖池形态年代际演变过程	严晓海	253.00	2019-1-1	2022-12-31
	91958203	国家基金重大研究计划	吕宋海峡复杂地形调控下南海北部—西太平洋环流格局与水体交换研究	胡建宇	280.00	2020-1-1	2023-12-31
	91951209	国家基金重大研究计划	病毒驱动的深部生物圈碳循环机制与过程	张锐	304.00	2020-1-1	2023-12-31
	41130857	国家基金重点项目	珠江口与南海北部海盆硝化、反硝化作用的过程机理之比较研究	戴民汉	320.00	2012-1-1	2016-12-31
	41330959	国家基金重点项目	通过生态基因组学分析探索东海原甲藻的生态适应机制	林森杰	310.00	2014-1-1	2018-12-31
	41430967	国家基金重点项目	南海光合固碳与碳酸盐系统变化的关系:深化与集成	高坤山	360.00	2015-1-1	2019-12-31

续表

项目类型	项目编号	项目来源	项目名称	项目负责人	项目合同总经费(万元)	起始日期	结束日期
国家基金委科研项目	41630963	国家基金重点项目	深海遥感及其在近二十年来中深层海洋增暖研究中的应用	严晓海	290.00	2017/1/1	2021-12-31
	41730533	国家基金重点项目	中尺度气旋式涡旋作用下有机碳与生源硅输出通量的动态变化与耦合:涡旋演化与亚中尺度过程的重要性	戴民汉	330.00	2018-1-1	2022-12-31
	41830102	国家基金重点项目	基于类群分辨的海洋浮游植物固碳遥感机理与方法研究	李忠平	306.00	2019-1-1	2023-12-31
	41023007	国家基金优秀国家重点实验室研究项目	南海生物泵及微型生物代谢过程对中尺度物理过程的响应机制	王海黎	200.00	2011/1/1	2014-12-31
	41125020	国家基金杰出青年科学基金项目	同位素海洋化学研究	陈敏	200.00	2012-1-1	2015-12-31
	U1205121	国家基金促进海峡两岸科技合作联合基金项目	海峡两岸杂色鲍种质资源评估与主要养殖性状的遗传基础研究	柯才焕	265.00	2013-1-1	2016-12-31
	U1205123	国家基金促进海峡两岸科技合作联合基金项目	青蟹幼体发育期高死亡率的分子免疫基础	王克坚	265.00	2013-1-1	2016-12-31
	U1305233	国家基金促进海峡两岸科技合作联合基金项目	台湾海峡西部海域氮源汇过程与控制因子	高树基	300.00	2014-1-1	2017-12-31
	U1405233	国家基金促进海峡两岸科技合作联合基金项目	台湾海峡与吕宋海峡水体交换及相互作用研究	胡建宇	250.00	2015-1-1	2018-12-31
	U1605213	国家基金促进海峡两岸科技合作联合基金项目	鲍耐高温杂种优势的分子机制研究	柯才焕	216.00	2017-1-1	2020-12-31

续表

项目类型	项目编号	项目来源	项目名称	项目负责人	项目合同总经费(万元)	起始日期	结束日期
国家基金委科研项目	1605214	国家基金促进海峡两岸科技合作联合基金项目	伽马氨基丁酸受体相关蛋白介导白斑综合征病毒感染的分子机制	刘海鹏	216.00	2017-1-1	2020-12-31
	U1805233	国家基金促进海峡两岸科技合作联合基金项目	青蟹抗菌肽在发育与生殖关键过程中的生发规律及其受激素调控的分子免疫机制	王克坚	229.00	2019-1-1	2022-12-31
	U1805242	国家基金促进海峡两岸科技合作联合基金项目	台湾浅海热液生态系统微生物驱动的碳-氮-硫循环耦合过程演变	张瑶	228.00	2019-1-1	2022-12-31
	41120164007	国家基金国际(地区)合作与交流项目	我国南海海洋酸化生态效应研究：生态系统水平响应与机制	高坤山	290.00	2012-1-1	2016-12-31
	41720104005	国家基金国际(地区)合作与交流项目	海洋酸化与升温对海洋生态系统中同化与异化作用的影响及其机制：中水量实验主导的研究	高坤山	247.00	2018-1-1	2022-12-31
	41861144018	国家基金国际(地区)合作与交流项目	陆源有机碳在海洋中的归宿	焦念志	263.00	2019-1-1	2023-12-31
	41749905	国家基金应急管理项目	2018 年度南海东北部-吕宋海峡科学考察实验研究	王海黎	540.00	2018-1-1	2018-12-31
	41749906	国家基金应急管理项目	2018 年度南海中部海盆科学考察实验研究	王海黎	440.00	2018-1-1	2018-12-31
	41949906	国家基金共享航次计划项目	共享航次计划 2019 年度南海中部海盆科学考察实验研究(NORC2020-06)	王海黎	500.00	2020-1-1	2021-12-31
	J1103411	国家基础科学人才培养基金	厦门大学海洋科学人才培养基地	曹文清	200.00	2012-1-1	2015-12-31

续表

项目类型	项目编号	项目来源	项目名称	项目负责人	项目合同总经费(万元)	起始日期	结束日期
福建省重大项目	2014N2004	福建省重大平台	福建省海洋生物抗菌肽技术重大研发平台	王克坚	500.00	2014-1-1	2017-12-31
	2016NZ0001-4	福建省重大专项专题项目	福建省海水养殖优势种类(大黄鱼、鲍和日本囊对虾)的种质创新与推广应用	毛勇	300.00	2016-5-1	2019-4-30
	2017NZ0004-1	福建省重大专项专题项目	海洋鱼类抗菌肽基因工程产品作为饲料添加剂/抑菌防霉剂的开发利用	王克坚	300.00	2017-3-1	2020-3-30
	FJHJF-L-2018 -2	福建省海洋经济发展补助资金项目	环保型海洋防污涂料的关键技术研发及示范应用	柯才焕	300.00	2018-7-1	2020-6-30
	FJHJF-L-2019-1	福建省海洋经济发展补助资金项目	新型青蟹抗菌肽免疫增强与抑菌防腐制品的研发及示范应用	王克坚	200.00	2019-6-1	2021-5-31